Enquête sur 25 trésors fabuleux

Du même auteur

Le Bonheur est pour demain, avec Jérôme Equer, Flammarion, 2011.
L'Enfer, avec Jean-François Nahmias, Flammarion, 2011.
Ils ont marché sur la tête : 450 faits divers inouïs, impayables et désopilants, avec Jérôme Equer, Albin Michel, 2010.
Kidnappings : 25 rendez-vous avec l'angoisse, avec Jean-François Nahmias, Albin Michel, 2010.
Sur le fil du rasoir : quand la science traque le crime, avec Jérôme Equer, Albin Michel, 2009.
La Terrible vérité : 26 grandes énigmes de l'histoire enfin résolues, avec Jean-François Nahmias, Albin Michel, 2008.
26 dossiers qui défient la raison, avec Gregory Franck, Albin Michel, 2008.
Mort ou vif : les chasses à l'homme les plus extraordinaires, avec Jean-François Nahmias, Albin Michel, 2007.
Complots : quand ils s'entendent pour tuer, avec Jérôme Equer, Albin Michel, 2006.
Ils ont osé ! : 40 exploits incroyables, avec Jean-François Nahmias, Albin Michel, 2005.
Crimes dans la soie : 30 histoires de milliardaires assassins, avec Jean-François Nahmias, Albin Michel, 2004.
Destins sur ordonnance : 40 histoires où la médecine va du meilleur au pire, avec Jean-François Nahmias, Albin Michel, 2003.
Sans laisser d'adresse, avec Grégory Frank, Albin Michel, 2002.
Survivront-ils ? : 45 suspenses où la vie se joue à pile ou face, avec Jean-François Nahmias, Albin Michel, 2001.
Je me vengerai : 40 rancunes mortelles, avec Jean-François Nahmias, Albin Michel, 2001.
Les Dossiers extraordinaires, Vol.3, Éditions n° 1, 2001.
Les Dossiers extraordinaires, Vol.2, Éditions n° 1, 2000.
Les Dossiers extraordinaires, Vol.1, Éditions n° 1, 2000.
L'Empreinte de la bête : 50 histoires où l'animal a le premier rôle, Albin Michel, 2000.
Les Amants diaboliques : 55 récits passionnément mortels, Albin Michel, 1999.
L'Enfant criminel, Albin Michel, 1998.
Les Aventuriers du XXe siècle, Vol. 3. Journées d'enfer, Albin Michel, 1998.

(suite en fin d'ouvrage)

Pierre Bellemare
Jean-François Nahmias

Enquête sur 25 trésors fabuleux

Documentation : Véronique Le Guen

Flammarion

ISBN : 978-2-0812-6602-5

Avant-propos

Il y a des mots magiques qui entraînent une réaction instantanée de notre imagination, TRÉSOR en fait partie…

Nous voici aux tréfonds des océans parcourant une épave antique chargée d'or… Après des semaines de marche au cœur d'une forêt hostile, nous pénétrons enfin dans la grotte contenant les diamants de la mine de Golconde… Et que dire de cette maison du Moyen Âge dont les murs et la cave recèlent des milliers de pièces d'or ?

La réalité est parfois plus forte que le rêve et nous allons vous entraîner sur des chemins que vous auriez pu emprunter si un heureux hasard avait guidé vos pas.

Quelques-uns des trésors dont nous allons conter l'histoire sont toujours à prendre mais leurs emplacements restent un mystère. Libre à vous de partir à l'aventure avec ce livre. Et peut-être, un jour, comme au début 2012, trouverez-vous des tonnes de platine valant des milliards d'euros.

1.

Le trésor qui tue

Le 9 juin 1938, Jean-Baptiste Dufour pénètre dans l'agence immobilière Perez, située dans le quartier du port, à Alger. À ses côtés, se tiennent sa femme Marguerite et leurs deux filles, Rose, quinze ans, et Angélique, douze ans. Monsieur Perez les accueille, tout sourire.

— Bonjour, que puis-je pour votre service ?

Jean-Baptiste Dufour arbore, lui aussi, un large sourire.

— Voilà, c'est très simple : on arrive de la métropole et on vient s'installer chez vous !

— Alors, permettez-moi de vous souhaiter la bienvenue… Quel quartier aurait votre préférence ?

— Celui-ci. Je travaille dans les douanes. J'ai mon bureau sur le port.

— Vous ne pouviez pas mieux tomber, le port, c'est ma spécialité ! Pour une famille de quatre personnes, le mieux, c'est une maison individuelle.

— Comme vous y allez ! Je ne suis pas Rockefeller. On n'est pas riche dans l'Administration !

— Justement, j'ai ce qu'il vous faut et pour un loyer ridicule : trois cents francs par mois ! Si vous voulez, nous pouvons la visiter tout de suite.

Jean-Baptiste Dufour se garde bien de manifester sa surprise, mais il n'en revient pas. La somme est effectivement ridicule. Pour ce prix-là, en région parisienne, on a tout juste un studio et encore ! Il se contente de répliquer :

— D'accord. Allons voir…

*

Peu après, la famille est sur place. L'étonnement qu'avait manifesté Jean-Baptiste à l'énoncé du loyer se mue en stupeur. La villa est une petite merveille. Elle est bâtie en style mauresque, avec des balcons en fer forgé, une façade décorée de motifs en faïence bleue et une colonnade. Située entre une boulangerie, dont elle est mitoyenne, et un terrain de football, elle possède un vaste jardin semé d'orangers. Impressionnante, elle semble presque déplacée, au milieu de cet environnement banal. On ne voit qu'elle dans la rue !

L'intérieur est à l'avenant. On y trouve de vastes pièces au plancher ciré, aux murs ornés de mosaïques et aux fenêtres garnies de vitraux multicolores. Outre les salles du rez-de-chaussée et les chambres du premier étage, toutes meublées, il y a aussi une cave et un grenier. Une fois la visite terminée, monsieur Perez se tourne vers monsieur Dufour.

— Alors ? Si vous êtes d'accord, le temps de signer les papiers et vous pouvez vous installer.

Jean-Baptiste Dufour est, bien entendu, d'accord.

Une fois dans l'agence, il lit et relit le contrat de location, pour voir s'il n'y aurait pas de clause cachée quelque part. Mais non, tout est parfaitement transparent : c'est trois cents francs par mois, pas un centime de plus. Il signe et repart avec les clés, la mine triomphale.

*

Le soir, la famille est déjà installée dans sa nouvelle demeure. Ravi, Jean-Baptiste Dufour n'a toujours pas perdu sa belle humeur.

— Vise-moi un peu ce décor, Marguerite ! Trois cents balles, tu te rends compte ? J'ai pas eu raison de demander ma nomination en Algérie ?

Seul un silence de cathédrale fait écho à ses propos enjoués. Marguerite Dufour ne partage pas l'enthousiasme de son mari. Il faut dire que la vaste salle à manger, avec ses vitraux, a effectivement des allures d'église. Sans compter qu'il n'y a pas encore l'électricité et que la lumière des lampes à pétrole n'est pas spécialement gaie.

Jean-Baptiste s'irrite :

— Qu'est-ce que c'est que cette mine d'enterrement ? Bon, je reconnais que, sans électricité, c'est moins bien, mais on va l'avoir dans deux jours. Monsieur Perez nous l'a dit.

Après avoir hésité un moment, Marguerite finit par répliquer :

— Ce n'est pas cela, c'est la maison. Trois cents francs ce n'est pas assez. Ça doit cacher quelque chose.

— Ma pauvre Marguerite, tu ne seras jamais contente ! Et vous, les filles, qu'est-ce que vous en dites ?

Angélique, la plus jeune, ne répond rien et reste le nez dans son assiette, mais Rose se décide :

— Papa, tout à l'heure, dans la rue, il y a un petit Algérien qui m'a dit : « Vous n'avez pas peur d'habiter chez les sœurs Janvier ? » Je lui ai demandé ce que cela voulait dire, mais il s'est sauvé en courant.

Un frisson parcourt en même temps Angélique et sa mère. Excédé, Jean-Baptiste Dufour décide de mettre un terme à ce début de panique.

— Bon, ça suffit comme ça ! Les filles, vous prenez votre lampe à pétrole et vous allez dans vos chambres. La première qui pleure aura affaire à moi !

En faisant tous leurs efforts pour ne pas trembler, Rose et Angélique montent se coucher. Quand elles ont quitté la pièce, Marguerite agrippe le bras de son mari.

— Jean-Baptiste, moi non plus je ne suis pas rassurée !

Il hausse les épaules et, sans répondre, décide d'aller se coucher à son tour. Marguerite l'entend répéter dans l'escalier :

— Trois cents balles !... Qu'est-ce qu'il leur faut ? Trois cents balles !

Une fois au lit, Jean-Baptiste Dufour s'endort rapidement. Mais pas pour longtemps. Il est à peine minuit, lorsqu'une main le secoue.

— Jean-Baptiste ! Réveille-toi !

— Qu'est-ce qu'il y a ?

— Il se passe quelque chose. Écoute !

— Je n'entends rien...

— Mais si, on dirait comme un bruit de chaînes.

— C'est le vent.

— Et ce gémissement, tu ne l'entends pas ?

— C'est un chat, ma pauvre Marguerite !

Pourtant, l'instant d'après, il saute de son lit :

— Tu as raison, ce n'est pas un chat. Je vais lui dire deux mots à cet énergumène !

Des coups violents viennent, en effet, d'être frappés à la porte d'entrée... Jean-Baptiste va chercher son arme de service et se précipite au rez-de-chaussée. Marguerite l'entend dégringoler l'escalier quand éclate un cri abominable. C'est une voix d'outre-tombe, à la fois aiguë et grave, qui n'a rien d'humain et qui exprime une terreur absolue... Avant de pouvoir réagir, madame Dufour voit Rose et Angélique arriver en hurlant dans sa chambre. Et, après un long moment, son mari revient, le revolver à la main. Il déclare, l'air déconcerté :

— Il n'y avait personne...

*

Le lendemain matin, Marguerite Dufour décide de faire ses courses à l'épicerie Compani qui se trouve dans la rue à côté de la maison. C'est le quartier général des commères. Lorsqu'elle arrive, son cabas à la main, elle est immédiatement entourée par la patronne et ses clientes. Sans prendre la peine de se présenter, madame Compani lui demande :

— C'est vous qui êtes chez les sœurs Janvier ?

— C'est-à-dire… J'ai cru comprendre que oui.

L'épicière hoche longuement la tête et conclut :

— Ma pauvre !

Marguerite Dufour voit les ménagères du quartier la contempler d'un air consterné. Effrayée, elle ne peut s'empêcher de demander :

— Qu'est-ce que vous savez ? Dites-moi la vérité, je vous en prie !

Madame Compani prend alors la parole.

— Je me doute bien que l'agence s'est gardée de vous la dire, la vérité… Les Janvier, c'étaient deux sœurs qui habitaient là-bas avant vous. Violette et Aurélie, qu'elles s'appelaient. Elles devaient avoir soixante-dix, soixante-quinze ans. C'étaient deux sauvages, on ne les voyait jamais. Elles faisaient faire leurs courses par un commis. On se demandait de quoi elles vivaient, d'ailleurs. Mais dans le fond, ce n'est pas difficile à deviner : elles avaient un trésor caché quelque part…

D'autres clientes entrent dans l'épicerie et viennent grossir le cercle. Madame Compani continue son discours.

— Et puis il y a eu Noël dernier. Cette nuit-là, on a frappé à la porte de la maison. Violette n'a pas voulu y aller, mais Aurélie était curieuse. Elle a regardé à travers le judas et est tombée à la renverse. Quelqu'un y avait enfoncé une baïonnette ; elle est entrée dans son œil et lui a traversé la tête. En voyant cela, sa sœur Violette est devenue folle. Elle a dû être internée…

Madame Dufour manque de s'évanouir. L'épicière baisse le ton.

— J'espère que vous n'avez pas entendu le fantôme

d'Aurélie. Certaines nuits, elle va devant la porte et pousse le même cri que quand on l'a tuée.

Une cliente prend la parole à son tour.

— Et puis, l'assassin n'a pas été retrouvé. Il y en a qui disent qu'il va revenir…

Marguerite Dufour n'écoute plus. Oubliant ses courses, elle s'enfuit à toutes jambes vers la maison. Dans le jardin, elle retrouve Jean-Baptiste et ses deux filles. D'une voix hachée, elle leur rapporte l'épouvantable récit. Mais si les cris d'horreur que poussent Rose et Angélique ne la surprennent pas, la réaction de son mari n'est pas du tout celle qu'elle attendait. Lorsqu'elle a terminé, Jean-Baptiste réfléchit un moment et déclare :

— Un trésor, tu dis ? C'est drôlement intéressant !

Marguerite en a le souffle coupé.

— Mais enfin, tu n'as pas entendu ? Cette mort horrible, cette femme qui revient la nuit ! Et cet assassin, qui rôde peut-être dans les parages…

Jean-Baptiste a un petit rire. Il n'a décidément peur de rien.

— L'assassin, s'il vient par ici, je saurai le recevoir ! Quant aux fantômes, je n'y crois pas. Mais je crois beaucoup aux trésors et, celui-là, je vais tout de suite le chercher !

Et, malgré les lamentations de désespoir de sa femme et de ses filles, il se précipite prendre une pelle et part creuser sous les orangers…

*

Le soir même, les Dufour se préparent à passer leur seconde nuit dans la maison des sœurs Janvier. Pour les filles, qui sont chacune dans leur chambre, c'est une épreuve atroce. Rose, l'aînée, se blottit dans son lit. Si encore il y avait l'électricité, elle parviendrait peut-être à dominer sa peur… Faute de mieux, elle a laissé sa lampe allumée, car, dormir, il n'en est pas question. Elle espère que la lampe tiendra jusqu'aux premières lueurs de l'aube : si elle se retrouvait dans le noir, elle ne sait pas ce qu'elle deviendrait. Et le niveau du pétrole est dangereusement en train de baisser…

L'adolescente sent soudain la terreur l'envahir : une espèce de plainte lugubre et désespérée monte du rez-de-chaussée ! Mais ce n'est pas la même voix que la nuit dernière. Cette voix-là, Rose la connaît : c'est celle de son père !

Surmontant sa frayeur, elle court dans la chambre de ses parents. Sa mère s'était endormie et n'avait pas remarqué le départ de son mari.

— Maman, maman, réveille-toi !

Tirée de son sommeil, Marguerite bondit sur son lit, comme mue par un ressort. Sa fille n'a pas besoin d'ajouter quoi que ce soit. Elle aussi a reconnu la voix de son mari… Elle semble venir de la cuisine… Tenant chacune une lampe à pétrole à la main, Marguerite et sa fille décident de descendre l'escalier. Arrivée devant la cuisine, Marguerite Dufour pousse la porte.

Jean-Baptiste est là, assis à la table. Il la fixe intensément. Son visage reflète une terreur indicible, accentuée par la lumière crue du pétrole. Il a vieilli de plusieurs dizaines d'années d'un coup. Ses cheveux, qui étaient noirs comme du charbon, sont devenus tout gris, presque blancs. Tremblante, Marguerite s'approche de lui :

— Jean-Baptiste ! Qu'est-ce qu'il y a ?

Pas de réponse. Il la regarde, l'air hébété, continuant à gémir.

— Jean-Baptiste, dis-moi quelque chose !

Il cesse alors sa plainte et émet à la place un rire de fou… Effrayée, Marguerite va réveiller sa plus jeune fille et, avec ses enfants, se met à courir en chemise de nuit vers l'épicerie Compani, pour aller chercher du secours.

*

Le 11 juin 1938, l'aube se lève sur Alger. Elle est radieuse, comme toujours en cette saison. Mais, dans l'épicerie Compani, nul ne se préoccupe de ces considérations météorologiques. Dépêché sur place avec plusieurs de ses hommes, le commissaire Tordjman, responsable du quartier du port, est au centre d'une intense animation. Devant lui, Marguerite Dufour tremble sur sa chaise, entourée d'une foule de spectateurs. Il se penche vers elle pour lui parler.

— Il n'y a plus rien à craindre, madame. Votre mari est parti pour l'hôpital. On va le soigner.

— Qu'est-ce qu'il a ?

Le commissaire n'a pas le temps de répondre. Une voix retentit derrière lui.

— Moi, je le sais ce qu'il a : il a vu le trésor !

Le commissaire Tordjman se retourne. C'est un jeune Algérien d'une vingtaine d'années qui vient de parler.

— Ali ! Qu'est-ce que tu fais ici ?

Le policier connaît bien Ali Kassem. C'était le commis des sœurs Janvier. Il l'avait interrogé après le meurtre d'Aurélie mais avait fini par le libérer, faute de preuves. Quant au trésor des vieilles filles, il en avait entendu parler pendant son enquête, mais il n'y avait pas cru. Peut-être à tort…

— Explique-toi ! Qu'est-ce que c'est que cette histoire de trésor ?

— La vérité vraie ! Quand j'ai vu, tout à l'heure, qu'on emmenait le monsieur sur un brancard, j'ai compris que c'était devenu trop grave… Eh bien, voilà : c'est moi qui ai fait du bruit la nuit dernière. J'ai fait cela à cause du trésor, vous comprenez ?

— Non, je ne comprends rien.

— Monsieur le commissaire, il existe, le trésor et je voulais le trouver ! Alors, quand j'ai vu qu'il y avait des locataires, j'ai voulu leur faire peur pour qu'ils s'en aillent.

— Comment sais-tu que le trésor existe ?

— Parce qu'une fois, j'ai entendu une conversation entre les deux sœurs. Même qu'Aurélie s'en est rendu compte et qu'elle m'a menacé. Elle m'a dit : « Le trésor, si tu le vois, il te tuera. Et s'il ne te tue pas, il te rendra fou. » C'est ce qui est arrivé au monsieur : il n'est pas mort, mais il est devenu fou.

Marguerite Dufour pousse un cri déchirant. Le commissaire Tordjman agrippe le jeune homme par le col.

— C'est toi qui as tué la vieille et attaqué monsieur Dufour ? Avoue !

Ali Kassem tremble de tous ses membres, mais n'avoue rien.

— Je n'ai attaqué ni tué personne. J'ai juste fait du bruit…

— Je t'arrête et tu finiras bien par parler !

*

Ali Kassem se retrouve immédiatement en prison en attendant les résultats de l'enquête ordonnée par le commissaire Tordjman. Si celle-ci ne progresse pas, celle concernant Jean-Baptiste Dufour obtient vite, elle, de surprenants résultats. Deux jours plus tard, le commissaire Tordjman est en mesure d'expliquer à Marguerite Dufour l'incroyable vérité.

— Nous savons presque tout… Votre mari a été victime d'une intoxication au monoxyde de carbone. Il était descendu dans la cave des sœurs Janvier, vraisemblablement pour chercher le trésor. Or, la cave dégage des émanations mortelles de gaz, dues au mauvais fonctionnement du four de la boulangerie mitoyenne. Les pompiers l'ont vérifié tout à l'heure : les deux caves communiquent.

Le commissaire continue :

— Par la même occasion, ils ont découvert le trésor : cinq cents napoléons et cent mille francs en billets, dans une cassette enfouie assez peu profondément. Mais il n'était pas nécessaire de l'enterrer davantage : pour quiconque ne portait pas de masque ou ne retenait pas sa respiration, la présence de ce gaz inodore constituait la mort assurée... Aurélie Janvier avait été infirmière. Elle devait avoir constaté la présence du monoxyde de carbone dans la cave, sans doute à cause de la mort d'animaux domestiques, et a imaginé cette protection invincible. Le trésor des sœurs Janvier était mieux défendu que les sarcophages des pyramides !

Marguerite Dufour hoche la tête en silence. Elle est encore sous le coup de l'émotion. Elle finit cependant par dire :

— Le docteur m'a dit que tout irait bien pour mon mari. Il retrouvera un esprit normal.

— Il a dû se rendre compte que quelque chose n'allait pas et il a eu le réflexe de s'en aller. Une ou deux minutes de plus et son cerveau était détruit, cinq minutes de plus, il était mort...

— Et ce jeune Algérien, Ali, vous croyez que c'est lui le meurtrier d'Aurélie Janvier ?

— Je ne sais pas mais pour le moment, je n'ai pas d'autre suspect.

*

Les Dufour ne sont pas restés longtemps à Alger. Dès que l'état de santé de Jean-Baptiste l'a permis, ils sont repartis en région parisienne. En raison de ce qu'il avait subi, l'administration des douanes a accepté qu'il reprenne son ancien poste et la famille s'est installée dans un appartement tout ce qu'il y a de plus banal, comme en habitent des millions de gens, avec l'électricité, des pièces peut-être un peu trop petites et un loyer peut-être un peu trop élevé...

*

Personne de la famille n'a su son dénouement, qui est survenu peu après. Dans le quartier du port d'Alger, un certain Henri Petit, cinquante-trois ans, a été maîtrisé par les passants, alors qu'il tentait de crever les yeux d'une vieille femme, à l'aide d'une baïonnette qu'il dissimulait sous sa chemise. L'homme, trépané après une blessure de guerre, avait fait plusieurs séjours dans des hôpitaux psychiatriques.

Ali Kassem a été libéré aussitôt. Il a tout de même été condamné pour le tapage nocturne auquel il s'était livré…

Reste la maison des sœurs Janvier. L'affaire a fait tant de bruit dans le quartier qu'elle n'a jamais pu retrouver preneur. La ville d'Alger a fini par la racheter, mais n'a pas réussi à lui trouver une affectation. Elle est restée vide jusqu'en 1962. À la fin de la guerre d'Algérie, les services anti-OAS s'y sont installés et en ont fait un centre de détention et d'interrogatoires. Mais l'organisation terroriste a fini par tout faire sauter. De la belle villa mauresque, il n'est rien resté du tout.

2.

Le dernier vol

Lundi 31 juillet 1944, 7 h 30 du matin. Il fait beau à Borgo, près de Bastia. Le soleil s'est levé depuis un moment déjà. Sur une piste récemment aménagée, qui comprend en tout et pour tout une tour de contrôle et quelques hangars, un gros bimoteur est sur le point de décoller.

Il s'agit du tout dernier modèle des avions de reconnaissance américains, le Lightning P-38, doté d'un moteur turbo qui lui permet d'atteindre la vitesse de 700 km/h et l'altitude de 10 000 m. Il emporte avec lui deux caméras automatiques, en vue de sa mission qui consiste à prendre des photos de la région de Grenoble. Sur son fuselage, deux cocardes, une américaine et l'autre française. Le pilote est français, il fait partie de l'escadrille 2/33, qui a suivi les Américains dans leur débarquement en Italie et qui vient de passer de Sardaigne en Corse.

L'homme est de taille massive. À quarante-quatre ans, il est dans la force de l'âge. Sa combinaison rembourrée le rend encore plus impressionnant. Elle est parcourue de fils électriques, qui, une fois branchés, le protégeront du froid intense qui règne dans les hautes altitudes, car l'avion n'est pas pressurisé. Il embarque à ses côtés l'indispensable masque à oxygène.

Au moment de décoller, l'aviateur adresse un signe de la main à son mécanicien, qui lève le pouce pour lui souhaiter bonne chance. Lui-même est serein. Il a écrit récemment : « On ne meurt pas. On s'imagine craindre la mort : on craint l'inattendu, l'explosion. On se craint soi-même, la mort, non. » C'est qu'il n'est pas seulement pilote, il est aussi écrivain. Il est même l'un des plus célèbres du monde : il s'appelle Antoine de Saint-Exupéry.

*

Antoine de Saint-Exupéry s'est brillamment comporté en 1940, durant la campagne de France, qu'il a accomplie avec le grade de capitaine dans la même escadrille 2/33. Après la défaite, il refuse de rester en France et rejoint New York, en compagnie de sa femme Consuelo, avec pour objectif de faire entrer les États-Unis en guerre. Si l'écrivain est accueilli de manière triomphale, l'officier, lui, peine à faire entendre sa voix. En attendant de reprendre le combat, il se remet à l'écriture et publie, chez son éditeur new-yorkais Raynal et Hitchcock, deux de ses plus grands succès : *Pilote de guerre,* en 1942 et *Le Petit Prince*, en 1943.

La même année, les hostilités redoublent d'intensité. Plus déterminé que jamais, Saint-Exupéry fait tout pour être remobilisé. Il reçoit enfin sa feuille de route le 10 avril 1943 et retraverse l'Atlantique, direction l'Algérie où les Américains viennent de s'installer. Promu commandant, il rejoint son escadrille. Il y accomplit diverses missions, avant de se retrouver en Sardaigne, puis en Corse.

*

La tour de Borgo suit le Lightning du commandant de Saint-Exupéry sur son écran radar. Elle l'accompagne dans sa traversée de la Méditerranée et le voit aborder le territoire français à la hauteur de Saint-Raphaël. C'est à ce moment qu'elle capte son dernier message :

— Je passe en silence radio.

*

Ensuite, il n'y a plus qu'à attendre… Son retour est prévu à 12 h 30. Jusqu'à 13 heures, personne ne s'inquiète. Bien que les conditions météo soient excellentes, il a dû arriver un incident quelconque. Mais, au fil des minutes, les questions se posent avec de plus en plus d'intensité. L'inquiétude grandit. À 14 h 30, tout espoir doit être abandonné. L'appareil n'a plus d'essence dans son réservoir, il ne peut plus être en vol.

Une heure plus tard, Vernon Robinson, l'officier américain attaché au 2/33, signe un rapport officiel sur lequel il note : « Le pilote n'est pas rentré. Il est présumé perdu. »

Ses camarades de combat Gavoille et Leleu se résolvent alors à accomplir le pénible rituel d'après disparition. Ils se rendent dans la chambre de l'écrivain et font l'inventaire de ses effets personnels : trois valises en cuir contenant des vêtements, un nécessaire de toilette, deux rasoirs électriques, une boîte d'aquarelle, un jeu de cartes, une pipe cassée, des photos aériennes annotées de sa main, une autre valise pleine de carnets et de manuscrits, dont les 915 pages dactylographiées de *Citadelle.* Gavoille les remettra plus tard au docteur Georges Pélissieur, à Alger, comme Saint-Exupéry lui avait demandé de le faire en cas de malheur.

Ici s'achève tragiquement, en même temps que sa vie, la campagne militaire d'Antoine de Saint-Exupéry. Mais la légende qui entoure sa mort n'est pas près de s'arrêter. Au contraire, elle va alimenter les passions pendant plus d'un demi-siècle…

*

Saint-Exupéry est mort en mer : c'est la seule certitude qu'on ait à son sujet. S'il avait été abattu ou s'il avait eu un accident au-dessus du territoire français, l'appareil aurait été retrouvé. Il est sans doute tombé à l'eau sur le trajet du retour, quelque part entre la Côte d'Azur et la Corse, vraisemblablement victime d'une panne, car, si le Lightning P-38 était capable de performances remarquables, il était aussi sujet à de fréquents incidents techniques.

Après sa disparition, de nombreux chasseurs d'épaves amateurs et professionnels tentent de découvrir l'avion de l'illustre aviateur. En 1992, une marque de champagne se lance dans la plus grande opération de recherches jamais organisées. D'importants moyens sont déployés. Pour retrouver la position de la carlingue perdue en plein cœur de la Méditerranée, les spécialistes replongent, d'abord, dans les archives à Berlin, Londres, Paris et aux États-Unis.

En s'appuyant sur le témoignage d'une dizaine de personnes ayant vu tomber un appareil le 31 juillet 1944, ils finissent par délimiter un périmètre entre Monaco et Nice. Et, le 9 octobre 1992, le *Suroît*, un navire de la Comex, la société de pointe en matière de recherches sous-marines, commence les investigations. Le navire, accompagné d'un hélicoptère, est équipé d'un sonar à balayage latéral pour détecter les anomalies de relief sur le fond, d'un système vidéo submersible pour reconnaître les sites et du sous-marin *Nautile* pour les ultimes manœuvres d'approche.

À son bord, se trouvent, outre le personnel de la Comex, René Gavoille, le camarade de régiment de l'écrivain et Frédéric d'Agay, petit-neveu de Saint-Exupéry et administrateur de sa succession. Celui-ci a soutenu l'opération du bout des lèvres. Après de nombreuses hésitations, il a accepté d'y participer en posant comme condition que, si l'avion de son grand-oncle était retrouvé, il resterait au fond.

Mais le retrouver n'est pas une mince affaire, même avec ces moyens jamais réunis. Tout l'automne 1992 se passe sans apporter le moindre résultat. L'année suivante, les recherches reprennent, cette fois, dans le golfe de Giens, sur la base de nouveaux témoignages. Encore une fois, c'est un échec. Dépité, le financier de l'opération renonce, après avoir dépensé en pure perte plus d'un milliard et demi de centimes. Pourtant, l'un des responsables de la société de champagne déclare :

— Il faut continuer à espérer. Là où la technique a échoué, le hasard réussira peut-être.

*

Cinq ans passent.

Le lundi 7 septembre 1998, à 6 heures du matin, *L'Horizon*, un chalutier de cent tonneaux et vingt-cinq mètres de long, quitte Saumaty, le port de pêche de Marseille, pour sa tâche quotidienne. À bord, le patron, Jean-Claude Bianco, un Méridional de cinquante-quatre ans à l'accent chantant et au visage tanné par le soleil, est accompagné de ses trois employés, deux Tunisiens, Habib et Chabane, et un Marocain, Abdou. Il fait froid, il y a du brouillard et il pleut. Il y a des jours où gagner sa vie de pêcheur est une véritable corvée !

En raison de la visibilité réduite, *L'Horizon* traverse prudemment le rail qu'empruntent les grands ferries faisant la liaison avec l'Algérie ou la Corse et va mouiller au large de Riou. Jean-Claude Bianco dira plus tard, en se remémorant ces moments :

— Pour moi, c'était une journée fichue !

Les filets en nylon bleu sont descendus au fond. Il pleut de plus en plus. Remontés vers midi, ils sont complètement vides. Le patron de *L'Horizon* décide pourtant de ne pas céder au découragement. Il choisit d'aller dans un autre endroit, qui s'est révélé quelquefois poissonneux, au large de Cassis et du cap Canaille.

Le bateau arrive sur le site à 13 h 30. Il pleut toujours, mais le brouillard s'est levé et la visibilité est à peu près correcte. À nouveau, l'équipage descend les filets et les remonte après environ une heure d'attente. Ils n'obtiennent pas grand-chose mais ne sont pas bredouilles. Il y a environ cent kilos de capelans, maquereaux, merlans et poulpes, plus les habituels débris : bouteilles, boîtes de conserve, bouts de fer, etc.

Après cette longue journée de travail, *L'Horizon* prend le chemin du retour, direction le port de Saumaty, tandis que l'équipage entreprend de vider les filets, séparant les poissons des déchets. Soudain, Habib appelle son patron.

— Venez voir. Il y a quelque chose qui brille.

Jean-Claude Bianco a un sourire amusé.

— De l'or ?

— Non, on dirait plutôt de l'argent…

Effectivement, on dirait de l'argent. Du métal brillant est recouvert d'une gangue épaisse. Jean-Claude Bianco va chercher un ciseau à froid et la gangue cède sans difficulté, découvrant une gourmette, avec ses anneaux et sa plaque de quelques millimètres d'épaisseur. Seulement celle-ci est noircie et il est impossible de lire quoi que ce soit. Le patron la frotte énergiquement et des lettres majuscules finissent par apparaître : « ANTOINE DE SAINT-EXUPÉRY (CONSUELO). » Sur le coup, Jean-Claude Bianco éclate de rire :

— C'est une blague !

Il faut dire que Saint-Exupéry est un des sujets de plaisanterie favoris des marins de la région. La légende de son avion tombé dans les parages est connue de tous et on fait régulièrement des paris pour savoir qui le retrouvera. Jean-Claude Bianco en a entendu parler comme les autres. Il sait que l'homme était aviateur et écrivain, mais c'est tout ; il n'a pas lu une ligne de lui.

Pour le pêcheur, un plaisantin aura jeté cette gourmette à la mer pour faire une bonne blague à celui qui la retrouverait. C'est possible, mais le mot « CONSUELO » le trouble. Quelqu'un qui aurait voulu faire une farce aurait écrit : « ANTOINE DE SAINT-EXUPÉRY », tout court. D'autre part, il semble y avoir quelque chose d'inscrit au dos…

Le patron de *L'Horizon* frotte de nouveau le bijou et découvre une autre inscription. On dirait une adresse : « C/O

Reynal et Hitchcock, 386, 4th Ave. NYC USA ». Finalement, ce n'est peut-être pas une plaisanterie. Ou alors, les farceurs se sont vraiment donné beaucoup de mal…

*

Jean-Claude Bianco avait suivi, il y a quelques années de cela, les efforts du magnat du champagne pour retrouver l'avion de l'écrivain. Il en avait retenu deux choses : les recherches avaient été menées par la Comex – une société bien connue à Marseille – et, si elles avaient fini par être abandonnées, elles restaient toujours une priorité pour ses dirigeants.

Une fois chez lui, Jean-Claude Bianco appelle la Comex. Lorsqu'il dit avoir peut-être pris dans ses filets la gourmette de Saint-Exupéry, il a la surprise de se voir immédiatement passer le patron, Henri-Germain Delauze. Ce dernier a l'air vivement intéressé.

— Dites-moi ce qu'il y a d'écrit.

— D'un côté, il y a son nom et un mot entre parenthèses que je ne comprends pas : « Consuelo ».

— C'était le prénom de sa femme. Et de l'autre côté ?

Jean-Claude Bianco lui donne lecture du texte. Au bout du fil, il entend un cri de joie.

— C'était l'adresse de son éditeur à New York. Cela semble très sérieux ! Pouvez-vous venir demain matin, avec votre trouvaille ?

*

La Comex occupe sept hectares à Mazargues, au-dessus de Marseille. Henri-Germain Delauze y accueille le pêcheur dans son imposant bureau, décoré de maquettes et de scaphandres.

— Je peux voir l'objet ?

Jean-Claude Bianco sort de la poche la gourmette, qu'il avait enroulée dans un mouchoir. Le patron de la Comex s'en empare avec précaution et l'examine avec attention.

— À mon avis, il n'y a pas de doute. La pièce est authentique.

Enthousiaste, il explique à son interlocuteur ses projets. Il a l'intention de garder provisoirement la gourmette dans son coffre et il va lui faire signer un protocole d'accord le reconnaissant lui, Jean-Claude Bianco, comme le découvreur de l'objet. Ensuite, la Comex partira à la recherche de l'avion...

Puis Delauze décrit en détail les opérations. Il va employer le *Minibex*, un navire encore plus performant que celui qui avait été utilisé lors de la campagne précédente. Comme son prédécesseur, il est doté d'un sonar et d'un sous-marin embarqué, mais l'un comme l'autre sont beaucoup plus puissants.

Jean-Claude Bianco est pourtant sceptique :

— Cela fait des années que je pêche à cet endroit. S'il y avait eu des débris d'avion, j'en aurais forcément remonté dans mes filets.

— Il faut quand même chercher là où est tombée la gourmette.

— Le problème, c'est qu'il y a un canyon tout près d'au moins mille mètres de fond. Si l'avion a glissé là-dedans, on ne pourra pas le récupérer.

Henri-Germain Delauze fait une légère grimace, mais répète que chercher à cet endroit est la seule solution. Enfin, il ajoute une prière :

— Pouvez-vous garder le silence pour le moment ? Si la presse s'empare de l'affaire, c'en est fini de notre tranquillité.

Jean-Claude Bianco est d'accord avec lui. Le protocole est signé et, rapidement, *L'Horizon* se rend sur les lieux, suivi du *Minibex*. Mais le pêcheur avait raison : il n'y a pas la moindre trace de l'avion.

Peu après, Jean-Claude Bianco reprend son travail, tandis que la Comex élargit le champ de ses recherches. Et les jours, puis les semaines passent sans apporter de résultat ou, pour être plus exact, sans apporter le résultat attendu. Car la société de recherches sous-marines enregistre à cette occasion, et tout à fait par hasard, une de ses plus remarquables découvertes.

Le 28 octobre, le sonar du *Minibex* repère un étrange tumulus d'une quinzaine de mètres de long. À l'écran, la forme n'est pas très nette. On dirait un gros cigare ventru posé au fond, à une centaine de mètres de la surface. De quoi s'agit-il ? Le plus vraisemblable est de penser à une épave de bateau, mais chacun souhaite secrètement que ce soit une carlingue d'avion...

Pour le découvrir, le *Minibex* arrête ses moteurs et enclenche une espèce d'ancre virtuelle couplée au GPS, qui lui permet de rester sur la même position, quelles que soient les conditions de vent et de courant.

Une fois le bateau stabilisé, le sous-marin téléguidé est envoyé au fond et, quelques minutes plus tard, apparaissent à l'écran des centaines d'amphores. Presque toutes sont intactes, comme si le navire qui les transportait avait coulé la veille. Elles sont serrées les unes contre les autres, tels des dockers. Il ne s'agit pas d'un avion mais d'une galère romaine du Ier siècle av. J.-C. !

De toutes les épaves antiques que Henri-Germain Delauze a récupérées au cours de sa carrière, c'est la plus riche et la mieux conservée. En raison de son aspect spectaculaire, elle sera même surnommée « le Titanic romain ».

*

C'est dans la foulée de la découverte du « Titanic romain » qu'est dévoilée l'existence de la gourmette. Delauze fait lui-même cette révélation au journaliste de *La Provence* qui l'interrogeait. Il y a été obligé après avoir appris qu'une source anonyme avait, deux jours plus tôt, déjà donné l'information à une lettre confidentielle à vocation économique, *La Lettre Sud Infos*.

La nouvelle fait sensation. Jean-Claude Bianco, alors en vacances en Tunisie, est inondé d'appels. Il doit même rentrer en urgence quand le directeur départemental des Affaires maritimes de Marseille lui téléphone pour lui demander de déclarer sa découverte sous quarante-huit heures. Il reprend précipitamment l'avion pour Marseille et se rend à la direction départementale où une foule de journalistes l'attend.

Car, entre-temps, les héritiers de Saint-Exupéry se sont manifestés... L'auteur n'a pas eu d'enfant. Son frère cadet, François, est mort en 1917. Seules sa mère et ses trois sœurs, Marie-Madeleine, Simone et Gabrielle lui ont survécu. Gabrielle est la seule à avoir eu des enfants. Depuis la disparition des trois femmes, ce sont donc les deux neveux d'Antoine, Jean et François d'Agay, qui gèrent le souvenir et les droits d'auteur de l'écrivain. Et c'est le fils de Jean d'Agay, Frédéric, qui est le secrétaire général de la « Fondation Antoine de Saint-Exupéry ».

Dès la parution de *La Provence*, Frédéric d'Agay prend les choses en main. Il envoie un communiqué à l'AFP : « La Comex a refusé de nous recevoir et de nous montrer la gourmette de Saint-Exupéry. La famille estime qu'aucune personne, aucune administration, organisation ou institution de nature culturelle, militaire ou historique ne peut prétendre s'approprier un bien qui est un objet intime et familial portant le nom de son propriétaire. En foi de quoi, elle demande à monsieur Bianco et au PDG de la Comex de lui restituer sans délai la gourmette. »

*

S'ensuit un pénible feuilleton judiciaire qui va durer des années. La Comex est obligée de rendre la gourmette aux autorités maritimes. Celle-ci est remise, deux mois plus tard, au ministère de la Défense et, enfin, à l'armée de l'air, qui la donne à la famille.

Nous sommes en janvier 1999. Brutalement, les descendants mettent en doute l'authenticité du bracelet. Frédéric d'Agay déclare :

— L'entourage ainsi que les pilotes savaient bien que Saint-Exupéry n'avait pas de gourmette.

Une vaste campagne de dénigrement médiatique commence alors... *Science et Vie* du mois de février annonce en titre, sur sa couverture : « L'affaire de la fausse gourmette ». L'article s'étend sur sept pages. Jean-Claude Bianco y est présenté comme un « inventeur peu loquace » qui reste « évasif sur le lieu et les circonstances de sa découverte » et qui gravite autour d'un groupe « fasciné par le mystère Saint-Exupéry ».

Le soir de la parution, TF1 consacre un long reportage à l'affaire. Dans son commentaire, le journaliste déclare :

— Au jeu de la galéjade, Jean-Claude Bianco n'est jamais le dernier !

Puis, le présentateur reçoit en plateau Frédéric d'Agay. Il présente la gourmette aux caméras et demande à l'héritier :

— Alors, vous y croyez ?

La réponse est sans ambages.

— Ce n'est pas une question de croire ou de ne pas croire. Saint-Exupéry n'avait pas de gourmette. Sa famille et ses camarades ne lui en ont jamais vu.

Les médias internationaux s'emparent rapidement de « l'affaire de la fausse gourmette ». Pour Jean-Claude Bianco, la vie devient impossible. Accusé d'être un escroc ou un illuminé, il essaie de se défendre et confie :

— Si j'avais su, je l'aurais rebalancé à la flotte, ce foutu bracelet !

En désespoir de cause, il prend un avocat et poursuit en justice la famille d'Agay. Son intention est de l'obliger à expertiser la gourmette, pour que son authenticité soit établie une fois pour toutes. Il perd en première instance, puis en appel. Il laisse dans l'histoire pas mal d'argent et une partie de sa santé...

Pendant ce temps, les recherches menées par la Comex se poursuivent et sont, malgré l'ampleur des moyens déployés, un échec cuisant. Est-ce que l'hypothèse émise par Jean-Claude Bianco serait la bonne ? Est-ce que l'avion serait tombé dans le canyon tout proche ?

Ce n'est pas cela… En fait, il se trouve plus à l'ouest, au pied de l'île de Riou, et un professionnel est sur ses traces depuis déjà un moment, dans la plus grande discrétion.

Luc Vanrell, quarante ans, dirige une école de plongée et s'est spécialisé dans la photographie sous-marine. Son père lui a toujours affirmé qu'un avion était tombé près de l'île de Riou pendant la Seconde Guerre mondiale. Plusieurs pêcheurs y ont trouvé des débris métalliques et lui-même, passionné par cette légende, s'est rendu sur place il y a quelques années. Il a alors pu photographier, par quatre-vingts mètres de fond, ce qui ressemblait à une carlingue.

Il y retourne durant cette période agitée et, après plusieurs tentatives infructueuses, remonte un fragment de train d'atterrissage. Après enquête, il appartient bien à un Lightning P-38 et c'est même mieux que cela ! Antoine de Saint-Exupéry pilotait la dernière version de l'appareil, dotée d'un moteur turbo renforcé. Or, en raison de sa rapidité, le train d'atterrissage avait été modifié : au lieu d'être creuses, comme sur les premiers modèles, les barres soutenant les roues étaient pleines comme dans la pièce que Luc Vanrell a retrouvée.

Il est maintenant sûr de toucher au but. Combien de Lightning P-38 au moteur turbo renforcé se sont-ils écrasés dans cette partie de la Méditerranée ? Sans doute très peu…

Ayant besoin d'aide pour remonter l'épave, il décide de prévenir Delauze et Bianco, qui, bouche bée, acceptent avec enthousiasme de s'associer avec lui. Désormais, tout le monde fait équipe pour résoudre l'énigme : cet avion est-il celui de Saint-Exupéry ? Afin de répondre à cette question, Henri-Germain Delauze apporte une précision capitale : le numéro de l'avion était le 2734, et doit être gravé sur plusieurs pièces de l'appareil.

Les recherches reprennent donc, mais les héritiers de Saint-Exupéry l'ont appris et font connaître leur point de vue, dans une lettre « aux plus hautes autorités militaires et civiles de la République » :

« Nous sommes scandalisés que de telles personnes puissent plonger, faire des déclarations, envisager de faire d'autres recherches autour de ce qu'ils considèrent, sans preuve, comme l'avion de Saint-Exupéry. Si cette épave est bien celle de son avion, elle est aussi sa sépulture et le harcèlement qui va en découler relèvera de la profanation de sépulture, condamnée par la loi. Nous venons donc vous demander de faire retirer par la Marine nationale cette épave et de la déposer en sûreté. Elle pourrait ainsi être examinée par des experts autorisés. »

*

La lettre n'a pas de suite et les recherches se poursuivent. Le *Janus II* de la Comex, le successeur du *Minibex*, s'est positionné sur le site. Luc Vanrell descend le premier, avec deux plongeurs de l'entreprise. Vingt minutes plus tard, ils remontent avec une pièce de trois mètres de long hérissée de concrétions brunâtres : une autre partie du train d'atterrissage, avec ses barres pleines. La roue a disparu. Le trophée de cent cinquante kilos est posé sur le pont à l'aide d'une grue.

Deux jours plus tard, c'est au tour d'un tronçon de carlingue et du turbocompresseur. Puis viendront des fragments : tôles déchirées, longerons tordus, raccords hydrauliques, tubulures écrasées… Chaque pièce est immergée dans de l'eau de mer, en attendant d'être traitée.

Le 27 septembre 2003, ce qui reste de l'appareil, soit deux cent cinquante kilos de ferraille, est rassemblé sur une aire en béton et les spécialistes se mettent au travail. L'après-midi, l'un des hommes repère un numéro sur une partie difficilement accessible. Les empreintes en creux ont quelques millimètres de haut. Elles ont été frappées au moyen d'un poinçon. Mais on distingue nettement le nombre « 2734 ». La preuve est enfin trouvée !

Une dernière vérification sera réalisée. Un Lightning P-38 de la même période sera examiné pour voir si le numéro d'usine était bien différent pour chaque engin. Et c'est le cas ! Cette fois, c'est le dernier acte. Après des années de recherches, l'avion de Saint-Exupéry a été retrouvé, il n'y a aucun doute possible.

*

Fin octobre 2005, Jean-Claude Bianco reçoit une lettre. Elle est à l'en-tête de la « Société pour l'œuvre et la mémoire d'Antoine de Saint-Exupéry, succession Saint-Exupéry d'Agay » et elle est signée par François d'Agay.

> « Monsieur,
>
> Au nom de la famille du commandant Antoine de Saint-Exupéry, disparu au cours d'une mission de reconnaissance aérienne au-dessus de la France occupée le 31 juillet 1944, nous tenons à vous faire savoir que la gourmette lui ayant appartenu et que vous avez découverte le 7 septembre 1998, avec votre équipage, sera confiée au musée de l'Air et de l'Espace du Bourget.
>
> À cette occasion, une cérémonie aura lieu, à laquelle nous vous demandons de participer le moment venu.
>
> Nous comptons sur votre présence.
>
> Veuillez agréer, Monsieur, l'expression de nos sentiments les meilleurs. »

Le pêcheur attendait cette lettre depuis longtemps.

3.

Les joyaux de la couronne

Il fait beau et chaud, en ce mois de juillet 1791. Mais les personnes présentes dans le Garde-Meuble royal, le magnifique palais parisien, aujourd'hui ministère de la Marine, ne pensent guère au climat. Elles ont d'autres soucis en tête, en ces temps de bouleversements sans précédent.

La place sur laquelle donne le Garde-Meuble – l'actuelle place de la Concorde – ne se nomme plus « place Louis-XV », mais « place de la Révolution » ; le palais Bourbon, qu'on peut apercevoir de l'autre côté de la Seine, est désormais le palais « ci-devant Bourbon », quant au Garde-Meuble royal, il risque fort de s'appeler bientôt « national ». En 1791, la monarchie française est, en effet, bien compromise et c'est d'ailleurs la raison de la réunion de tous ces personnages…

Le 20 juin précédent, Louis XVI et Marie-Antoinette se sont enfuis du palais des Tuileries, pour tenter de se réfugier à l'étranger. Ils ont été arrêtés à Varennes et ramenés dans la capitale. Leur popularité s'est effondrée d'un coup et la majorité du peuple les considère désormais comme des ennemis. C'est pourquoi l'Assemblée nationale a ordonné l'inventaire des joyaux de la Couronne. Le dernier avait eu lieu dix-sept ans plus tôt. On va comparer les résultats et s'assurer que les souverains n'ont pas gardé des bijoux avec eux, pour lever des troupes, les donner à l'ennemi, entretenir des espions ou on ne sait quoi encore.

*

L'inventaire, qui doit durer plusieurs jours, a été confié à la personne la plus qualifiée du royaume, Paul-Nicolas Ménière, le joaillier de Louis XVI. Il est assisté de deux de ses collègues et accompagné de plusieurs députés, qui veillent au bon déroulement des opérations.

Les magnifiques portes ouvragées ont été ouvertes et refermées derrière eux, tandis qu'une puissante escouade armée restait à l'extérieur... Le Garde-Meuble royal est un endroit impressionnant. C'est un entassement incroyable de merveilles. Le joaillier, ses collègues et les députés traversent ainsi des enfilades de pièces encombrées de chefs-d'œuvre. Il y a des meubles, bien sûr, fabriqués par les ébénistes les plus prestigieux, mais aussi la collection de tapisseries la plus admirable qui existe au monde, des vases, des pendules, des armures ouvragées et les présents les plus divers, apportés à la Cour par les ambassadeurs.

Ils arrivent enfin dans une pièce à part, dite « salle des bijoux ». À la différence des autres, elle est presque vide, à l'exception de plusieurs vitrines renfermant des écrins et d'un grand coffre, large comme une armoire, garni de magnifiques panneaux de laque chinoise. C'est là que sont enfermés les joyaux de la Couronne.

L'inventaire commence par les vitrines contenant les pièces les moins précieuses, mais dont la valeur est pourtant considérable. Pendant des jours, bijoux d'or, camées, diamants, rubis, émeraudes et perles défilent sous les yeux incrédules des députés et des deux collègues de Paul-Nicolas Ménière. Ils n'auraient jamais cru qu'une telle richesse soit possible. Le joaillier de Louis XVI, lui, ne se départit pas de son calme. Il est parfaitement au courant de l'existence de la plupart de ces pièces et en connaît, pour les plus remarquables, l'histoire par cœur.

Arrivé au contenu du coffre, il sort de son écrin un énorme diamant blanc au scintillement incomparable. Tandis que les autres personnes présentes ne peuvent retenir un cri d'admiration, Paul-Nicolas Manière reste muet. Il sait que cette merveille s'appelle le Régent et sait aussi à la suite de quels rebondissements, et parfois de quels drames, il est arrivé à la Cour de France.

*

Avant de se nommer le Régent, ce magnifique diamant portait le nom de son premier possesseur, Thomas Pitt, membre d'une vieille famille d'hommes politiques anglais, qui l'avait acheté aux Indes, rapporté en Angleterre et fait tailler à Londres…

Nommé gouverneur de Fort Saint-Georges, près de Madras, par l'East India Company, Thomas Pitt s'embarque avec son fils aîné Robert, en novembre 1697, pour rejoindre son poste. Il n'y arrive qu'en juillet de l'année suivante, après une longue traversée passant par Sainte-Hélène et le cap de Bonne-Espérance.

Fort Saint-Georges est situé à proximité de la région des diamants. Au début de l'année 1701, des rumeurs concernant l'existence d'une énorme pierre parcourent l'Inde. Et, à l'automne, un des plus gros diamantaires du pays, nommé Ramchund, va trouver le gouverneur pour lui proposer un diamant brut, comme on n'en a jamais vu.

Ramchund a toujours refusé de dire comment la pierre était entrée en sa possession. Son origine la plus vraisemblable est la suivante : elle aurait été trouvée par un esclave travaillant dans une mine de la région de Golconde. Celui-ci se serait ouvert la cuisse et l'aurait dissimulée dans sa blessure ou, plus vraisemblablement, la pierre pesant 426 carats, l'aurait cachée dans le pansement recouvrant la plaie. Après avoir gagné la côte, il offre le diamant à un capitaine de navire anglais, à condition de monter à bord et d'être conduit dans un pays où il trouvera la liberté. Le capitaine accepte, mais, une fois au large, jette l'esclave à la mer. Il aurait ensuite vendu le diamant à Ramchund pour mille livres sterling, aurait dilapidé l'argent en beuveries et se serait pendu dans un accès de délire…

Thomas Pitt se montre vivement intéressé par la pierre que lui propose Ramchund. Il entame les discussions avec le marchand tout en faisant faire des esquisses du diamant brut, qu'il envoie à Sir Stephen Evans, joaillier de la Cour d'Angleterre. Il y joint une lettre, datée du 6 novembre 1701 :

> La présente accompagne le modèle d'une pierre que j'ai vue dernièrement : elle pèse 303 magelins ou 426 carats ; elle est d'une excellente eau cristalline, sans aucun défaut. Si elle est destinée à rester d'un seul morceau (je crois qu'elle ne perdra pas plus d'un quart à la taille), je la prends. Au prorata de la situation des pierres, elle est inestimable… J'écris ceci uniquement à vous et à nul autre. Je désire que cela demeure secret et que vous soyez le premier qui, par-delà les terres et les mers, m'envoyiez votre opinion sur cette pierre, car elle est d'une si grande valeur que je crois qu'il y en a peu ou pas du tout qui puissent l'acheter.

Evans répond le 1er août suivant, en recommandant la prudence. La valeur de la pierre dépasse les moyens de tous les princes d'Europe. Le gouverneur risque fort de rester avec son acquisition sur les bras. Mais Pitt a déjà cédé à la tentation et acheté le diamant. Ramchund en demandait un prix énorme : 200 000 pagodas, soit 85 000 livres sterling. L'accord a fini par se faire à 48 000 pagodas, 20 400 livres anglaises.

La difficulté est maintenant d'envoyer la pierre à Londres sans encombre. La route est longue et, outre les risques de naufrage, il y a le danger d'être capturé par un Français, car, depuis mai 1702, la France et l'Angleterre sont en guerre. Thomas Pitt, qui ne peut pas quitter son poste, décide donc de confier son précieux objet à son fils Robert qui, pressé de s'en retourner, veut s'embarquer sur le premier navire en partance : le *Bedford.*

Mais son père l'en empêche, ayant encore plusieurs choses à régler pour son départ. Il est bien inspiré, car le *Bedford* se perdra corps et biens. Robert Pitt quitte finalement Fort Saint-Georges à bord du *Loyal Cook* et touche l'Angleterre en mai 1703. Une lettre datée de ce mois avise son père que le diamant est à Londres et qu'un nommé Cope en a commencé la taille. Celle-ci doit laisser au diamant un poids de 280 carats et en faire l'une des merveilles du monde.

Les nouvelles suivantes apportent à Pitt une grande déception. Une fois la taille terminée, il apprend que le poids du diamant n'atteindra que la moitié de l'estimation de Cope : 140 carats. Dans une lettre du 3 janvier 1706, Robert Pitt confirme ce résultat, dû à des impuretés qui n'avaient pas été vues au départ, mais précise : « Il conserve néanmoins une valeur aussi grande que s'il pesait davantage, car il est incomparable. »

*

Rentré en Angleterre en octobre 1708, Thomas Pitt retrouve son diamant diminué, mais magnifiquement transformé par l'art du diamantaire. Ce dernier a utilisé une technique exceptionnelle, peut-être née à Venise au début du XVIIe siècle, la taille en brillant, grâce à laquelle l'angle formé par les facettes procure à la lumière une intensité idéale et un scintillement éblouissant.

Thomas Pitt doit à présent vendre cette splendeur qu'il nomme Grand Pitt. Il en fait faire des modèles en cristal qu'il présente d'abord au prince de Galles et au roi d'Angleterre.

Comme aucun ne se montre intéressé, il décide de proposer le diamant aux rois de France, d'Espagne et de Prusse. En octobre 1714, Louis XIV découvre ainsi la fameuse pierre. Mais il refuse de l'acheter, les finances du royaume étant au plus bas.

Trois ans plus tard, l'accord va pourtant se faire avec la France, pour des raisons politiques... Nous sommes en 1717 et la situation a considérablement changé. Louis XIV est mort et Philippe d'Orléans exerce la régence, durant la minorité du jeune Louis XV. Les finances sont un peu meilleures et, surtout, le Régent veut un rapprochement avec l'Angleterre, dont il fait le fondement de sa politique étrangère.

Un traité d'alliance est même en discussion entre la France, l'Angleterre et les Pays-Bas. Il rencontre pourtant des réticences de la part des Anglais. Fin stratège, Thomas Pitt comprend tout le parti qu'il peut tirer de la situation. Il organise à la chambre des Communes, dont il est l'un des chefs, une contestation virulente du traité tout en envoyant au Régent des émissaires discrets, pour l'informer que, s'il achetait son diamant, il mettrait un terme à son opposition.

Après avoir longtemps hésité, Philippe d'Orléans se résout à céder à son chantage. L'achat du diamant est décidé par le conseil de Régence, le 6 juin 1717, moyennant la somme de deux millions de livres françaises. En l'honneur de son acheteur, le Grand Pitt prend alors le nom de Régent. Grâce à son acquisition, le traité de Triple Alliance est ratifié peu après. Mais la transaction se révèle aussi une excellente opération financière, puisque, dès 1719, le diamant a déjà atteint trois fois sa valeur d'achat.

Dès lors, le Régent devient un des ornements des souverains français. Peu après son acquisition, Louis XV, âgé de onze ans, le porte pour la réception de l'ambassadeur de Turquie ; le diamant étincelle sur son épaule, au centre d'un nœud de perles et de diamants. Le Régent est ensuite provisoirement serti sur la couronne du sacre du jeune roi, le

25 octobre 1722. Peu après, lors de son mariage avec Marie Leczinska, Louis XV arbore le diamant sur son chapeau, habitude qu'il conservera jusqu'à la fin de son règne.

Paul-Nicolas Ménière le monte de nouveau sur la couronne, pour le sacre de Louis XVI, en 1775. Après quoi, il est desserti par ses soins, car, comme son prédécesseur, le roi porte ensuite régulièrement le Régent à son chapeau.

*

L'inventaire pratiqué au Garde-Meuble royal est long. Ménière et ses collègues ne se contentent pas de noter les pièces qu'ils découvrent. Pour chacune d'elles, ils comparent ses caractéristiques avec celles de l'inventaire précédent. Ensuite, ils se livrent à un examen approfondi, pour voir si la pierre n'a pas été endommagée, ou s'il ne s'agit pas d'une copie qui l'aurait remplacée.

L'examen du Régent est ainsi particulièrement minutieux. Il prend à lui seul toute une journée. À l'issue de celui-ci, les députés s'extasient :

— C'est certainement le plus beau diamant existant au monde !

Mais l'ancien joaillier de Louis XVI les détrompe :

— Le plus cher peut-être, mais pas le plus beau. Pour tous les connaisseurs, le plus beau est le Diamant bleu, qui figure sur le grand insigne de la Toison d'or…

C'est dire l'émerveillement qui saisit les personnes présentes, lorsque, quelques jours plus tard, apparaît la Toison d'or. L'insigne est composé d'un gros diamant blanc, d'une infinité d'autres plus petits, de topazes, d'un nombre exceptionnel de rubis, mais cet amoncellement de merveilles est éclipsé par la pierre sertie tout en bas, qui renvoie un éclat d'une couleur bleue sans pareille.

*

L'histoire du Diamant bleu est presque aussi mouvementée que celle du Régent… Le 27 novembre 1663, le marchand Jean-Baptiste Tavernier quitte Paris pour son sixième voyage en Orient. Il a alors cinquante-deux ans. Colbert lui a confié une tâche de la plus haute importance : trouver une voie terrestre pour établir un axe commercial entre la France et l'Orient et s'assurer des bonnes grâces des pays traversés. Tavernier va s'acquitter parfaitement de son rôle mais il a également emporté des fonds, afin de commercer pour son propre compte.

Après bien des pérégrinations, il arrive à Agra, capitale du Grand Mogol Aurangzeb, qui lui fait un accueil chaleureux et l'installe dans ses appartements. Le Français est particulièrement impressionné par le trône du souverain, recouvert d'or, de pierreries, de perles et surtout de diamants. Il estime sa valeur à soixante millions de livres, soit presque deux fois le coût des travaux entrepris à Versailles. Il demande alors au Grand Mogol d'où lui viennent ces richesses. Ce dernier le renseigne de bonne grâce.

— Les diamants proviennent de mes mines de Golconde.

— Elles en produisent beaucoup ?

— On les dit inépuisables.

Avec la permission du souverain, Jean-Baptiste Tavernier décide de se rendre à Golconde. Il y est reçu par Mir Joumla, ministre du Grand Mogol. À sa demande, ce dernier lui présente des coffrets contenant des diamants blancs. Tavernier les trouve d'une qualité remarquable et en achète plusieurs, dont un d'une taille appréciable.

Un peu plus tard, le voyageur français prend la direction des mines. À sept journées de Golconde, il découvre un univers extraordinaire. Quelque soixante mille mineurs, hommes, femmes et enfants, s'épuisent à creuser la montagne, pour en faire sortir les pierres enfouies.

Fasciné, il prend la peine de s'entretenir avec eux : les diamants sont pour eux des morceaux du soleil, de la lune et des étoiles tombés sur terre. À leurs yeux, ils sont vivants.

Ils ont d'ailleurs un sexe. Les plus beaux, incolores et purs, sont mâles. Les impurs et colorés sont les femelles. Tous les diamants possèdent le pouvoir d'anéantir les forces du mal. Leur place est dans les temples où, comme troisième œil des statues des dieux, ils apportent leur protection aux hommes.

Durant le séjour de Jean-Baptiste Tavernier, un mineur nommé Ruchir fait jaillir avec sa pique une énorme pierre sombre. Le contremaître s'approche. Il examine la trouvaille : c'est bien un diamant. Le lendemain, Ruchir reçoit le sarpo, l'étoffe qui récompense le mineur chanceux. Ainsi que le veut la tradition, il en fera une toque qu'il ne quittera plus.

Mais sa découverte n'est guère appréciée. Si la pierre est énorme – elle ne fait pas moins de 112 carats –, elle est de couleur bleue, considérée par les populations locales comme néfaste. Pas question d'imaginer la voir un jour ou l'autre dans un temple !

Elle est pourtant apportée à Golconde, pour être présentée à Mir Joumla. Jean-Baptiste Tavernier fait le voyage avec elle, espérant de tout cœur que le ministre partagera le même préjugé. Effectivement, dès qu'il la voit, celui-ci a un mouvement de recul :

— Voilà un objet de mauvais augure !

Le Français s'empresse de lui tendre le plus gros des diamants blancs qu'il lui a récemment achetés.

— L'échangeriez-vous contre celui-ci ?

— Sans hésitation !

Le marché est conclu et Jean-Baptiste Tavernier décide de rentrer en France. Il s'est amplement acquitté de sa mission vis-à-vis de Colbert et juge inutile de s'attarder, avec un tel trésor en sa possession.

Il arrive à Versailles, fin 1668, et la première personne qu'il va trouver est son cousin Jean Pitau, joaillier-orfèvre du Roi. Il lui montre les diamants qu'il rapporte. Ils sont tous taillés, sauf le bleu, resté à l'état brut. N'étant pas un spécialiste, il a des doutes sur sa qualité. Mais la réaction du joaillier le rassure :

— C'est une merveille, une pure merveille !

C'est seulement ensuite que Jean-Baptiste Tavernier va trouver Colbert. Il le met au courant de ses résultats, que le ministre trouve très satisfaisants, et lui parle de l'acquisition de ses diamants. Colbert ne manque pas de remarquer la pierre de 112 carats, mais n'apprécie pas trop la couleur. Il est vrai qu'à l'état brut, elle est d'un bleu terne, tirant sur le gris. Tavernier lui réplique que, selon Pitau, on peut en tirer une splendeur.

Après quelques hésitations, Colbert conseille au roi d'acheter les diamants de Tavernier. Et, quelques semaines plus tard, au tout début de 1669, le marchand rencontre Louis XIV. Le roi les trouve à son goût et achète tout le lot pour une somme de 898 731 livres, le Diamant bleu étant, à lui seul, payé 220 000 livres, soit environ cinq millions d'euros. Satisfait, Louis XIV anoblit Tavernier et le nomme « fournisseur de diamants de Sa Majesté ». Le Diamant bleu, toujours à l'état brut, est alors placé dans le cabinet du roi, à côté des dix-huit diamants du cardinal Mazarin, où les privilégiés de la Cour peuvent l'admirer. Le souverain n'a toujours pas décidé s'il allait le tailler ou non.

Afin de le convaincre, le joaillier Pitau imagine alors lui donner une forme exceptionnelle. Il obtient de Colbert de faire un moulage de la pierre. Pendant de longs mois, il réfléchit à une taille qui doit subjuguer l'Europe. Pour réussir son entreprise, il s'aide même des ouvrages scientifiques de Descartes et de Newton traitant de l'optique et de la lumière.

Finalement, il opte pour une méthode entièrement nouvelle et parfaitement adaptée à la forme triangulaire du diamant. Il s'agit d'une taille asymétrique à sept côtés qui, très délicate à réaliser, n'a jamais été tentée. La pierre, telle que Pitau l'a imaginée, aura 57 facettes.

Le roi et Colbert donnent leur accord. Il ne faut pas moins de deux ans au joaillier pour mener à bien son travail, mais lorsqu'il a terminé, il a réalisé un chef-d'œuvre. La pierre brute de mauvais augure extraite des mines de Golconde est devenue le Diamant bleu de la Couronne. Il a certes perdu beaucoup de son volume, passant de 112 à 69 carats, mais a vu son prix pratiquement doubler et est désormais évalué à quatre cent mille livres.

Les années s'écoulent... Colbert et madame de Montespan disparaissent. Madame de Maintenon, la nouvelle favorite, a rendu le roi dévot et austère. Finis les fastes de la Cour. Le château est déserté. Les joyaux restent dans leurs écrins. En 1715, le roi mourant remet pourtant à son arrière-petit-fils Louis, âgé de cinq ans, l'épingle d'or, à l'extrémité de laquelle est serti le Diamant bleu. Quatre jours plus tard, l'enfant devient le nouveau roi de France.

Après la mort du Roi-Soleil, le Diamant bleu ne retrouve cependant pas la faveur royale. Pas la moindre place pour cette pierre unique sur la couronne du sacre de Louis XV, alors que le Régent y trône en position frontale. Il ne revient sur le devant de la scène que lorsque Louis XV reçoit le titre de chevalier de la Toison d'or, en 1739. Le joaillier chargé de concevoir l'insigne a alors l'idée de réutiliser de nombreuses pierres précieuses appartenant à la Couronne. Il emploie ainsi des rubis, des topazes, un grand nombre de petits diamants blancs et surtout le Diamant bleu. Ce sera sa dernière apparition publique. Depuis, il n'a jamais été revu.

*

Le Diamant bleu est l'une des dernières pièces qu'examinent Ménière, ses collègues et les députés. Une fois refermées les portes en laque de Chine du coffre, ils expriment tous leur satisfaction. L'inventaire qu'ils viennent de faire est conforme en tout point à celui effectué dix-sept ans plus tôt : la famille royale n'a rien détourné... Un peu plus tard, alors qu'ils quittent le Garde-Meuble, l'un des élus fait part de ses sentiments au joaillier.

— Une telle richesse, quand le peuple meurt de faim, c'est scandaleux ! Je vais demander à mes collègues de rendre l'inventaire public. Il faut que la nation entière soit informée.

Paul-Nicolas Ménière n'est pas de cet avis.

— N'en faites rien ! Vous allez exciter la convoitise de tous les voleurs de France.

Tout en parlant, ils passent devant l'imposante garde armée, qui referme les portes derrière eux. Le député les désigne au joaillier.

— Comme vous le voyez, le trésor est bien défendu. Personne n'oserait s'attaquer à une force pareille.

— Pour le moment, oui, mais les temps sont troublés. Les choses peuvent changer.

Le membre de l'Assemblée regarde son interlocuteur de manière soupçonneuse.

— Voudriez-vous protéger le roi ? Il est vrai que vous avez été longtemps à son service...

Paul-Nicolas Ménière n'insiste pas. Par les temps qui courent, il ne fait pas bon d'éveiller la suspicion.

— À Versailles, je n'ai fait que mon métier. Je suis aussi bon patriote que vous. J'avais peur pour ces merveilles, c'est tout.

*

Les craintes de l'ancien joaillier de Louis XVI sont malheureusement fondées. Les événements s'accélèrent. Au printemps 1792, la France entre en guerre avec l'Autriche. La famille royale est soupçonnée d'entretenir des relations avec l'ennemi. Le 10 août, les Tuileries sont prises d'assaut. Louis XVI, Marie-Antoinette et le Dauphin sont emprisonnés au Temple. C'est la fin de la monarchie.

Devant le danger qui persiste, la levée en masse est décidée. Tous les militaires disponibles sont envoyés aux combats. La plupart de ceux qui protégeaient le Garde-Meuble sont enrôlés. Début septembre 1792, l'avance des forces ennemies en direction de Paris provoque un début de panique et le bruit court que les royalistes incarcérés fomentent un complot depuis leurs cellules.

Les esprits s'échauffent. Des patriotes armés pénètrent dans les prisons et massacrent des centaines de détenus, aussi bien aristocrates que condamnés de droit commun. En même temps, des dizaines, voire des centaines de malfaiteurs, considérés comme des « victimes du tyran », sont libérés.

Les rues de Paris regorgent désormais de brigands, qui se réunissent dans des cabarets louches pour préparer leurs coups. Certains sont également arrivés de province, afin de profiter des troubles et agir en toute impunité. Quotidiennement, en passant par les toits, des voleurs s'introduisent dans le château des Tuileries dévasté et pillent les objets précieux abandonnés sur place. Mais ils vont bientôt avoir une autre cible : le Garde-Meuble, place de la Révolution.

Le Garde-Meuble est situé près des Champs-Élysées, qui ne sont à l'époque qu'un terrain vague boueux envahi de broussailles. Ils servent de campement à des vagabonds, qui savent bien que la police ne s'y aventure pas. Passée la tombée du jour, il n'y a pas d'autre force armée dans les environs que celle, de plus en plus réduite, qui protège encore le Garde-Meuble et, depuis le début de la guerre, elle ne cesse de s'amenuiser…

*

Paul Miette est sorti récemment de prison. Il n'a pas été libéré lors des récents massacres, mais a bénéficié d'une remise de peine pour faire de la place aux aristocrates et autres suspects royalistes. Ce 10 septembre 1792, il a donné rendez-vous, au cabaret de la veuve Noël, rue Champfleury, à deux mauvais garçons de sa connaissance. Il y a là Cadet Guillot, un Breton de tout juste vingt ans au palmarès de voleur à la tire impressionnant, et Nicolas Gobert, un expert en crochetage de serrures. Après avoir commandé un pichet et les avoir servis, Paul Miette lève sa chope.

— J'ai un coup fameux pour vous, les gars, un coup royal !

Gobert hausse les épaules.

— Si c'est les Tuileries, ça ne vaut pas la peine. J'y ai été hier. Il n'y a plus rien.

— Ce n'est pas les Tuileries, c'est le Garde-Meuble et, là, tout est en place.

— Le Garde-Meuble ? Tu es fou ! C'est gardé comme une forteresse.

— C'était gardé… J'y ai été hier et j'y ai vu très peu de soldats. Et encore, ils ne font pas de rondes. Ils se contentent de rester devant l'entrée. Aux fenêtres du rez-de-chaussée, il y a des grilles, mais il suffit d'escalader jusqu'au balcon du premier et, là, il y a juste un volet à ouvrir.

Du coup, les deux complices écoutent attentivement.

— Et après ?

— Gobert force le volet, je découpe le carreau et Guillot, qui est mince comme une feuille, passe le bras par le trou pour ouvrir la fenêtre. Ensuite, direction la chambre des bijoux ! Vous savez ce qu'il y a dedans ?

— Oui, bien sûr…

Effectivement, tous les mauvais garçons de Paris savent ce qu'il y a dans la chambre des bijoux. La publication de l'inventaire, il y a un an de cela, les a tous fait rêver. Quelques-uns ont même été rôder place de la Révolution, mais l'importance de la garde les avait, à l'époque, dissuadés…

— Admettons qu'on arrive à l'intérieur, comment on se repère ?

— Vous n'aurez qu'à me suivre. Je connais l'endroit comme ma poche.

— Toi ?

— J'y suis allé il y a cinq ans, histoire de me rincer l'œil et j'ai tout retenu.

Car, aussi invraisemblable que cela paraisse, jusqu'à une date récente, on pouvait visiter le Garde-Meuble ! Louis XV avait décidé de l'ouvrir au public chaque premier mardi du mois, durant la saison estivale, et Louis XVI avait poursuivi cette initiative. Ce n'est qu'à la suite des événements révolutionnaires que les lieux ont été fermés… Paul Miette sort de sa poche un diamant de vitrier et le met sous les yeux des deux autres.

— C'est avec cela que je vais ouvrir la fenêtre : un petit diamant vilain, qui va nous en faire gagner beaucoup de gros et de magnifiques ! Alors, qu'est-ce que vous en dites ?

— Il faut réfléchir…

— Non, il ne faut pas réfléchir. Il faut y aller tout de suite. C'est déjà miraculeux que personne n'ait eu cette idée avant moi. Mais ça ne va pas durer. Bientôt, ce sera trop tard !

— Qu'est-ce que tu proposes ?

— D'y aller demain soir.

Les trois chopes se lèvent et s'entrechoquent bruyamment. L'accord est conclu.

*

Le lendemain, aux environs de minuit, des ombres furtives arrivent à proximité de l'élégant bâtiment à colonnes. Ils ne sont pas trois, mais six. Miette et ses complices ont recruté trois autres de leurs connaissances qui ont réussi à se procurer des uniformes de gardes nationaux, pour faire le guet.

Les vrais gardes nationaux qui défendent la place, sont, eux, à l'intérieur. Ils occupent le rez-de-chaussée du bâtiment. On peut les apercevoir par la porte d'entrée ouverte à deux battants. Ainsi que Paul Miette a pu l'observer, ils ne montent pas au premier étage où se trouve le Garde-Meuble proprement dit.

Non loin, du côté des Champs-Élysées, des feux ont été allumés. Des chants avinés et des bruits de dispute s'élèvent. La nuit, l'endroit a presque des allures de cour des Miracles. Les vagabonds font suffisamment de bruit pour couvrir celui que les voleurs feront peut-être, c'est parfait !

Sans perdre de temps, Paul Miette entreprend d'escalader la colonne la plus éloignée des gardes. Il a toujours été agile et parvient rapidement sur le balcon. De là, il tend une corde pour que ses deux complices puissent le rejoindre. Le vol le plus audacieux qu'on ait tenté depuis longtemps a commencé…

Tandis que Miette l'éclaire avec une chandelle, Nicolas Gobert force un volet. Celui-ci ne résiste pas longtemps au spécialiste qu'il est. Ensuite, Miette découpe prestement la vitre avec son diamant. Puis, Cadet Guillot passe la main à travers le trou, ouvre la croisée et entre le premier dans la place.

Un cri lui échappe. Malgré la quasi-obscurité, il se voit entouré de toute une troupe immobile. On les attendait, il fallait s'en douter ! Mais Miette, qui l'a rejoint, éclate de rire.

— Imbécile, ce sont des armures !

Les deux autres font écho à son rire, mais l'instant d'après, leur hilarité fait place à la terreur. Dans un mouvement maladroit, Gobert vient d'accrocher une des armures, qui s'est étalée de tout son long, dans un vacarme assourdissant. D'un même mouvement, tous les trois se précipitent sur le balcon. Ils interpellent les guetteurs en uniforme.

— Allez voir si la garde a bougé.

L'alerte n'a pas été donnée. Ils peuvent poursuivre leur larcin en toute tranquillité. À la suite de Miette, qui tient la lanterne et qui se repère avec aisance dans ces lieux qu'il connaît déjà, ils découvrent, à la lumière tremblante de la flamme, un décor hallucinant.

Ils sont au milieu de trésors entassés n'importe comment. Tous ces meubles, ces bibelots, ces vases, qui ont leur place dans un palais, ont l'air abandonnés comme dans un débarras. Ils auraient envie de tout emporter, mais il n'est pas question, bien sûr, de s'embarrasser d'objets encombrants. Ils n'ont qu'un objectif, la salle des bijoux, vers laquelle, toujours aussi sûr de lui, Miette se dirige d'un pas ferme...

Lorsqu'ils y sont enfin, la pièce leur semble incroyablement vide en comparaison du fouillis qui règne dans le reste du Garde-Meuble : on y trouve seulement quatre ou cinq vitrines et un coffre aux dimensions d'une armoire, recouvert de laque de Chine. Mais il est vrai que les joyaux occupent une place aussi petite que leur valeur est immense. C'est d'ailleurs ce qui fait tout leur intérêt pour les voleurs : on peut emporter une fortune, rien qu'en remplissant ses poches !

Sans plus attendre, tous trois se jettent sur les vitrines. Elles sont fermées à clé et Gobert sort la pince et le fil de fer qu'il a emportés. En quelques manipulations, le tour est joué. Le jeune Cadet Guillot prend alors la parole.

— Et le partage ? On n'en a pas parlé.

Miette hausse les épaules.

— Pas besoin de partager. Il y en a suffisamment pour nous rendre riches tous les trois jusqu'à la fin de nos jours. Ce que chacun prendra sera à lui, c'est ce qu'il y a de plus simple.

Les deux autres sont d'accord et la curée commence. Ils ouvrent les écrins et remplissent leurs sacs fébrilement. Ils n'emportent que ce qui leur semble vraiment inestimable et négligent des pièces qui auraient fait rêver n'importe quel cambrioleur : des monnaies anciennes, des camées, des objets d'or...

Après avoir pillé la première vitrine, Gobert s'apprête à attaquer la seconde. Mais Paul Miette le retient.

— Le plus beau est dans le coffre. Tu ne peux pas essayer de l'ouvrir ?

— Cela risque d'être long.

— Essaye quand même…

Nicolas Gobert est vraiment un spécialiste. Il force un tiroir secret, qui permet d'ouvrir les panneaux de laque. Cadet Guillot s'empare d'un écrin. Une splendeur blanche, jaune, rouge et bleue en jaillit. Il reste bouche bée.

— Qu'est-ce que c'est que ça ?

Miette a un sourire.

— La Toison d'or, avec le Diamant bleu. Tu en as pour trois millions !

Pendant ce temps, Nicolas Gobert s'est saisi d'un autre objet inestimable : l'épée de parade de Louis XVI, au pommeau en or massif incrusté de diamants roses. Il est si heureux qu'il se met à jouer avec elle comme un enfant, faisant de grands moulinets dans la pièce…

C'est alors qu'un sifflement retentit à l'extérieur. C'est le signal d'alerte convenu. Ils se précipitent au balcon et se penchent vers les faux gardes.

— Il vient d'arriver des renforts. Une bonne vingtaine de soldats. Il vaut mieux filer !

Ce n'était, en effet, pas prévu. Les trois complices décident de s'en tenir là. Ils retournent dans la salle des bijoux et finissent prestement de remplir leurs sacs. Après quoi, ils remettent en place la fenêtre et le volet par lesquels ils sont entrés et descendent à terre, en se laissant glisser sur la colonne. Il est deux heures du matin, la première nuit de vol au Garde-Meuble est terminée. Et tous se jurent qu'il y en aura d'autres !

Du côté du corps de garde, rien ne bouge et les six complices s'éloignent rapidement vers la Seine sans être inquiétés. Une fois arrivés sur la berge, les trois faux gardes s'arrêtent soudain.

— Eh là, pas si vite ! Notre part !

Miette, Gobert et Guillot sortent quelques petites pierres de leurs sacs, mais leurs acolytes ne l'entendent pas ainsi.

— C'est tout ? Vous vous moquez de nous !

— C'est bien assez ! C'est nous qui avons tout fait.

— Le danger était le même pour nous. Si on se fait prendre, on risque pareil…

Il y a des cris, un début d'empoignade, lorsqu'une voix forte retentit :

— Qui va là ?

Les silhouettes d'hommes en uniforme apparaissent. C'est la débandade générale. Dans leur fuite, les six voleurs abandonnent sur le sable de la grève des pierres et des perles. Mais les militaires ne s'en aperçoivent pas, pas plus qu'ils ne leur donnent la chasse. Quelques-uns des joyaux seront d'ailleurs retrouvés les jours suivants par les passants…

*

Après ce premier succès, Paul Miette ne perd pas de temps. Il retourne sur place le surlendemain, avec les mêmes comparses, plus d'autres, car, si lui-même est resté discret, Gobert et Guillot se sont vantés de leur exploit dans plusieurs cabarets. Presque tout le monde a cru à une affabulation, mais quelques-uns ont quand même voulu voir si, par extraordinaire, ce serait vrai…

L'opération est presque devenue de la routine : le chemin est connu, le volet est forcé et la fenêtre ouverte. Il n'y a qu'à tirer et à pousser pour entrer. À la suite de Miette, qui se dirige avec l'assurance d'un maître de maison, tout le monde arrive dans la salle des bijoux. Ce dernier désigne d'un geste large les vitrines encore intactes :

— Servez-vous !

Cette fois, les malfaiteurs ne s'embarrassent pas de précautions. Pas question de perdre du temps avec les serrures. Ils vont chercher dans la pièce à côté des objets lourds, et fracassent les vitres avec des coups de bûcherons. Pendant ce temps, Paul Miette s'est précipité vers le coffre. Car il a un objectif : le Régent, le fabuleux Régent, qu'il n'a pas pu emporter la dernière fois. Il sait très bien qu'il sera difficile de négocier une telle merveille, mais peu importe, il veut voler ce que personne n'a volé avant lui et entrer dans la légende des cambrioleurs !

Tandis que les autres dévalisent les vitrines, il ouvre tous les écrins. Le cinquième est le bon. Le Régent est là, énorme, magnifique, renvoyant un éclat adouci à la lumière de sa chandelle... Paul Miette le met prestement dans son sac. Il était temps ! D'autres de ses compagnons arrivent à leur tour et font main basse sur le reste des joyaux de la Couronne. Ce n'est que quand les guetteurs sifflent pour annoncer l'arrivée de soldats que les pilleurs mettent fin à leur razzia. Ils repartent par le même chemin et ne sont pas inquiétés durant le retour...

Le lendemain, les voleurs sont tellement en confiance qu'ils jugent inutile de poster des veilleurs. L'expédition prend des allures de pantalonnade. La bande est devenue une petite troupe. Elle a emporté du vin, des victuailles et saucissonne sur place, à la lueur des chandelles, devant les vitrines et les coffres éventrés.

Peut-être à cause des libations, le retour est agité. À proximité du palais ci-devant Bourbon, des chamailleries et des empoignades éclatent. Un peu plus loin, un membre de la bande, fin saoul, propose à deux passants trois diamants et sept grosses perles, pour la somme de six livres. Ceux-ci, sans doute éméchés eux aussi, acceptent et vont faire examiner leur acquisition par un bijoutier le lendemain. Le commerçant leur en demande la provenance et leur conseille vivement d'avertir la police.

Inquiets, les noctambules vont prévenir le commissaire de la section du Pont-Neuf, qui prend immédiatement la chose au sérieux.

— Il y avait toute une bande, dites-vous ? Pourriez-vous préciser où cela se passait ?

— Près du palais ci-devant Bourbon.

Il retourne sur les lieux avec eux, accompagné de plusieurs agents. Là, on ne tarde pas à retrouver deux rubis dans le sable. Le commissaire traverse aussitôt la Seine et se présente devant le Garde-Meuble. Il demande à parler au chef de la garnison.

— Il semblerait qu'un vol ait été commis chez vous, citoyen. On a retrouvé des bijoux près d'ici.

L'officier se récrie.

— On n'a rien pris ici, commissaire…

— Eh bien, allons voir !

Les deux hommes montent à l'étage par le grand escalier. Là, l'officier montre les portes donnant sur le Garde-Meuble.

— Vous voyez ? Elles sont fermées. Personne n'est entré.

— Ouvrez. Nous allons vérifier.

— C'est que je ne peux pas. Les scellés ont été mis par la représentation nationale. Pour ouvrir, il me faudrait un ordre du gouvernement.

Tandis que le commissaire redescend, de fort mauvaise humeur, le chef de la garnison lui fait part de son opinion.

— Les bijoux viennent sûrement des Tuileries. Les voleurs entrent là-bas comme ils veulent…

Le policier est loin d'en être persuadé et fait aussitôt placarder des affiches dans tout Paris :

« Le commissaire de la section du Pont-Neuf prévient messieurs les orfèvres et joailliers qu'il soupçonne qu'il a été volé au Garde-Meuble ou au palais des Tuileries des pierres fines d'une grande valeur. Messieurs les orfèvres et joailliers sont invités à retenir toutes les pierres qui leur seront présentées par des personnes inconnues et à prévenir aussitôt la police. »

L'affiche ne rencontre aucun écho chez les bijoutiers. Elle n'a pas non plus le moindre effet sur les voleurs. Le soir-même, c'est une véritable troupe qui prend la direction du Garde-Meuble. Il y a au moins une cinquantaine d'individus, dont quelques femmes, qui n'ont pas hésité à se joindre à l'expédition.

Cette fois, plus personne ne prend la moindre précaution. On a beaucoup bu avant de partir et tout le monde parle à voix haute. Certains chantent même *La Carmagnole*. Ce chahut fait sortir les soldats de la garnison. Mais, en apercevant des hommes déguisés en gardes nationaux, ils retournent à leurs postes sans s'inquiéter.

Dans le Garde-Meuble, il n'y a presque plus de bijoux. Déçus, les voleurs se rabattent sur les objets plus volumineux qu'ils jettent du haut de la balustrade où ils vont s'écraser six mètres plus bas. Encore une fois, le vacarme laisse la garde indifférente et le groupe peut s'en retourner en toute tranquillité. C'est uniquement parce que des bagarres éclatent un peu plus loin à propos du butin qu'une patrouille de police est alertée. Deux malfaiteurs moins rapides que les autres, un nommé Chambon et un nommé Douligny, sont arrêtés.

Grâce à cette arrestation, le gouvernement prend enfin conscience de la gravité de la situation. Il ordonne la levée des scellés du Garde-Meuble. Mais lorsque les experts viennent constater ce qui reste des joyaux de la Couronne, ils estiment que la valeur des pièces restantes n'excède pas trois cent mille livres, soit un centième de ce qui avait été recensé à l'inventaire !

*

Si les autorités ont fait preuve d'une incroyable négligence dans la protection du trésor royal, elles vont se ressaisir dans l'enquête qui suit. Non seulement elles vont rapidement mettre la main sur la plupart des auteurs du vol, mais elles vont aussi accorder la clémence à ceux qui accepteront de collaborer – démontrant un sens du compromis tout à fait exceptionnel en cette période révolutionnaire – et vont ainsi réussir à récupérer la plupart des pièces volées.

Les deux premiers hommes à passer en justice, sont Jean-Jacques Chambon, vingt-six ans, valet de chambre sans emploi et Joseph Douligny, vingt-trois ans, sans profession.

Ils comparaissent le 21 septembre 1792 devant le Tribunal criminel, une juridiction d'exception créée le 17 août précédent. Les charges pesant contre eux sont extrêmement lourdes, puisqu'ils sont poursuivis pour « complot tendant à enlever à la nation, de vive force et à main armée, les bijoux et diamants déposés au Garde-Meuble, pour les faire servir à l'entretien des ennemis intérieurs et extérieurs conjurés contre elle ». Leur participation au vol n'étant pas douteuse, c'est sans surprise qu'ils sont condamnés à mort après une journée de débats.

Après l'énoncé du verdict, le président leur demande s'ils ont des déclarations à faire. C'est à ce moment que tout change pour eux. Soudain, Douligny se dresse à son banc.

— Je sais qui a le Régent. C'est François Depeyron.

Et il donne l'adresse où on pourra le trouver. Chambon n'est pas en reste.

— Interrogez Badarel. S'il y en a un qui s'en est mis plein les poches, c'est bien lui !

Chambon n'a pas besoin de dire où trouver Badarel, puisqu'il est son codétenu. Ce dernier avait eu, en effet, l'imprudence de revenir rôder autour du Garde-Meuble après la découverte du vol. La garnison avait été renforcée et était sur le qui-vive. Son allure louche l'avait fait arrêter et on avait trouvé sur lui trois chaînes en diamants.

Suite à ces deux déclarations, le Tribunal criminel annonce qu'il suspend l'exécution des condamnés. François Depeyron est arrêté sans mal à son domicile. Il reconnaît avoir été au Garde-Meuble, mais nie avoir pris quoi que ce soit. De son côté, Jean Badarel est interrogé sans relâche dans sa prison et finit par avouer avoir enterré sa part du butin dans l'allée des Veuves, près des Champs-Élysées. La police retrouve à l'endroit indiqué un paquet contenant des objets en or, des perles, des émeraudes et quatre-vingt-quinze diamants.

Immédiatement après, le Tribunal criminel annonce que la peine de mort de Chambon et Douligny est commuée en prison à vie. La plus grande publicité est donnée à cette décision. Les autorités veulent envoyer un message fort aux autres voleurs : ils pourront échapper à la peine capitale en dénonçant leurs complices ou en restituant leur part de butin…

*

La justice suit son cours. Le 16 octobre, sont jugés Jean Badarel, vingt-trois ans, cordonnier pour femmes, et François Depeyron, dit « Francisque », vingt-sept ans, repris de justice marqué de la lettre « V » pour voleur… Si le premier a déjà sauvé sa tête en parlant, le second peut le faire, en disant où se trouve sa part de butin, notamment le Régent, si c'est bien lui qui l'a. Mais il garde obstinément le silence et il est condamné à mort, tandis que Badarel se voit infliger la prison à vie.

Pourtant, Depeyron finit par avouer. Alors qu'il monte dans la charrette qui l'amène vers son lieu d'exécution, il s'adresse à l'officier qui commande le transport des condamnés.

— Je vais dire où sont les diamants. Faites-moi descendre !

L'officier, qui a reçu des instructions en ce sens, donne des ordres pour qu'on l'accompagne à l'endroit qu'il désignera. Depeyron conduit les policiers dans la mansarde où il habitait et, passant par la lucarne du toit, retire de leur cachette, sous les tuiles, deux paquets de diamants. Le Régent n'y est pas et il jure qu'il ne l'a jamais eu, mais il s'y trouve deux pierres de grande valeur : l'une dite « la Fleur de Pêcher », et le Diamant rose ou Grand Mazarin, à cinq pans. L'ensemble est estimé à un million deux cent mille livres et Depeyron sauve sa tête.

Parallèlement, pour montrer que sa clémence n'est pas synonyme de faiblesse, le Tribunal criminel se montre sans pitié avec ceux qui n'ont rien à offrir en échange de leur grâce. C'est ainsi que, le 23 octobre, trois petits receleurs, Joseph Picard, vingt-neuf ans, ancien valet de chambre, Anne Leclerc, vingt-quatre ans, lingère repasseuse, sa concubine, et Louis Lyre, marchand, sont condamnés à mort.

Ils sont exécutés le lendemain. Pour donner à ce châtiment un plus grand retentissement, la guillotine est retirée de la place du Carrousel où elle se trouvait pour être installée face au Garde-Meuble, place de la Révolution. Elle n'en bougera plus et c'est là qu'auront lieu par la suite toutes les grandes exécutions de la Révolution : celles de Louis XVI, de Marie-Antoinette, celles de Danton et de Robespierre…

L'année suivante, les enquêteurs mettent finalement la main sur Paul Miette, l'instigateur du cambriolage. On ne retrouve rien en sa possession, mais il parvient miraculeusement à échapper à son sort en faisant distribuer par des proches des diamants aux jurés. Et, contre toute attente, il est acquitté, faute de preuves. Il se retirera dans sa maison de Belleville, achetée grâce à la vente de son butin, et finira tranquillement ses jours.

En mars 1794, on a enfin des nouvelles d'une grosse pièce. Le comité de Sûreté générale retrouve le Régent chez la femme Lelièvre, maîtresse d'un des voleurs du Garde-Meuble. Le diamant avait été placé dans un trou d'un pouce et demi de diamètre, creusé dans la charpente de sa maison. À la suite de quelle dénonciation la découverte a-t-elle été faite et comment le diamant est-il arrivé jusque-là ? On ne le saura jamais. La femme Lelièvre, elle aussi, sauvera sa tête mais terminera ses jours en prison.

Toujours est-il qu'à la fin de la Révolution, la grande majorité des pièces a été retrouvée, à la notable exception de la plus belle d'entre elles : le Diamant bleu.

*

Les années passent... Napoléon Bonaparte est au pouvoir. Il n'a pas abandonné l'espoir de retrouver le magnifique joyau et a mis deux enquêteurs à plein temps sur sa trace. Pour le reconnaître, ils n'ont qu'un seul indice : une description et un dessin qu'en a fait, en 1787, un membre de l'Académie des sciences, Mathurin Jacques Brisson, dans son ouvrage *La Pesanteur spécifique des corps.*

Les enquêteurs partent de l'idée que le Diamant bleu n'est plus en France et concentrent leurs recherches sur l'Angleterre. En 1812, ils finissent par mettre la main sur une note manuscrite insérée dans un ouvrage intitulé *Traité des pierres précieuses.* Elle est accompagnée du dessin d'un diamant bleu, mais qui ne ressemble pas du tout au diamant français. La pierre décrite fait 45 carats contre 69 pour le diamant la Couronne.

La note est signée John Francillon et datée du 19 septembre 1812. L'auteur y indique : « J'ai tracé le contour du diamant. » Cette date intrigue beaucoup les enquêteurs. Le 19 septembre 1812, c'est presque vingt ans, jour pour jour, après le vol du Garde-Meuble. Or, vingt ans est le délai de prescription des crimes commis sous la Révolution. Est-ce une coïncidence si la mention de cette pierre ressurgit juste au moment où les faits bénéficient de l'impunité ? Ne serait-ce pas le Diamant bleu retaillé ? Il semble que non, car le dessin qu'on vient de découvrir ne s'imbrique pas dans celui de 1787. Il dépasse en plusieurs endroits.

Le diamant de 45 carats décrit dans cette note apparaît au grand jour en 1839, dans la succession d'un banquier londonien : Henry Philip Hope. Il a désormais le nom de Hope et va connaître une existence agitée, passant de main en main à la suite d'événements personnels mouvementés : ruines, divorces, conflits familiaux. À tel point que l'une de ses propriétaires, May Yohe, attribue ces coups de théâtre à une malédiction de la pierre précieuse et en tire le sujet d'un roman *Le Mystère du diamant Hope.*

Régulièrement, des doutes sont émis sur sa provenance. On le soupçonne d'être la retaille du Diamant bleu, mais le fait qu'il n'entre pas dans le dessin réalisé par Mathurin Jacques Brisson en 1787, ne permet pas aux recherches d'aboutir.

Finalement, après des allées et venues qui lui font traverser plusieurs fois l'Atlantique, le Hope finit par devenir la propriété du joaillier new-yorkais Harry Winston, qui décide d'en faire don à l'État. Le Hope arrive ainsi au Smithsonian Museum de Washington, le 10 novembre 1958, et y est exposé dans une pièce réservée. Les doutes n'ont pas disparu quant à son origine, puisque la notice l'accompagnant mentionne qu'il « a appartenu à Louis XIV », sans autre précision. Indication pour le moins étrange, car aucune pierre de ce genre n'est mentionnée dans les divers inventaires des joyaux de la Couronne. La seule qui lui soit comparable est le Diamant bleu de 69 carats.

Au cours des années qui suivent, les spécialistes enquêtent régulièrement sur une éventuelle retaille. Mais ils se heurtent encore au dessin de 1787, légèrement trop petit pour y faire entrer le Hope. La seule explication à ce mystère serait que l'auteur du dessin se soit trompé dans ses dimensions. Mais ce n'est qu'une hypothèse. La destinée du Diamant bleu semble devoir rester, comme dans le livre de May Yohe, une énigme. Pourtant, le hasard va miraculeusement apporter la solution.

En 2006, alors qu'il prend la tête du département de minéralogie du Muséum national d'histoire naturelle, le gemmologue François Farges décide de faire un inventaire des collections, un gros travail consistant à faire entrer plus de dix mille échantillons dans un fichier. Un jour de fin 2007, son technicien lui signale que la réplique en plomb d'un diamant a été trouvée au milieu de morceaux de plomb naturel.

François Farges va voir la pièce et le spécialiste des pierres qu'il est reconnaît immédiatement la taille unique à sept côtés du Diamant bleu, chef-d'œuvre du joaillier Pitau. Il la pèse et calcule son poids avec la densité du diamant : 68,3 carats, une différence infime. Puis, il la fait scanner au laser à Anvers, pour obtenir une image en 3 D. Le résultat est sans appel : le Hope s'y intègre parfaitement, même les asymétries correspondent. Comme on l'avait supposé, l'académicien Mathurin Jacques Brisson s'était légèrement trompé dans son dessin...

Mais que vient faire cette réplique en plomb dans les collections du Muséum national d'histoire naturelle ? François Farges et son équipe retrouvent l'étiquette originale du plomb, qui avait été intervertie avec une autre. L'homme qui l'a donné au musée est un certain Charles Achard, joaillier à Paris, vivant sous la Révolution. Enquêtant sur ce dernier, ils découvrent qu'il avait comme correspondant en Angleterre, John Francillon, un joaillier londonien, tout aussi peu scrupuleux que lui.

Dès lors, on peut reconstituer ce qui s'est passé. Cadet Guillot, celui qui a pris la Toison d'or dans le coffre, a vendu le Diamant bleu à Achard, qui l'a fait passer en Angleterre, non sans en avoir fabriqué une réplique en plomb, comme c'était l'usage à l'époque.

À Londres, le bijoutier Francillon a reçu la pierre et l'a vendue au banquier Hope, après l'avoir retaillée, commettant un irréparable gâchis, car le diamant a non seulement perdu 24 carats, mais aussi sa taille unique à 7 côtés et 57 facettes.

*

Ainsi a été retrouvée la trace de la dernière pierre manquante, après le vol retentissant du Garde-Meuble... Les joyaux de la Couronne ont été dispersés aux enchères en 1887, la IIIe République ne voulant pas garder un trésor lié de si près à la royauté. Aujourd'hui, pour admirer ce qui a fait la splendeur de l'Ancien Régime, on peut aller voir le Régent au Louvre. La réplique en zirconium du Diamant bleu est, elle, exposée au Smithsonian Museum de Washington, aux côtés du Hope.

4.

Le musée du Führer

Hitler médite... Le regard vague, il contemple la maquette d'un quartier de Linz, qu'Albert Speer, l'architecte du Reich, a réalisée à sa demande. C'est en effet dans cette ville autrichienne proche de son lieu de naissance, qu'il a conçu son projet le plus important.

Sur ses instructions, Speer a remodelé les quais du Danube pour y implanter un ensemble culturel aux larges avenues entrecoupées de parcs et de promenades. On y trouvera un opéra, une salle de concerts symphoniques, un cinéma d'une taille jamais connue, une bibliothèque, un mausolée géant destiné à accueillir sa dépouille, sans oublier le « Führermuseum », le plus beau, le plus vaste et le plus spectaculaire musée du monde.

Cette scène du dictateur rêvant devant sa future ville s'est poursuivie durant tout le temps où il a été au pouvoir. La maquette l'a accompagné partout, même lors des périodes les plus critiques et les plus mouvementées. Tous les témoins sont formels. Il l'a même emportée dans le bunker où il a mis fin à ses jours. Avant de mourir, encerclé par les Russes dans Berlin en flammes, il la regardait encore !

Le « Führermuseum » lui tenait particulièrement à cœur. Et pour garnir les salles de ce musée pharaonique, Hitler a organisé le plus grand vol d'œuvres d'art de tous les temps...

*

Le pillage commence le 17 septembre 1940, lorsqu'est créé l'ERR, le service « chargé de s'emparer des œuvres d'art appartenant aux juifs et aux musées des pays occupés ». Hermann Goering a lui aussi participé au pillage, mais pour se créer, à l'instar du Fürher, son propre musée personnel.

Ainsi, entre 1940 et 1944, les nazis ont dérobé pas moins de cinq millions de tableaux et sculptures, dont certains d'une valeur inestimable.

*

La section des Monuments Beaux-arts et Archives, communément appelée les « Monuments Men », est chargée, en 1943, de récupérer ce fabuleux butin. Juqu'à l'année 1951, elle a regroupé environ trois cent cinquante hommes, ayant une formation de conservateur de musée, de professeur d'histoire de l'art, d'architecte ou d'archiviste.

George Stout prend la tête de cet organisme américain dont l'action a été aussi mal connue qu'efficace. Issu d'un milieu ouvrier originaire d'une petite bourgade de l'Iowa, il est doué pour le dessin et décide de se consacrer à l'art. Il suit les cours de l'université d'Iowa, puis, son diplôme en poche, s'inscrit à Harvard, dont il sort brillamment. Il entame ensuite une carrière prometteuse de conservateur.

Mobilisé en France comme simple soldat durant la Première Guerre mondiale, il constate, qu'à la différence des États-Unis, l'Europe possède un patrimoine historique et culturel partout présent et extrêmement vulnérable en temps de guerre. Cette expérience le marque considérablement et, en 1943, alors que l'hypothèse d'un débarquement sur le vieux continent se précise, il convainc le commandement militaire de créer un corps de spécialistes de l'art, chargés de protéger le patrimoine européen ou, du moins, d'en limiter autant que possible les dégâts.

À l'origine, la mission de l'organisme est donc de préserver des combats les églises, musées et monuments nationaux. Il doit s'assurer que ni les soldats ni les populations civiles ne dégraderont les bâtiments historiques, même en ruines, d'où leur nom de « Monuments Men ». Mais on n'a alors, aux États-Unis, que des informations très partielles sur les pillages auxquels se sont livrés les Allemands et on n'imagine pas la réalité de la situation.

Tout change, évidemment, lorsque les Monuments Men arrivent sur place, peu après le Débarquement. Ils comprennent alors que leur tâche sera moins de protéger les monuments que de récupérer les œuvres d'art volées.

C'est ce constat que fait James Rorimer, conservateur du département d'art médiéval au Metropolitan de New York, lorsqu'il arrive en Normandie. Il est accablé, tandis qu'il parcourt en Jeep les champs de bataille encore fumants. Plus rien ne tient debout, c'est un amoncellement de pierres informes, un paysage lunaire. Il écrit d'ailleurs : « Quant à évaluer les dégâts, parmi les cratères béants et les vestiges des bâtiments incendiés, autant conserver du vin dans un tonneau qui fuit. »

Au fil des jours, il désespère de mener à bien sa mission. Lorsqu'il entre dans Paris récemment libéré, il y rencontre le directeur des Musées nationaux, Jacques Jaujard, qui lui apporte un nouveau choc. Ce dernier lui apprend, en effet, une incroyable nouvelle.

— D'après mes estimations, vingt-deux mille œuvres de premier plan sont passées aux mains de l'ennemi pendant l'Occupation.

— Appartenant à vos musées ?

— Assez peu viennent de nos collections nationales, mais les grandes collections juives privées ont été pillées : celles des Rothschild, David-Weill, Rosenberg, Wildenstein…

— Elles sont en Allemagne ?

— La plupart. Mais nous avons pu en récupérer une partie grâce à une femme remarquable : Rose Valland

Et le directeur des Musées nationaux raconte à son interlocuteur une histoire extraordinaire…

*

Lorsqu'ils ont décidé de piller les œuvres d'art françaises, les Allemands ont choisi de regrouper certaines de leurs prises au musée du Jeu de Paume, dont l'administratrice était Rose Valland.

Résolument patriote, celle-ci entreprend, avec Jacques Jaujard, de tout faire pour empêcher le départ des œuvres volées en Allemagne. Son physique l'aide beaucoup. Nulle n'a moins l'air d'une femme d'action qu'elle. Sa cinquantaine bien avancée, ses cheveux gris coiffés en chignon, ses lunettes cerclées de fer et ses vêtements démodés lui donnent des allures de vieille fille inoffensive. Pourtant, elle va faire preuve d'une redoutable efficacité. Elle parle, en outre, fort bien l'allemand, ce qu'elle s'est gardée de mentionner et qui lui permet de recueillir des renseignements de premier plan.

Elle est l'une des rares personnes à pouvoir pénétrer dans ce lieu, qui devient, au fil du temps, un amoncellement de merveilles, et elle note scrupuleusement, comme son poste l'y autorise, toutes les entrées. Plusieurs fois, elle voit même arriver le maréchal Goering en personne, venu faire son choix parmi les chefs-d'œuvre entassés.

C'est au début du mois d'août 1944 qu'a lieu l'épisode décisif. Comprenant que l'arrivée des Alliés est inéluctable, les nazis décident d'expédier tout le contenu du musée en Allemagne. Alors qu'ils organisent leur départ, Rose Valland, à qui personne ne fait attention, traîne dans les salles et les couloirs, consignant chaque détail et écoutant les conversations.

Les toiles sont mises dans des caisses que des camions viennent chercher. Mais elle apprend que ce ne sont pas eux qui les expédieront directement. Ils vont les conduire à la garde d'Aubervilliers où les œuvres seront acheminées par un train spécial.

Aussitôt, Rose Valland transmet l'information à la Résistance, qui se met en devoir d'immobiliser le convoi. Le 10 août 1944, les œuvres d'art sont prêtes à partir, lorsqu'une grève de cheminots retient le train en gare. Le 12 août, les voies ferrées rouvrent à la circulation, mais une cascade de problèmes techniques retarde le convoi et c'est seulement au bout de trois semaines, qu'il s'ébranle enfin en direction de l'Allemagne.

Il ne va pas au-delà du Bourget. À quelques kilomètres de là, le poids excessif des wagons a soi-disant provoqué une panne mécanique, qu'il faudra deux jours pour réparer. Le temps pour la Résistance de faire dérailler deux locomotives qui bloquent le passage…

La partie est gagnée ; car entre-temps, Paris a été libéré. Juste après la fin des combats, la 2e DB est avertie de l'existence du convoi et de sa valeur. Le détachement envoyé par le général Leclerc trouve cinquante et une caisses, contenant des toiles de Renoir, Degas, Picasso, Gauguin et bien d'autres. L'ensemble est expédié au Louvre, en attendant d'être rendu aux musées nationaux ou aux propriétaires.

*

Tout de suite après son entretien avec Jacques Jaujard, James Rorimer va trouver Rose Valland, dans le modeste appartement qu'elle habite près du Panthéon. Il découvre une femme apparemment ordinaire, telle que l'a décrite le directeur des Musées nationaux. Elle ressemble à une inoffensive grand-mère, menant une petite vie tranquille et effacée.

L'Américain n'en est que plus admiratif des risques qu'elle a pris et des services qu'elle a rendus. Il se présente à elle et lui explique en quoi consiste sa mission. Rose Valland a l'air désolé.

— J'aurais voulu vous offrir quelque chose, mais ici, on ne trouve plus rien, ni thé ni café. Je peux vous proposer un sirop d'orgeat.

Le Monuments Man accepte le sirop et la conversation s'engage.

— Toutes les œuvres qui étaient au Jeu de Paume ont été récupérées ?

— À part celles que Goering a prises pour lui-même. C'était malheureusement les plus belles. Il y avait en particulier *L'Astronome* de Vermeer. Il l'a emporté à Berlin en novembre 1940.

— Et les tableaux qui étaient dans le train, vous connaissez leur destination ?

— Elle n'était pas écrite sur les caisses, mais je la connais. C'était Neuschwanstein. Cela vous dit quelque chose, je suppose…

James Rorimer hoche la tête en silence. Bien sûr que cela dit quelque chose au spécialiste du Moyen Âge qu'il est ! Neuschwanstein n'est pourtant pas une construction médiévale. C'est un château bâti par Louis II de Bavière, le roi fou, qui l'a édifié en style gothique sur un éperon rocheux. On dirait un décor de cinéma. Walt Disney s'en est d'ailleurs servi comme modèle pour le château de la Belle au bois dormant.

Le Monuments Man imagine ce décor à la fois admirable et délirant, rempli des plus belles œuvres d'art du monde entier.

— Vous êtes sûre de votre information ? Je vais la communiquer aux autorités militaires. Je ne voudrais pas me tromper.

— J'en suis certaine. Ils l'ont dit devant moi. Neuschwanstein est l'un des plus importants dépôts d'œuvres volées, peut-être le principal…

James Rorimer remercie sa précieuse interlocutrice. Il ne sait pas où et quand les troupes américaines entreront en Allemagne ni quel sera leur objectif, mais il a à présent un objectif personnel : aller dans ce château des Alpes bavaroises qui ne ressemble à aucun autre.

*

La route est pourtant encore longue jusqu'à Neuschwanstein. En suivant les armées américaines, George Stout, James Rorimer et les autres Monuments Men pénètrent chaque jour plus loin en Allemagne. À la suite des durs combats qui s'y déroulent, ils ont l'occasion de mettre en pratique leur mission originelle : protéger les bâtiments historiques des dégradations. Ils le font notamment à Trèves, « réduite en miettes », selon leur expression. En sensibilisant les troupes alliées au patrimoine de la ville et en associant les habitants à sa défense, ils parviennent à préserver ce qui avait échappé aux destructions.

Pour ce qui est des dépôts d'œuvres volées, ils sont loin d'avoir abouti. Par des informations recueillies ici et là, ils apprennent que Neuschwanstein est sans doute une exception. Les autres œuvres d'art n'ont pas été entreposées dans des châteaux, mais dans des grottes ou des mines, endroits à l'atmosphère certes malsaine, mais protégés des bombardements.

C'est ainsi qu'ils arrivent, au début avril 1945, devant la mine de sel de Merkers… Des GI montent la garde à l'entrée. Ils sont en nombre impressionnant : deux bataillons d'infanterie, deux bataillons de chars, une batterie antiaérienne. Stout, Rorimer et leurs camarades se disent qu'un pareil déploiement de force indique la présence d'un véritable trésor et ils ne se trompent pas. Ils sont même en dessous de la vérité…

L'ancienne mine de sel de Merkers a été complètement réaménagée par les Allemands. À la suite d'un groupe d'officiers, les Monuments Men franchissent une lourde porte blindée gardée par une escouade armée jusqu'aux dents. Un ascenseur ultramoderne les attend et, après une descente d'environ six cents mètres, ils débouchent dans une galerie éclairée par des projecteurs.

Là, ils s'immobilisent, sans pouvoir prononcer une parole. Des soldats s'emploient à évacuer de l'or à pleins wagonnets. Il y a des lingots par milliers, des pièces d'or par centaines de milliers et des monceaux de billets de banque. Ce n'est qu'au bout d'un moment que l'officier responsable consent à leur révéler ce qui constitue un secret militaire.

— Vous êtes en présence des réserves de la Banque d'Allemagne. C'est ici qu'elles ont été transférées. D'ailleurs, dans une autre galerie, nous avons trouvé les planches à billets.

George Stout interrompt son interlocuteur.

— S'il ne s'agit que d'argent, cela ne nous concerne pas.

— Il n'y a pas que de l'argent. Il y a aussi des tableaux et d'autres œuvres d'art. Nous avons tendance à penser qu'elles se trouvaient dans des musées de Berlin.

— Si c'est cela, nous serons en mesure de vous le dire…

Les autres Monuments Men acquiescent. Ils connaissent tous parfaitement le monde de l'art et sont capables de dire d'où viennent les œuvres les plus célèbres, comme les gravures de Dürer, exposées jusque-là dans les musées de Berlin. Avant de se mettre au travail, Stout formule toutefois au responsable la question qu'ils se posent tous.

— S'agissant d'œuvres appartenant à l'État allemand, est-ce qu'une décision a été prise ?

— Oui. Les autorités alliées se sont mises d'accord : elles seront rendues à leurs propriétaires.

— Alors, il ne faudra pas perdre de temps. L'atmosphère de la mine de sel est très corrosive…

Peu après, le petit groupe s'enfonce dans les galeries. Les Monuments Men n'ont pas besoin de se concerter. Il y a là, emballées à la va-vite, tout un lot de gravures de Dürer, dont la fameuse *Apocalypse,* des Rubens, des Goya, des Cranach et des quantités d'autres œuvres. C'est bien le contenu des musées de Berlin qu'ils ont sous les yeux. C'est d'ailleurs ce qui explique qu'ils n'aient pas entendu parler jusque-là de la mine de Merkers. Il s'agit d'un endroit où les Allemands ont mis à l'abri ce qui leur appartenait, non d'un dépôt d'objets volés…

Outre des tableaux, la mine de sel contient aussi les œuvres les plus diverses : beaucoup de statues antiques, de nombreux papyrus égyptiens, etc. Si les statues ne risquent rien, les papyrus, eux, sont menacés par l'atmosphère de la mine et les Monuments Men s'emploient à les sortir au plus vite.

C'est grâce à eux que Berlin n'aura pas de perte à déplorer dans ses musées. Semblables aux médecins, qui soignent indistinctement les blessés des deux camps, les Monuments Men sont là pour sauver les œuvres d'art quelle que soit leur provenance… Le lendemain matin, George Stout s'entretient à ce sujet avec le docteur Paul Rave, un expert allemand qui habitait à l'intérieur de la mine depuis le 3 avril, avec sa famille. C'est par lui qu'il apprend de quelle manière ces trésors ont été amenés à Merkers.

— En 1943, les possessions des musées d'État ont été mises à l'abri dans certains sous-sols des banques de Berlin. Ce n'était pas une précaution suffisante en cas de bombardements répétés. J'ai été le dire aux autorités, mais on m'a traité de défaitiste et j'ai failli me retrouver en prison…

Ce n'est qu'en 1945, quand l'artillerie russe à longue portée a commencé à pilonner la capitale, qu'il a enfin obtenu satisfaction. Le dernier convoi, qu'il a accompagné lui-même, est parti le 31 mars 1945. Les obus et les bombes tombaient un peu partout. C'est un miracle si aucun des chefs-d'œuvre inestimables qu'il transportait n'a disparu…

Peu après, toutes les œuvres d'art entreposées à Merkers ont été rendues à l'État allemand, tout comme les valeurs de la Banque centrale : 8 198 lingots d'or, plus de trois cent mille sacs de pièces d'or de différentes valeurs, 2 milliards 760 millions de marks allemands ainsi que de l'argent et du platine.

*

La guerre se poursuit, même si, avec l'effondrement du Reich nazi, les combats diminuent d'intensité. Berlin a été pris, Hitler est mort, il s'est suicidé le 30 avril, mais une poignée de fanatiques continuent le combat.

C'est dans ces conditions que James Rorimer arrive, le 4 mai 1945, aux alentours de Neuschwanstein. George Stout l'a chargé de diriger les opérations dans le château. Et c'est avec l'émotion qu'on imagine que le conservateur du Metropolitan de New York traverse les derniers kilomètres de la route qui y mène. Le chemin, niché au cœur des Alpes, est particulièrement accidenté. Mais, après un dernier virage en épingle à cheveux, Neuschwanstein apparaît, magnifique, insensé, se dressant sur son nid d'aigle.

Les Alliés s'en emparent facilement. Les Allemands ont pris la fuite en laissant le château sans défense, à l'exception de deux véhicules blindés abandonnés eux aussi par leurs occupants. Une unité américaine importante a néanmoins été envoyée sur les lieux pour écarter les éventuels pillards.

Guidé par un gardien en poste depuis des années – les nazis avaient conservé le personnel d'avant-guerre –, James Rorimer franchit les lourdes grilles de fer. Il se retrouve dans un dédale d'escaliers et de couloirs… Il écrira plus tard : « On aurait dit un décor conçu par un metteur en scène. Le château s'élançait à n'en plus finir, en une succession de pièces plus biscornues les unes que les autres. »

Le guide allemand lui ouvre les portes, avant de les refermer derrière lui. Dans toutes les salles, Rorimer découvre des merveilles. Si certaines ne contiennent que des ornements en or, d'autres dévoilent des tableaux entassés sur des étagères ou des empilements de caisses aux initiales de l'ERR. D'autres parties encore sont consacrées aux meubles, aux tapisseries et à la vaisselle. Enfin, une porte en métal, équipée de deux serrures, donne accès à la célèbre collection de bijoux Rothschild ainsi qu'à l'argenterie de Pierre David-Weill. James Rorimer ne s'était pas trompé : la création de Louis II sert d'écrin à la plus fantastique collection du monde. Le spectacle est fabuleux !

Toutes les pièces entreposées dans le château viennent de France. Mais, tandis qu'il examine ces merveilles, James Rorimer devient de plus en plus inquiet. Il ne cesse de se répéter : « Pourvu qu'il y ait quelque part des photos et des inventaires, sinon, il faudra au moins vingt ans pour identifier la provenance du butin ! »

Dans une pièce de réception pourvue d'une cheminée gigantesque, il découvre un amoncellement de cendres. Les nazis ont brûlé des uniformes et des papiers avant de partir. Rorimer aperçoit même la signature d'Hitler au bas d'une feuille calcinée. À ce moment, il craint de plus en plus que toutes les archives n'aient été détruites.

Mais non ! Dans une pièce contiguë, l'attendent des armoires remplies de photos et de catalogues, ainsi qu'un classeur contenant plus de vingt et un mille fiches, une pour chaque œuvre confisquée en France. L'esprit d'organisation des Allemands n'est pas un vain mot : grâce à lui, chaque objet va pouvoir être rendu à son propriétaire. Et James Rorimer s'y emploie sans attendre. Par la suite, il sera d'ailleurs le premier Monuments Men à recevoir la Légion d'honneur pour service rendu à la France…

Pour le moment, il est encore attelé à sa tâche, lorsque, le 7 mai, il entend l'hymne américain, diffusé par une radio branchée dans le château. C'est le cessez-le-feu : les Allemands viennent de se rendre sans condition à Reims.

Le lendemain, l'armistice sera signé solennellement à Berlin.

*

La guerre est finie, mais toutes les œuvres volées n'ont pas été récupérées. À mesure que les jours s'écoulent, un nom revient de plus en plus souvent aux oreilles des Monuments Men : Altaussee. Il s'agit d'une mine, située dans les Alpes autrichiennes. L'endroit n'est pas très éloigné de Linz et, d'après toutes les informations, c'est là que sont entreposées les pièces les plus belles et les plus célèbres destinées au Fürhermuseum.

Altaussee est sans doute le plus important dépôt d'œuvres d'art volées. Sous la direction de George Stout et en l'absence de James Rorimer, toujours à Neuschwanstein, les Monuments Men décident de s'y rendre aussi vite qu'ils le peuvent. S'ils ne sont plus ralentis par les combats, ce sont les difficultés du terrain montagneux qui les retardent. Après une longue route, ils ne parviennent à destination que le 16 mai 1945.

Ils y trouvent une poignée de fantassins américains, mais aussi des dizaines de mineurs. Ils en comprennent tout de suite la raison : l'entrée de la mine a été bouchée par un éboulement, visiblement provoqué par une explosion. L'angoisse gagne instantanément les membres de l'équipe : y a-t-il eu d'autres explosions dans la mine ? Est-ce que tout a été détruit à l'intérieur ?

Ils doivent patienter avant de le savoir. D'après les mineurs, il faudra au moins deux semaines pour ménager une ouverture entre les gravats. Ils se mettent pourtant rapidement à la tâche avec de vieilles pelles et de vieilles pioches, et, le lendemain matin, ils ont déjà déblayé un passage assez large pour qu'un homme s'y faufile.

C'est à George Stout que revient le périlleux honneur de passer le premier. Si l'endroit a été piégé, c'en est fait de lui ! Une lampe torche à la main, il progresse avec précaution. Il ne peut s'empêcher de penser à l'archéologue Howard Carter, lorsqu'il s'est aventuré, il y a quelques années de cela, dans le tombeau de Toutankhamon. Est-ce que la même fabuleuse découverte l'attend au bout du chemin ?

Au début, rien n'apparaît. Il est dans une galerie encombrée de gravats. Un peu plus loin, une porte de sécurité à double battant s'est entrouverte, sous le souffle de l'explosion. Il la pousse, aidé par les autres Monuments Men arrivés à sa suite. Une nouvelle galerie apparaît et, dans la lumière crue de l'acétylène, surgit le visage de la Vierge Marie penchée sur un livre. Sept autres panneaux sont posés près d'elle. Tous reconnaissent le *Retable de Gand*, de Van Eyck, le chef-d'œuvre du Moyen Âge et la plus précieuse des œuvres volées en Belgique. L'irréparable n'a pas été commis. La plus belle partie du butin volé par les nazis, celle destinée au musée du Führer, les attend dans cette mine !

*

En cet instant, les Monuments Men ne savent pourtant pas à quel point cette situation est miraculeuse. Il s'en est fallu, en effet, d'un rien pour que la catastrophe qu'ils redoutaient se produise…

Tout commence lors de l'hiver 1943. Des véhicules à chenilles, les seuls pouvant circuler dans les Alpes en cette saison, amènent à Altaussee des officiers et des spécialistes en tout genre. Peu après, les mineurs reçoivent l'ordre de cesser leur travail d'extraction et de procéder à un nouvel aménagement des lieux. Certains creusent de nouvelles galeries équipées de planchers, avec des murs et des plafonds également en bois. D'autres assemblent des chevalets imposants pouvant supporter des tableaux de grande taille. Au cœur de la mine est, en outre, installé un atelier où les ouvriers peuvent même dormir.

Ce sont les œuvres des musées viennois qui arrivent les premières. Tout comme Merkers, Altaussee est d'abord destiné à mettre à l'abri les possessions du Reich. Mais, en 1944, cette affectation change, sur décision personnelle du Führer. Hitler choisit d'y transporter l'ensemble des œuvres destinées à son futur musée, jusque-là disséminées dans d'autres dépôts.

Il y a plusieurs raisons à cela. D'abord, Linz est tout proche, et Hitler pense toujours, en 1944, qu'il gagnera la guerre et que son Führermuseum existera un jour. Ensuite, le site est difficile d'accès donc facile à défendre. Enfin, les galeries, creusées au cœur de la montagne, sont totalement invulnérables aux bombardements.

Nommé directeur général des mines d'Altaussee, Emmerich Pöchmuller, spécialiste de l'art et dignitaire nazi, devient responsable de leur inestimable contenu. Il y supervise l'arrivée des tableaux les plus prestigieux. De mai 1944 à avril 1945, il reçoit près de 1 687 toiles parmi lesquelles le *Retable* de Gand, transféré de Neuschwanstein à l'automne 1944 et la *Madone* de Bruges, volée en Belgique, qui rejoint Altaussee en octobre de la même année.

Avec l'entrée des troupes alliées en Allemagne, les livraisons cessent. Mais, le 10 avril 1945, arrivent huit caisses étiquetées : « Attention – Marbre – Manier avec précaution. » Elles ne portent pas la marque de l'ERR mais ont été envoyées par August Eigruber, le Gauleiter local. Intrigué par cette livraison, alors que les troupes allemandes ont partout perdu le contrôle des opérations, le directeur de la mine les fait immédiatement ouvrir et découvre, horrifié, qu'elles contiennent chacune une bombe de cinq cents kilos.

Ancien ouvrier métallurgiste, August Eigruber est un nazi de la première heure. Fondateur des Jeunesses hitlériennes en Autriche, c'est un fanatique capable de tout. Emmerich Pöchmuller l'appelle immédiatement au téléphone.

— Qu'est-ce que c'est que ces caisses ?

— Des bombes. Les Américains approchent. Il n'est pas question qu'ils s'emparent de la mine. Il faut la faire sauter avant.

— Il n'y a que le Führer qui puisse donner cet ordre.

— Le Führer est encerclé à Berlin, il n'est plus libre de ses décisions. Maintenant, c'est moi qui décide. J'enverrai, le moment venu, des hommes pour procéder à l'explosion !

Et August Eigruber raccroche.

Le directeur général des mines d'Altaussee ne perd pas de temps. Il n'ignore pas que ce qu'il va faire peut lui coûter la vie, mais il n'hésite pas. S'il appartient au parti nazi, il est aussi un spécialiste de l'art et se refuse à détruire un patrimoine qui appartient à l'humanité. Il convoque son subordonné immédiat, l'ingénieur Otto Högler. Il sait qu'il pense comme lui : la guerre est perdue, il faut éviter les actions inconsidérées, comme tenter quoi que ce soit contre les œuvres d'art entreposées.

— Högler, nous avons reçu huit caisses d'explosifs. Vous allez en retirer sept pour les stocker dans n'importe quel abri que vous estimerez convenable.

L'ingénieur n'émet aucune objection.

— Ce sera fait, monsieur le directeur.

— Avec la dernière, vous procéderez à la condamnation de la mine. Je vous indiquerai quand le faire.

L'ingénieur Högler se met immédiatement à la tâche. Mais trouver un endroit de stockage lui prend un certain temps et Eigruber dispose d'espions dans la mine. En dépit de sa discrétion, ses préparatifs parviennent rapidement à la connaissance du Gauleiter. Ce dernier envoie aussitôt sur place son homme de confiance, l'adjudant Glinz. Malgré son grade modeste, Glinz, qui appartient aux SS, a toujours su terroriser ses interlocuteurs. Quand il arrive à Altaussee, Emmerich Pöchmuller n'est pas là. Il est en reconnaissance dans les environs pour surveiller l'avancée des Américains.

Glinz va donc trouver Otto Högler et, avant d'avoir dit un mot, sort son revolver.

— Les caisses resteront où elles sont !

Högler se défend comme il peut.

— Mais vous voyez bien qu'elles n'ont pas bougé.

Bien loin de se calmer, le SS pointe son arme sur lui.

— Je sais ce qui se trame ici. Si jamais vous osez toucher à ces caisses, je vous tue !...

Lorsque Pöchmuller revient à la mine, le Gauleiter a posté à l'entrée six gardes supplémentaires armés jusqu'aux dents et les bombes sont toujours à l'intérieur. Le drame semble inévitable. Pourtant, il ne se produira pas.

Que s'est-il passé ensuite ? On ne pourra jamais l'établir avec certitude. Le 3 mai, le Reich vit ses derniers jours, les rumeurs de capitulation sont de plus en plus insistantes... Les hommes du gauleiter, comprenant sans doute que tout était perdu, ont peut-être simplement abandonné leur poste. Toujours est-il que lorsque les Américains arrivent, les bombes ont été sorties de la mine et l'entrée de celle-ci a été obstruée par une explosion.

*

Tel a été le miraculeux sauvetage de la mine d'Altaussee. Lorsque les Monuments Men en feront l'inventaire, ils auront la confirmation qu'il s'agissait bien du plus important dépôt d'œuvres volées. Il y avait dans les galeries :

- 6 577 peintures ;
- 230 dessins ou aquarelles ;
- 954 estampes ;
- 137 sculptures ;
- 129 armes et armures ;
- 79 objets divers ;
- 78 meubles ;
- 122 tapisseries ;

– 1 700 caisses de livres précieux ;
– 484 caisses d'archives…

*

Les différents acteurs du drame connaîtront par la suite des sorts divers. Arrêté en mai 1945, August Eigruber, qui avait eu, en outre, des responsabilités dans le camp de concentration de Mauthausen, sera jugé en mars 1946, pour crimes de guerre et crimes contre l'humanité. Il n'exprimera jamais le moindre remords et, condamné à la peine capitale, mourra en criant : « Heil Hitler ! »

Interpellé en même temps que lui, l'ingénieur Otto Högler restera, malgré son action courageuse, en prison jusqu'en 1948. En 1951, la direction de la mine acceptera de le réembaucher, à condition qu'il ne parle jamais du sauvetage des œuvres d'art. Une fois à la retraite, en 1963, il s'efforcera en vain de rétablir la vérité.

Enfin, Emmerich Pöchmuller, accusé d'avoir voulu détruire les trésors d'Altaussee, ne sera libéré qu'en 1947, au bénéfice du doute. Il passera le reste de sa vie à essayer d'obtenir sa réhabilitation et mourra en 1963, sans que ses mérites aient été reconnus.

Car les Alliés n'ont pas admis le rôle décisif des responsables allemands de la mine. La thèse officielle est que l'explosion qui a bouché l'entrée n'était pas destinée à empêcher un retour des fanatiques nazis, mais était bel et bien une tentative pour faire sauter les œuvres d'art.

*

Après la découverte de la mine d'Altaussee, l'heure est à la restitution des œuvres volées. À la fin de l'été 1945, le général Eisenhower ordonne leur restitution immédiate. Le *Retable de Gand* part le premier, suivi par les vitraux de la cathédrale de Strasbourg, qui avaient été entreposés dans la mine d'Heilbronn…

En tout, les Monuments Men ont découvert plus d'un millier de dépôts de tailles diverses, contenant des centaines de milliers de peintures, sculptures et autres trésors du patrimoine. Il leur a fallu plus de six ans pour tous les cataloguer, les photographier, les emballer, et les renvoyer à leurs propriétaires.

Malheureusement, en dépit de leurs efforts, des dizaines de milliers d'œuvres manquent toujours à l'appel.

5.

Le trésor des Goths

En ce printemps de l'année 370, un nuage de poussière s'élève au loin dans la plaine du Danube. C'est la horde des Huns, qui poursuit sa migration vers l'ouest, détruisant tout sur son passage. On savait qu'ils allaient venir. Il y avait d'abord eu une rumeur, une rumeur terrifiante :

— Les Huns arrivent ! Ils ne laissent rien de vivant ! Même l'herbe ne repousse pas après eux !

Puis on a vu les populations fuyant leur venue, des pauvres gens n'ayant emporté que le strict nécessaire, parfois rien du tout, les yeux remplis d'épouvante… C'est pourquoi Athanaric, roi des Wisigoths, a décidé de ne pas s'attarder. Il va fuir lui aussi avec tout son peuple, qui se trouve sur le trajet des envahisseurs. Mais, auparavant, il va cacher son trésor.

Il a choisi pour cela un vaste plateau caillouteux situé sur les premières pentes des Carpates. Les hommes de sa garde y travaillent depuis le début de la journée. Certains creusent le sol, d'autres sortent de sacs et de coffres des monceaux d'objets brillants. Il les presse de la voix et du geste.

— Dépêchez-vous ! Il faut finir avant ce soir !

Lorsque tout est terminé et que l'ensemble a été recouvert par une énorme pierre, Athanaric prononce solennellement :

— Je reviendrai, je le jure !

Mais il ne reviendra pas et le trésor des Goths va rester

des siècles enfoui sous terre, avant de connaître une destinée peu banale…

*

Ion Lemnaru et Stan Avram habitent Pietroasa, un village du canton de Ploesti, situé dans une région déshéritée sur les premières pentes des Carpates. Le cadre n'est pas désagréable. Les lieux dominent la plaine et on a une jolie vue sur le Danube, mais rien ne pousse ou presque sur le sol caillouteux. Pauvres parmi les pauvres, Ion Lemnaru et Stan Avram n'ont que la force de leurs bras pour vivre. Ils sont carriers, cassent et transportent de lourdes pierres pour qui veut bien les employer ; un travail harassant, qui est payé une misère.

En ce début du mois d'avril 1837, ils ont reçu une commande de l'évêché. Ils doivent extraire des pierres pour la construction d'un nouveau séminaire à Murnau puis les convoyer sur place, à 40 km de là, dans leur carriole, tirée par un âne squelettique.

Ils se sont installés sur un vaste plateau, non loin du village et, depuis le début de la journée, s'attaquent à un énorme rocher. Tel quel, il est intransportable ; ils doivent le tailler en blocs plus petits. Ils soulèvent le dernier morceau de pierre, lorsqu'ils découvrent quelque chose qui brille. Ion Lemnaru s'étonne :

— Qu'est-ce que c'est que ça ?

Stan Avram fait la grimace. Il a toujours été superstitieux, comme beaucoup, dans ces contrées des Carpates où on se raconte des histoires de vampires à la veillée. Pour lui, tout ce qui est enfoui dans la terre porte malheur.

— Je ne veux pas le savoir. Rebouchons ça !

— Attends, il faut tout de même voir…

Ignorant les craintes de son compagnon, Ion Lemnaru dégage la terre et met au jour une sorte de grand disque doré. Il s'en saisit. C'est un plateau d'un poids considérable.

— On dirait bien que c'est de l'or !

Mais il le repose aussitôt, car une nouvelle découverte accroît sa surprise. Le plateau dissimulait d'autres objets, dorés et multicolores, sur lesquels il était posé comme un couvercle.

Il continue à creuser, aidé par Stan Avram, dont la curiosité est devenue plus grande que la peur. Au bout d'une heure d'efforts, ils ont devant eux un amoncellement d'objets de toutes sortes : des broches, des colliers et des poignées d'épée dorés ; de grosses pierres vertes, rouges, jaunes ou transparentes incrustées dans le métal…

Devant ce spectacle grandiose, Stan Avram est repris par ses craintes.

— C'est sûrement des voleurs qui les ont mis là. Il ne faut pas y toucher.

Mais Ion Lemnaru ne l'entend pas ainsi.

— On a trouvé ce trésor, il est à nous. Si tu n'en veux pas, je le prends.

— Qu'est-ce que tu pourrais en faire ?

— Je ne sais pas…

— Réfléchis : cela t'apportera plus d'ennuis qu'autre chose. Si on le trouve, on va dire que c'est toi qui l'as volé.

— On ne le trouvera pas, je vais le cacher dans mon grenier. Aide-moi à le charger sur la carriole.

C'est ainsi que les deux carriers de Pietroasa installent le monceau d'or et de joyaux, qui doit peser près de cent kilos, aux côtés des pierres destinées à la construction du séminaire et le déposent dans la masure de Ion Lemnaru, avant de poursuivre leur chemin.

*

Un an a passé et Ion Lemnaru n'est pas loin de penser que son compagnon avait raison. Le gros tas de choses brillantes ne lui a servi à rien. Sa femme a été la première à lui reprocher son initiative.

— Qu'est-ce que tu viens nous encombrer avec ça ? C'est sale et ça ne vaut rien !

Pour lui prouver le contraire, Ion est quand même allé échanger, auprès d'un voisin, un plat doré contre une cruche en terre cuite. Il a troqué, auprès du même voisin, une chaîne en or contre un litre d'eau-de-vie. Il a également, pour faire plaisir à ses trois garçons qui avaient envie de jouer aux billes, desserti des pierres à coups de hache. Mais c'est tout. Il ne s'est pas enrichi. C'est pourquoi, il écoute avec attention ce que lui dit Stan Avram, alors qu'ils sont en train de casser des cailloux aux alentours de leur village.

— Je crois que j'ai une idée pour ton trésor.

— Tu en as parlé à quelqu'un ?

— Oui, à Anastaso Verussi. Il a eu l'air intéressé.

Anastaso Verussi est sculpteur. Il travaille pour les églises, ainsi que pour quelques riches particuliers des environs et a quelquefois passé des commandes de pierres aux deux carriers. Comparé aux deux pauvres ouvriers, c'est un personnage considérable : la preuve, pour son métier, il lui arrive de se rendre à Bucarest ! Et Ion Lemnaru se dit, qu'en effet, il pourrait être la solution à ce qui est devenu pour lui une source de tracas.

— Il serait prêt à venir chez moi ?

— Sûrement…

Quelques jours plus tard, Anastaso Verussi se présente devant la masure du carrier. Sa femme a été enchantée d'apprendre qu'elle allait être enfin débarrassée de « ces saletés », mais ses trois fils, eux, ont été contrariés à l'idée de ne plus avoir leurs jolies billes. Alors, Ion Lemnaru a été leur en chercher quelques dizaines de plus – toujours en les dessertissant à coups de hache – que les gamins ont caché dans un tas de fumier pour qu'on ne vienne pas les leur reprendre…

Anastaso Verussi aime avoir des allures d'artistes : il porte une chemise blanche, un costume de velours et un chapeau à larges bords, ce qui impressionne dans le village de Pietroasa où personne n'est aussi bien vêtu, à part le maire. Il est accueilli avec empressement par Ion Lemnaru et sa femme et répond brièvement à leurs saluts.

— Alors, Ion, il est où ton trésor ?

Ion Lemnaru l'a descendu du grenier et installé dans sa pièce principale, qui sert à la fois aux habitants et aux animaux. Il étincelle au milieu des poules, qui picorent, indifférentes, tout autour... Le sculpteur l'examine et fait la moue.

— C'est très abîmé. On dirait qu'il y a des pierres qui ont été arrachées...

— Je ne sais pas. Je l'ai trouvé comme cela. D'après vous, c'est de l'or ?

— Je ne crois pas. Je dirais plutôt du laiton. Pour avoir la réponse, il faudrait le faire examiner à Bucarest.

Anastaso Verussi recommence son inspection et finit par déclarer :

— Je peux t'en donner quatre mille piastres, plus deux ou trois châles pour madame...

Ion Lemnaru ne s'attendait pas à une telle proposition. Il était prêt à se défaire de l'encombrant trésor pour rien et voilà que le sculpteur se montre d'une générosité princière ! Quatre mille piastres, ce n'est pas énorme, environ deux cents euros actuels, mais à l'époque et pour le miséreux qu'il est, c'est une somme inespérée. Sans compter qu'avec les châles, sa femme, qui avait toujours manifesté son hostilité envers sa trouvaille, n'aura plus rien à dire.

— Affaire conclue, monsieur Verussi ! Je vous apporte le tout chez vous avec ma carriole...

*

Le temps passe. Ion Lemnaru ne pense plus à son trésor. Mais d'autres vont se charger de lui rappeler son existence. Car il se passe de drôles de choses à Pietroasa ! Les gamins jouent avec de curieuses pierres aux couleurs étincelantes.

On murmure aussi que des objets dorés circulent de main en main dans le village.

La chose parvient aux oreilles du maire, Giorgiu Dimitresco, qui décide d'en avoir le cœur net. Un jour, il interpelle deux des enfants Lemnaru qui jouent aux billes près de chez eux.

— Qu'est-ce que c'est que ça ?

— C'est des cailloux que papa nous a donnés.

— D'où viennent-ils ?

— C'était dans la maison. Mais il n'y a plus rien. Papa a tout donné à monsieur Verussi, le sculpteur.

— On va bien voir. En attendant, je les confisque. Donnez-moi ce que vous avez dans vos poches.

Les enfants s'exécutent de mauvaise grâce. Lorsqu'il a en main une quinzaine de pierres de toutes les couleurs, le maire demande encore :

— C'est bien tout ? Vous n'en avez pas d'autres ?

Les enfants se gardent bien de parler de celles qui sont cachées dans le tas de fumier. Ils lui font signe que non et le maire va trouver sans plus attendre Anastaso Verussi... En le voyant arriver, le sculpteur fait une grimace. Lorsque Giorgio Dimitresco lui parle de trésor, il commence à nier, mais comprend rapidement que c'est inutile. Il finit par quitter la pièce et revenir avec un superbe plat en or massif.

— Je vous donne ceci et vous ne dites rien, c'est d'accord ?

Le maire acquiesce et repart avec le plat. Mais il va tout de suite trouver l'évêque de Buzau, l'autorité la plus proche, à qui il montre l'objet et les pierres colorées.

— Monseigneur, voilà ce qu'on trouve à Pietroasa. D'après vous, ce sont des objets volés ?

L'ecclésiastique examine l'ensemble avec admiration.

— Je ne pense pas. C'est de l'art ancien, très ancien. En tout cas, c'est sûrement authentique et cela vaut une fortune !

À son tour, l'évêque de Buzau prévient les autorités de Bucarest. Les joyaux sont expertisés. Et la conclusion est sans appel : il s'agit de pièces inestimables remontant vraisemblablement aux Goths.

*

L'affaire prend alors des proportions d'affaire d'État. Une commission spéciale est envoyée à Pietroasa, accompagnée de nombreux policiers. Devant un tel déploiement de force, tous les acteurs de la tragi-comédie, Ion Lemnaru, Stan Avram et Anastaso Verussi, passent aux aveux. Ils racontent en détail la découverte du trésor et ce qu'ils en ont fait. Accusés de vol, ils se retrouvent en prison et sont condamnés à des peines légères.

Si les autorités roumaines ont mis facilement la main sur les responsables, elles ne réussissent cependant pas à récupérer le trésor. Il faut dire qu'elles auraient dû faire preuve de plus de discrétion dans leur intervention. Celle-ci a en effet été précédée de nombreuses déclarations officielles, provoquant la panique chez les villageois qui se sont empressés de faire disparaître les pièces qu'ils avaient en leur possession.

Dans ses déclarations, Anastaso Verussi a bien avoué avoir dissimulé son butin dans la rivière Urgoaia, entre deux rochers. Malheureusement, lorsque les enquêteurs se rendent sur place, il est trop tard : une crue a tout emporté. Les fils Lemnaru font exactement pareil. Quand ils apprennent que les policiers arrivent, ils se précipitent vers le tas de fumier et jettent dans la même rivière toute leur réserve de « billes ». Un nombre qu'on ne pourra jamais chiffrer de diamants, émeraudes, rubis et topazes disparaissent ainsi à tout jamais.

Restent tout de même une vingtaine de pièces, certaines très endommagées par les coups de hache de Ion Lemnaru, qui constituent, outre leur valeur, un témoignage irremplaçable de l'art des Goths. Restaurées à grand-peine, elles sont envoyées à l'Exposition universelle de Paris, en

1867, où elles suscitent l'admiration des visiteurs. Elles sont ensuite exposées avec le même succès à Londres et à Vienne, avant de regagner définitivement le Musée national de Bucarest.

Ainsi semble s'achever l'histoire du trésor d'Athanaric. Pourtant, ses malheurs sont loin d'être terminés !

*

Faute de moyens, le Musée national de Bucarest est logé dans une aile de l'université. Il se trouve, plus précisément, au rez-de-chaussée de la faculté, sous la bibliothèque, et les étudiants peuvent librement admirer ses acquisitions en se rendant à leurs cours...

Pavel Pantezesco, vingt-trois ans, fait sans grande conviction des études d'histoire de l'art à l'université de Bucarest. En réalité, il fait plus la fête qu'il n'étudie. Mais tout cela coûte cher et il est perpétuellement à court d'argent. De nouveau les poches vides, il s'intéresse de près au trésor des Goths. Il a pu le voir à plusieurs reprises, s'étonnant que des pièces de cette valeur soient laissées sans surveillance. Tout cet or résoudrait ses problèmes et il ne peut s'empêcher de vouloir s'en emparer.

Un beau jour, ou plutôt une belle nuit de décembre 1875, il décide de passer à l'action. Il se laisse enfermer dans les toilettes de l'université. À proximité, il a remarqué un placard où le personnel entrepose des outils. Il s'y sert et, lorsqu'il n'y a plus personne, perce un trou dans le plancher, juste au-dessus de la vitrine où se trouvent les bijoux. Il se laisse ensuite glisser au moyen d'une corde, qu'il a également trouvée dans le placard, et se met tranquillement à l'ouvrage, car, il n'y a ni alarme ni veilleur de nuit. Lorsque le sac qu'il a pris avec lui est plein à ras bord, il repart par le même chemin...

Le lendemain, le vol est découvert. C'est la mobilisation générale. Après le scandale qu'avait été, trente-huit ans plus tôt, la perte d'une partie du trésor, les critiques pleuvent sur la police et le gouvernement. Mobilisées, les forces de l'ordre commencent leurs recherches… par une fausse piste.

Curieusement, malgré le trou dans le plancher de la bibliothèque, les enquêteurs ne pensent pas à un étudiant. Ils s'orientent plutôt vers la piste d'une bande de malfaiteurs organisés et ne soupçonnent ni Pavel Pantezesco ni ses condisciples… Pourtant, leurs investigations vont tout de même aboutir, grâce aux bijoutiers qu'ils surveillent étroitement. Quelques jours plus tard, l'un d'eux est en effet surpris en train de fondre de la vaisselle d'or. Il est arrêté, mais c'est trop tard : deux pièces du trésor d'Athanaric ont déjà été transformées en lingots.

Interrogé, l'homme ne tarde pas à dénoncer son complice, qui n'est pas, comme le pensaient les policiers, un voleur professionnel.

— C'est un jeune. Je ne le connais pas. Mais c'est sûrement un étudiant. Il parle avec beaucoup de distinction.

Cette fois, l'enquête peut repartir dans la bonne direction. Grâce à plusieurs témoignages concordants, Pavel Pantezesco est arrêté peu après et le reste du trésor d'Athanaric est retrouvé dans sa mansarde.

*

Tandis que l'étudiant en art est envoyé sous les verrous pour un bon moment, les autorités prennent enfin des mesures pour empêcher de nouveaux vols. Le Musée national est transféré dans un bâtiment spécialement créé pour lui. Quant au trésor des Goths, il est exposé dans une pièce à part, à l'intérieur d'une vitrine blindée. Toutes les heures, des gardiens se relaient pour le surveiller et des rondes de police ont lieu plusieurs fois par jour. On croit alors les précieux objets définitivement en sécurité. Mais le sort continue pourtant à s'acharner sur eux…

Dans la conception du nouveau musée, on s'est beaucoup attaché à prévenir le vol, mais on s'est montré beaucoup plus négligent pour les risques d'accident et c'est ce qui se produit moins de vingt ans plus tard.

Dans la nuit du 5 avril 1894, un terrible incendie ravage le Musée national jusque dans ses fondations. Un grand nombre d'œuvres d'art sont perdues à tout jamais. Si le trésor des Goths n'est pas parti en fumée, il a malheureusement partiellement fondu et le feu l'a noirci. Sa restauration, confiée aux meilleurs spécialistes, dure plusieurs années, mais elle ne lui rend pas complètement sa beauté originelle.

Vingt ans plus tard, éclate la Première Guerre mondiale. La Roumanie, engagée aux côtés des Alliés contre l'Allemagne, décide de transporter ses richesses les plus précieuses, dont le trésor d'Athanaric, loin du front, à Jassy, ancienne capitale de la Moldavie. Le trésor est mis à l'abri des Allemands, mais les Russes s'en emparent, en 1916. Et, malgré tous les efforts des Roumains, ils ne le restitueront que quarante ans plus tard, en 1956.

Depuis, rien n'a changé. Aujourd'hui, on peut aller voir le trésor des Goths au Musée de Bucarest, avec une pensée émue pour toutes les péripéties qui se sont abattues sur lui et qui se sont révélées plus destructrices que les Huns d'Attila.

6.

Le trésor de l'Armée blanche

En 1920, Nicolas Svidine, ancien officier de l'armée russe, traîne son désœuvrement et son ennui dans les rues de Sofia. Il a un peu moins de trente ans mais ce qu'il a déjà vécu aurait pu remplir une vie d'homme tout entière. Son passé se résume à un seul mot : la guerre.

Issu d'une vieille famille de l'aristocratie russe, qui a servi le tsar de génération en génération, il entre, suivant la tradition, à l'École militaire, quand la Première Guerre mondiale éclate. Envoyé au front, il se comporte avec beaucoup de courage dans les tranchées et obtient rapidement ses galons de capitaine, avant d'être démobilisé, comme les autres, lorsque les Bolcheviques signent l'armistice.

Ces mêmes Bolcheviques décident de la suite de son existence. Fidèle au tsar, il ne peut accepter leur arrivée au pouvoir. Pour lui, la paix signifie le début d'une autre guerre, civile, celle-là, qui oppose les Blancs aux Rouges.

Il s'enrôle sous les ordres du général Denikine, dont l'armée est près de l'emporter. En juillet 1919, forte de sa mainmise sur une grande partie de la Russie occidentale, elle tente de prendre Moscou mais elle est arrêtée, fin octobre, par une contre-offensive de l'Armée rouge.

Dès lors, elle ne cesse de reculer. Le général Denikine termine sa campagne en Crimée. L'armée est dissoute et ses membres se replient comme ils peuvent. Parmi eux, le capitaine Svidine se retrouve dans la capitale bulgare, ne sachant plus que faire.

Il aimerait retourner en Russie, pour reprendre le combat. Mais il sait bien que tout est perdu. Il va devoir se résoudre à émigrer vers un pays de l'Ouest, vraisemblablement la France, dont il parle parfaitement la langue. Une vie morose de déraciné se profile devant lui, comme pour tant d'autres de ses compatriotes…

— Ne seriez-vous pas Nicolas Svidine ?

L'homme qui vient de lui adresser la parole lui ressemble étrangement. Pourtant, Svidine est un véritable colosse : 1,90 m pour 80 kg. Son interlocuteur semble même un peu plus grand ; il est plus âgé aussi et sa chevelure est en partie grisonnante. Même s'il est en civil, on devine, à sa raideur, le militaire de carrière.

— Comment me connaissez-vous ?

— Vous ressemblez à votre père, que j'ai bien connu à l'armée. Permettez-moi de me présenter : commandant Sergueï Krylov.

Nicolas Svidine serre la main du commandant, s'attendant à ce que ce dernier entame une longue conversation nostalgique. Mais Sergueï Krylov déclare d'une voix énergique :

— Je n'irai pas par quatre chemins, capitaine. Seriez-vous prêt à reprendre du service ?

Svidine ne se fait pas prier.

— J'accepte avec joie. De quoi s'agit-il ?

— Je ne suis pas autorisé à vous le dire. En fait, ce n'est pas moi qui vous propose cette mission, c'est mon ancien chef, le général Pokrovsky. J'appartenais à son état-major.

— Eh bien, allons le trouver, je vous suis !

— Il n'est pas ici, il est à Bourgas.

*

Actuellement deuxième ville de la Bulgarie, Bourgas n'est alors qu'un port de pêche de la mer Noire, entouré de marais au climat insalubre. Nicolas Svidine est un peu surpris qu'un général ait choisi ce lieu de résidence, mais peut-être est-ce par discrétion.

Son habitation, en tout cas, ne passe pas inaperçue. C'est une vaste demeure au milieu d'un grand parc. Le capitaine franchit le perron, en compagnie du commandant. La maison est vide. Les pièces semblent abandonnées. Il y a des housses sur les meubles et une épaisse couche de poussière indique que le ménage n'a pas été fait depuis longtemps. Le seul endroit animé est un bureau où deux hommes l'attendent.

Le plus âgé vient l'accueillir… Le général Pokrovsky a fière allure : il est de haute stature, avec un visage énergique, encadré de favoris blancs. Près de lui, se tient un autre personnage, sensiblement du même âge. Le général tend une main chaleureuse.

— Soyez le bienvenu, capitaine ! Le commandant Krylov ne pouvait faire un meilleur choix.

Il se tourne vers l'autre homme.

— Je vous présente le colonel Igor Kazatchine, mon ancien aide de camp.

Nicolas Svidine fait un signe de tête dans sa direction et prend place. Après un moment de silence, le général prend la parole.

— Vous vous demandez peut-être, capitaine, pourquoi vous êtes l'homme de la situation… Il me fallait une personne de confiance et les services rendus aux tsars par votre famille sont les meilleures des garanties. Il me fallait aussi quelqu'un possédant une force exceptionnelle et c'est visiblement votre cas. Les travaux de force ne vous font pas peur, j'imagine ?

Un peu déconcerté par cette entrée en matière, le capitaine se contente de répliquer :

— À l'École militaire, j'étais premier dans tous les exercices physiques.

— C'est parfait !… Maintenant, laissez-moi revenir sur la campagne qui vient de se terminer de manière si malheureuse. J'étais, moi aussi, dans l'armée de Denikine, mais pas sur le front, comme vous. J'étais responsable de l'arrière... Tout ce que je vais vous dire est strictement confidentiel... Il me faut votre parole de soldat que vous n'en parlerez à personne.

Nicolas Svidine prête serment et son supérieur poursuit :

— Lorsque nous contrôlions une bonne partie de la Russie, j'étais chargé d'administrer les richesses des territoires et, en particulier, de m'assurer de tout ce qui était précieux. Chaque fois que nous nous rendions maîtres d'une ville, je faisais vider le coffre des banques, pour qu'il ne reste rien aux Rouges, en cas de contre-offensive. C'est ainsi que s'est constitué, sous mon autorité, le trésor de l'Armée blanche...

Nicolas Svidine entrevoit une vérité tout autre que ce qu'il imaginait... La voix du général Pokrovsky se fait solennelle.

— On a beaucoup parlé du trésor de l'Armée blanche, le plus souvent pour affirmer qu'il n'existait pas. En bien, il existe, capitaine, et il est ici !

— Je vois, mon général. Mais qu'attendez-vous de moi ?

Le général Pokrovsky répond par une autre question.

— Êtes-vous au courant de la situation politique de la Bulgarie ?

— Pas très bien, je l'avoue. Je sais seulement que nous ne sommes pas vraiment les bienvenus.

— Exactement et cela ne va faire qu'empirer !

L'ancien dirigeant de l'Armée blanche retrace, en quelques mots, les derniers événements qu'a vécus le pays... La Bulgarie a fait la Première Guerre mondiale aux côtés de l'Allemagne. Après la défaite, les membres du parti anti-germanique sont arrivés au pouvoir. Sans être vraiment communistes, ils se sont rapprochés des Bolcheviques, qui leur ont demandé de prendre des mesures contre les Russes blancs exilés chez eux... Le général conclut :

— La police peut débarquer ici d'un moment à l'autre. Elle fouillera la maison et elle trouvera le trésor. C'est pourquoi, il faut le mettre en sécurité... Venez, capitaine, je vais vous montrer où il est.

Les trois militaires quittent le bureau, traversent les pièces vides et empruntent l'escalier qui descend à la cave. Elle est immense et sombre. Là, le général leur montre un mur entièrement recouvert de casiers à bouteilles.

— Tout est ici !

Peu après, tous s'affairent pour retirer les briques. Dans la pénombre, ils discernent progressivement un tas vaguement brillant. Le général Pokrovsky commente :

— Il y a des bijoux, des lingots, des actions et des devises étrangères, principalement des livres sterling. J'ai pensé que le mieux était d'enterrer le tout dans une forêt des environs. Vu l'importance du trésor, il faudra le répartir en plusieurs caisses. Il faudra également prévoir du papier huilé pour envelopper les billets et les actions.

*

C'est ce papier huilé qui pose le seul véritable problème. À une époque où le plastique n'existe pas, c'est le seul moyen de protéger les billets de l'humidité. Mais on n'en trouve pas en quantité suffisante à Bourgas. Il faut se rendre à Sofia.

Nicolas Svidine propose de s'y rendre. Il passe deux jours dans la capitale bulgare et se présente à nouveau chez le général. Mais Pokrovsky n'est plus là. Il a jugé plus prudent de s'éloigner pendant les opérations. Svidine ne le reverra jamais...

Malgré son absence, le capitaine Svidine, le commandant Krylov et le colonel Kazatchine décident de se mettre au travail. Le temps presse, les rumeurs sur l'arrestation des Russes blancs sont de plus en plus insistantes. Leur informateur, Basil Dimov, un employé de la sous-préfecture de Bourgas violemment hostile aux communistes, le leur confirme.

L'aide de Basil Dimov ne se limite pas à avertir les anciens membres de l'Armée blanche en cas de besoin. Prenant tous les risques pour lui-même, il a aussi accepté de leur fournir une camionnette, indispensable pour transporter le trésor. Il ne leur a posé aucune question et a juré de garder le secret.

Le soir du retour de Svidine, il arrive devant la villa, au volant du véhicule. C'est le capitaine qui vient l'accueillir. Basil Dimov lui précise :

— Je la reprendrai demain matin à 7 heures. Je ne peux pas vous la laisser plus longtemps.

— Cela suffira...

Dimov ajoute :

— Il se passe des choses à la sous-préfecture. Je ne sais rien de précis, mais cela pourrait être pour demain. Je vous avertirai.

Svidine remercie chaleureusement le Bulgare et franchit la grille de la propriété au volant de la camionnette. Durant les heures qui ont précédé, Svidine, Krylov et Kazatchine ont chargé le trésor dans quatre caisses de munitions de très grandes dimensions. Le capitaine a été ébloui par ce qu'il a eu sous les yeux : des lingots d'or et de platine, des bijoux, énormément de bijoux, surtout des diamants dessertis, et des quantités inimaginables de billets de banque et d'actions. Il pensait que le papier huilé qu'il avait rapporté était plus que suffisant, il y en a eu tout juste assez.

Avec l'aide du commandant Krylov, il charge les caisses à l'intérieur de la camionnette. Le colonel Kazatchine se contente de les regarder faire. Cardiaque, il est trop âgé pour ces travaux de force. Les émotions qui vont accompagner l'expédition risquent d'être éprouvantes pour lui, mais il a tenu à être présent, ne serait-ce que pour faire le guet...

Il pleut, lorsque les trois hommes partent en direction de la forêt et le vent est épouvantable. Ce temps détestable rend leur tâche plus pénible, mais ils s'en félicitent. Dans des conditions climatiques pareilles, il ne viendrait à personne l'idée de mettre le nez dehors.

Sur place, leur principale difficulté est de prendre de bons repères. Car la fortune qu'ils vont enterrer n'est évidemment pas destinée à rester dans les bois. Il faudra la récupérer un jour et, pour cela, ils doivent se souvenir très précisément du lieu où elle est enterrée…

La route qui traverse la forêt est assez vallonnée. D'un commun accord, les trois hommes choisissent un point situé en haut d'une côte et donnant à droite sur une vaste clairière. L'endroit est suffisamment caractéristique pour être facilement retrouvé.

Tandis que le colonel Kazatchine surveille les alentours dans la camionnette, le capitaine Svidine et le commandant Krylov sortent les caisses et les enterrent dans quatre endroits différents. La tâche est épuisante, car ils ont décidé de les enfouir à plus d'un mètre de profondeur. Les colosses qu'ils sont doivent s'échiner pendant des heures avant de venir à bout de leur travail.

Ils ne terminent qu'au petit matin. Avant de repartir, ils prennent bien soin de se laisser des repères. À l'aide d'une baïonnette, ils tracent des signes géométriques – cercles, carrés et triangles – sur les arbres les plus proches. Après quoi, transis et épuisés, ils remontent dans la camionnette. Ils arrivent à la villa peu avant 7 heures du matin, juste à temps pour rendre le véhicule à Basil Dimov. Ce dernier affiche une mine sombre.

— Avant de venir, je suis passé par le poste de police. Il y avait tout un remue-ménage. J'ai demandé ce qui se passait, c'est malheureusement pour vous. L'opération est prévue pour aujourd'hui.

— À quelle heure ?

— À l'aube, c'est-à-dire maintenant. Il faut partir tout de suite. Je ne peux pas vous laisser la camionnette. Je serais arrêté moi aussi… D'ailleurs vous aurez moins de chance d'être repérés à pied.

Les trois Russes remercient encore une fois Basil Dimov, sans lequel rien n'aurait été possible, et retournent dans la villa prendre des armes et des provisions. Ils sont à peine rentrés que se produit un événement aussi dramatique qu'inattendu. Tout à coup, le colonel Kazatchine porte la main à sa poitrine et s'écroule à terre. Ses deux compagnons se penchent sur lui, mais il n'y a rien à faire. Il est mort, foudroyé par une crise cardiaque. Il n'a pas supporté les épreuves de la nuit et l'annonce de celles qui allaient suivre.

Pourtant, le moment n'est pas aux sentiments. Le temps presse. Nicolas Svidine et Sergueï Krylov se contentent d'un salut militaire en guise d'adieu et se mettent en route.

*

Débute alors pour les deux Russes, un long et dangereux périple. Ils vont au sud, vers la Turquie. Ils ont de l'argent bulgare, mais préfèrent ne pas l'utiliser. Pour acheter de quoi manger, chez un commerçant ou dans une ferme, il leur faudrait engager la conversation et leur accent les trahirait. Ils préfèrent se nourrir de baies récoltées dans les bois et, parfois, de pommes volées dans les vergers.

Ils ont un plan précis. Une fois en Turquie, ils prendront le chemin de Constantinople. Là, ils monteront dans un bateau à destination de la France, où ils ont tous deux choisi de s'installer. Pour payer le voyage, il n'y a pas de problème : avant d'enterrer le trésor, ils ont prélevé une petite quantité de livres sterling. La question des passeports ne devrait pas non plus être un obstacle. Ils n'en ont pas, mais ils ont leurs papiers et ils demanderont l'asile politique en tant que Russes blancs, ce que la France accorde systématiquement.

Trois jours passent. Par mesure de sécurité, ils ne marchent que la nuit, ce qui est plus sûr, mais ralentit leur progression… Ils finissent enfin par arriver à Ahtopol, tout près de la frontière turque. Ils commencent à peine à respirer quand un nouveau drame se profile à l'horizon.

En ces temps agités, la frontière est étroitement gardée. Elle fourmille de douaniers et de policiers. Alors que le capitaine et le commandant, qui se sont remis en marche à la nuit tombée, se croient déjà en Turquie, un cri éclate :

— *Stoï* !

Ils connaissent assez de bulgare pour savoir que le mot signifie « Halte ! » Sans attendre, ils s'élancent à toutes jambes droit devant eux, sous les tirs nourris. C'est toute une patrouille qui est à leur poursuite ! Les balles sifflent autour d'eux. Des torches électriques sont braquées dans leur direction…

Nicolas Svidine s'abrite derrière un arbre et dégaine… À l'École militaire, il n'y a pas que dans les exercices physiques qu'il était le meilleur. Il n'avait pas son pareil non plus pour le tir. Éclairés, les douaniers forment des cibles parfaitement visibles. Le capitaine fait feu à plusieurs reprises en direction des taches lumineuses. Il en voit plusieurs vaciller et s'effondrer sous les cris et les jurons. Quand le feu cesse en face, il appelle à voix basse :

— Commandant ! Commandant !

Surpris de ne pas avoir de réponse, il parcourt les environs en continuant ses appels et manque de s'étaler de tout son long. Le commandant Krylov est là, à terre. Il a été touché dans l'échange, sans doute tout au début, car Svidine ne l'a pas entendu tirer. Le peu de clarté que procure la lune lui permet de constater qu'il a été tué d'une balle en plein front…

Comme lors de la mort du colonel, Svidine n'a pas le temps de s'attarder. Il prend sur le corps de son camarade son arme, ses papiers et tout ce que contenaient ses poches, fait un rapide salut militaire et reprend sa fuite vers le sud.

Pendant près d'une heure, il court sans s'arrêter, totalement hors d'haleine. Mais il continue jusqu'à la limite de ses forces. Ce n'est qu'en entrant dans un village et en entendant parler turc, qu'il comprend qu'il a gagné. Il se laisse alors tomber, épuisé, le cœur tambourinant dans sa poitrine.

Tandis qu'il reprend son souffle, une pensée troublante le traverse : le colonel Kazatchine est mort, le commandant Krylov vient de mourir à son tour… Il est à présent le seul à savoir où est caché le trésor de l'Armée blanche…

À Constantinople, il trouve sans difficulté un cargo en partance pour la France, qui accepte de le prendre à son bord. Entre-temps, il s'est informé en ville des dernières nouvelles de Bulgarie et a appris, avec un petit pincement au cœur, la mort du général Pokrovsky. Il a tenté de s'enfuir au moment où on l'appréhendait et a été abattu par les policiers.

Désœuvré, Nicolas Svidine voit, peu après, s'éloigner les rives du Bosphore. Désormais, il est non seulement le seul à connaître l'emplacement du trésor de l'Armée blanche, mais il est aussi le seul à connaître son existence !

*

En France, il vit des moments difficiles. Le soldat de carrière qu'il est, sorti de l'École militaire pour faire la guerre, n'a appris aucun métier et est incapable de s'insérer dans la société civile. Il est toutefois bien accueilli dans les milieux des émigrés et sa parfaite connaissance du français l'aide à s'en sortir. Il donne des cours de russe, qui lui permettent de survivre tant bien que mal.

Plusieurs années passent. Installé dans un modeste logement de Joinville-le-Pont, il vit seul et n'a jamais parlé de ce qu'il avait vécu en Bulgarie. Il ne cesse pourtant d'y penser. Mais il attend de rencontrer quelqu'un qui lui inspire totalement confiance et qui soit capable de l'aider.

La rencontre tant attendue n'a lieu qu'en 1923… Vladimir Leontiev était un brillant avocat d'affaires à Petrograd ; il avait beaucoup de relations à l'étranger, notamment à Paris et, lorsqu'il est arrivé dans la capitale française, chassé par la révolution, il y a retrouvé plusieurs personnes qui lui ont permis de monter un nouveau cabinet.

Svidine et lui font connaissance dans une soirée donnée par des amis communs. Entre eux, la sympathie est immédiate, mais l'ancien capitaine laisse encore passer plusieurs mois avant de se confier. Lorsqu'il se décide, son nouvel ami est abasourdi par ce qu'il entend.

— C'est inimaginable ! Vous êtes sûr de pouvoir retrouver l'endroit ?

— Sans le moindre problème.

— Et ce trésor, que comptez-vous en faire ?

— En récupérer au moins une partie. On ne va pas laisser une telle fortune se perdre !

Vladimir Leontiev reste un instant pensif et finit par demander :

— Qu'est-ce que je peux faire pour vous aider ?

— Je suis recherché en Bulgarie. Pour y rentrer, il me faudrait un faux passeport. Il me faudrait également de l'argent pour le voyage.

— Cela devrait être dans mes possibilités…

Les deux hommes n'en disent pas plus. De quelle manière se répartiront-ils les sommes que rapportera Svidine ? Il sera toujours temps d'y penser. Ils sont désormais liés et sentent que leur association est faite pour durer.

*

Fin 1923, Vladimir Leontiev remet à l'ancien capitaine un passeport portant un nom d'emprunt et la somme de cinq mille francs. Avec cela, ce dernier prend aussitôt la direction de la Bulgarie. Il arrive à Sofia en janvier 1924. Et là, il se rend aussitôt compte de son erreur : il a totalement oublié la météo ! Si, à Paris, le temps était relativement clément, dans la capitale bulgare, il fait moins vingt degrés.

Il ne peut attendre que la température s'adoucisse. La police bulgare est l'une des plus soupçonneuses du monde. Elle a un mandat d'arrêt contre lui et, s'il restait trop longtemps à ne rien faire, il attirerait automatiquement les soupçons. Il décide donc de se rendre à Bourgas. Il achète des vêtements d'hiver, une pelle pliable, met le tout dans une valise et saute dans le train.

Une fois sur place, il doit faire vite. Pas question de prendre une chambre d'hôtel. Il se change dans des toilettes publiques, dissimule de son mieux sa valise contenant ses effets de ville et prend la direction de la forêt, sa pelle sur l'épaule.

Le trajet, dans le froid mordant, est un vrai supplice. Il met près de deux heures pour rejoindre la forêt. Sa seule consolation est d'être sûr de ne pas se tromper : cette clairière sur la droite, en haut d'une côte, il n'y a aucun doute possible : c'est là. D'ailleurs, il retrouve les troncs d'arbres marqués de signes géométriques.

Mais lorsqu'il se met au travail, il s'aperçoit que la terre est dure comme du ciment. Sa désillusion est terrible. Le colosse qu'il est s'acharne de toutes ses forces, mais ne réussit qu'à tordre sa pelle. Il n'y a rien à faire : pour ouvrir un sol pareil il faudrait de la dynamite !

Dépité, Svidine reprend le train pour Sofia et, de là, pour Paris. Il est furieux contre lui-même. Comment a-t-il pu négliger l'hiver bulgare ? Il ne lui reste plus qu'à expliquer sa bévue à Leontiev, en espérant qu'il lui pardonnera le temps et l'argent perdus et voudra bien poursuivre leur collaboration.

*

Par chance, Vladimir Leontiev ne se montre pas rancunier. Quand Nicolas Svidine lui raconte sa mésaventure, il éclate de rire. Il trouve même la chose encourageante.

— Vous avez retrouvé la cachette sans vous tromper, c'est le principal. Il suffira de revenir en été.

— Je suis heureux que vous m'accordiez une seconde chance.

— Non seulement je vous l'accorde, mais je me l'accorde à moi-même : je viendrai avec vous !

— Vous êtes sûr ? Ce peut être dangereux. Il faudra être prudents et discrets.

— Discrets, nous ne le serons justement pas. J'ai beaucoup réfléchi. Le meilleur moyen de passer inaperçus, c'est de nous montrer. Nous irons en yacht.

— Vous avez un yacht ?

— Non, mais je vais en acheter un...

Le plan de Vladimir Leontiev semble effectivement judicieux. En se faisant passer pour de riches touristes venus dépenser leur argent, ils bénéficieront de la sympathie des policiers et des douaniers et les contrôles ne seront pas trop sévères. Ce sera d'autant plus vraisemblable que, depuis la guerre, Bourgas a changé. Les marais ont été assainis et un début de station balnéaire a vu le jour. Une plage a été aménagée, des hôtels se sont ouverts...

Trop occupé avec son cabinet d'avocat, Vladimir Leontiev laisse Svidine s'occuper de l'achat du bateau. Ce dernier, à qui les moyens les plus larges ont été accordés, déniche à Cannes une petite merveille : un navire racé, avec deux puissants moteurs, six confortables cabines et le logement pour cinq hommes d'équipage.

L'équipage, c'est également Nicolas Svidine qui se charge de son recrutement. Il choisit de bons marins, d'un naturel pas trop curieux et de toutes les nationalités, afin d'éviter qu'ils communiquent trop entre eux. Restent les dames qui vont accompagner les deux Russes, car il n'est évidemment pas question qu'ils partent en vacances seuls.

Tous deux sont célibataires et grands coureurs de femmes. L'avocat a pour maîtresse du moment une Autrichienne, Greta, quant à l'ancien capitaine, il file depuis plusieurs mois le parfait amour avec une Anglaise prénommée Harriet. Greta et Harriet sont aux anges quand ils leur proposent de les amener en croisière et, début juin 1924, tout le monde quitte Cannes, direction la mer Noire...

Deux semaines plus tard, après un périple idyllique en Méditerranée, le yacht franchit le Bosphore. Nicolas Svidine ne peut s'empêcher de se revoir au même endroit, des années plus tôt, à bord d'un autre bateau. Il n'était alors qu'un misérable émigré partant pour l'exil. Aujourd'hui, il revient en riche vacancier, aux bras d'une créature de rêve ! Mais il ne doit pas trop rêver. Riche, il ne l'est pas encore. Entre la fortune et lui, il reste une épreuve à accomplir.

Par prudence, une fois devant les côtes de Bulgarie, Leontiev et lui ne mettent pas le cap vers Bourgas, mais vers Varna. Varna est, en effet, la grande station balnéaire du pays et il pourrait sembler étonnant qu'ils la négligent au profit de ce qui n'est encore qu'un lieu touristique de seconde zone.

Sur place, Svidine et Leontiev décident de se donner du bon temps. L'endroit est charmant et ils y restent quinze jours à bronzer sans rien faire. Cette halte leur permet quand même d'espionner le comportement des douaniers. Il y a, certes, un poste de douane, comme dans toutes les villes côtières, mais ils ne sont pas inquiétés… Enfin, il faut en venir aux choses sérieuses : le luxueux bateau prend la direction de Bourgas.

Là, ils ont un moment d'appréhension. Contrairement à ce qui s'était passé précédemment, les douaniers demandent à monter à bord du yacht. Mais les craintes des Russes sont de courte durée. Après avoir jeté un coup d'œil distrait aux papiers du navire, ils leur font la conversation, dans un mauvais français.

— Vous aimez vacances ici ?

Les deux hommes leur assurent qu'ils passent un séjour merveilleux, que la Bulgarie est le plus beau pays du monde et leur offrent quelques paquets de cigarettes qu'ils acceptent avec empressement, avant de repartir dans un salut respectueux.

Les jours suivants, Svidine et Leontiev font leurs emplettes dans les magasins de la ville et prennent l'habitude de revenir au yacht, encombrés de paquets. Ils veulent habituer les douaniers à les voir les bras chargés. Si d'aventure, ils les croisent lorsqu'ils reviendront avec le trésor, ces derniers ne devraient pas trop manifester de curiosité…

Le grand jour, ou plutôt la grande nuit, finit par arriver. Svidine et Leontiev partent vers 9 heures du soir. Ils ont dit à Greta et à Harriet qu'ils allaient rendre visite à un ami de Nicolas habitant les environs. Les deux femmes n'ont pas posé de question. Depuis le début du séjour, elles vivent un enchantement et elles ne vont pas ennuyer ceux à qui elles le doivent…

Les Russes ont soigneusement préparé leur plan. Les jours précédents, ils ont enterré, près de la plage, deux grands sacs et deux pelles. Ils les récupèrent et prennent la direction de la forêt. Il leur faut un peu plus de deux heures pour y parvenir. Encore une fois, Nicolas Svidine ne peut s'empêcher de se laisser aller aux souvenirs : la dernière fois qu'il était ici, il gelait à pierre fendre, à présent, il est en chemisette et aurait presque trop chaud.

La seule chose qui ne change pas, c'est qu'il reconnaît immédiatement la cachette. Le sommet de côte débouchant sur une clairière est tout à fait caractéristique et il retrouve sans difficulté les arbres marqués de signes géométriques. Mais c'est à ce moment que les choses se gâtent. Alors qu'il tend sa pelle à Vladimir, ce dernier la repousse.

— Il n'est pas question de creuser tous les deux. Quelqu'un pourrait venir. Je vais faire le guet.

— Si quelqu'un vient, ne vous inquiétez pas. Je suis armé.

— Vous ne deviendriez tout de même pas un assassin ?

— Non, c'est seulement en cas de besoin.

Bien loin de le rassurer, cette déclaration panique Leontiev. Avant la révolution, il n'était pas militaire mais avocat, et, maintenant qu'il est plongé dans l'action, il se rend brusquement compte qu'il n'est pas fait pour cela… Poussant un soupir, Nicolas Svidine se résout à creuser seul, tandis qu'il entend régulièrement son compagnon lui dire :

— Dépêchez-vous !…

Au bout d'un moment, Svidine décide d'arrêter son travail. Il a ouvert la première caisse, qui contient des billets de banque et des lingots. Il en reste trois, mais il voit bien que son compagnon est près de se trouver mal. Après tout, s'il est là, c'est grâce à lui, tant pis si c'est un demi-échec, il reviendra ! Il rebouche le trou, s'empare du sac contenant les lingots, donne celui avec les billets à Leontiev et prend, souriant, le chemin du retour. Mais l'ancien avocat, lui, ne cesse de trembler.

Ils arrivent au port alors que le jour n'est pas encore levé. Puisqu'il a décidé de revenir, Svidine veut préparer au mieux sa prochaine tentative. Malgré les protestations de son compagnon, plus apeuré que jamais, il prend le temps d'enterrer les pelles à l'endroit où elles étaient à l'aller, près de la plage.

L'avocat avait raison de s'inquiéter. La nuit, le rivage est surveillé et cette activité suspecte attire l'attention. Un cri, que Nicolas Svidine connaît bien, résonne dans le noir :

— *Stoï* !

En même temps, un coup de feu éclate… Svidine ne perd pas son sang-froid. Il tire dans la même direction, assez loin pour ne pas toucher l'homme, mais assez près pour qu'il entende le sifflement de la balle. Le résultat est immédiat. Il perçoit des pas indiquant une fuite précipitée. Le douanier devait être seul et est allé chercher des renforts. Il agrippe le bras de Vladimir Leontiev, qui voulait courir vers le yacht.

— Surtout pas ! Ils surveillent le rivage. Il faut nous cacher dans la ville.

— Nous allons nous faire prendre !

— Peut-être, peut-être pas. Mais c'est là que nous avons les meilleures chances…

Peu après, les deux hommes s'installent sur le banc d'un jardin public et attendent que le jour se lève. Pour les rares personnes qui les aperçoivent, ils ont l'air de fêtards ayant passé une nuit trop arrosée… Pourtant, Nicolas Svidine a toutes les peines du monde à calmer Leontiev, qui est dans un état effrayant. Il a même peur de le voir s'écrouler, frappé par une crise cardiaque, comme le colonel Kazatchine.

Mais rien de tel ne se produit et, aux environs de 8 heures du matin, ils prennent ensemble le chemin du port et du yacht… Ils ont eu raison d'attendre. La plage et les quais sont remplis de policiers et de douaniers en armes. En les voyant avec leurs sacs, ces derniers ne manifestent aucune surprise. Ils se contentent de les saluer de loin…

Il ne faut pas trop tenter le diable. Nicolas Svidine décide d'appareiller immédiatement et, quinze jours plus tard, tout le monde débarque à Cannes. Les deux Russes prennent congé des jeunes femmes, qui ont, à leur insu, joué un rôle indispensable dans leur expédition, et prennent la direction de la Suisse, avec leur butin. Lorsqu'ils en reviennent, après avoir partagé en deux parties égales, l'avocat a considérablement augmenté sa fortune et l'ancien capitaine est riche pour la première fois de sa vie.

*

Ainsi s'est terminée la première tentative réussie pour récupérer le trésor de l'Armée blanche. Il y en a eu deux autres mais Vladimir Leontiev n'y a pas participé. Il est mort peu après son retour en France, non d'une crise cardiaque, comme l'avait craint un instant son compagnon d'équipée, mais dans un accident de voiture. De nouveau, et cette fois définitivement, Nicolas Svidine s'est retrouvé le seul à connaître l'existence du trésor.

C'est donc seul qu'il est retourné sur place dans le courant des années 1930. Les outils qu'il avait enterrés et qui avaient failli causer sa perte étaient toujours là, près de la plage. Il a reconnu sans mal la clairière et a vidé une seconde caisse… En 1939, sentant que le conflit imminent risquait d'empêcher tout déplacement en Europe, il a fait une nouvelle tentative. Mais elle a échoué, et a même failli se terminer de manière tragique. Alors qu'il tentait d'aborder en Bulgarie, à bord d'un petit bateau acheté à Constantinople, il a été fait prisonnier par des bandits grecs et ne leur a échappé que par miracle.

Après cet ultime retournement de situation, Nicolas Svidine n'est plus jamais retourné en Bulgarie. Il a raconté son histoire, dans un livre de Mémoires paru en 1973. Après quoi, on perd sa trace. Sans doute est-il mort de mort naturelle. Il avait à l'époque plus de quatre-vingts ans.

Selon ses dires, il reste, quelque part à Bourgas, la moitié du trésor de l'Armée blanche. Pour le retrouver, il est toujours possible d'y passer ses vacances et d'arpenter les bois environnants, avec un détecteur de métaux. Il paraît que beaucoup de Bulgares l'ont fait… Sans résultat jusqu'à présent.

7.

Sous la plage, le trésor

Il n'y a rien de plus traître que le climat de la Floride. Si les lieux sont un paradis vus de la terre, ils peuvent se révéler un enfer pour le marin. La plupart du temps, les paysages ont tout de la carte postale : le ciel est d'un bleu intense, la mer a des reflets turquoise, les plages, d'un jaune doré, s'étendent à perte de vue. Çà et là, des récifs de corail apportent une touche de rosée, dans cette harmonie en technicolor.

Et voilà que soudain, apparaît un petit nuage noir, venu d'on ne sait où. Il est bientôt rejoint par une multitude de ses semblables. Le ciel s'obscurcit d'un coup, le vent se lève, la mer se creuse, les vaguelettes deviennent une énorme houle. Aveuglés, ballottés, incapables de se diriger, les bateaux sont inexorablement rabattus vers la côte, et les récifs, aux si jolies couleurs rosées, deviennent leur tombeau.

*

L'amiral Juan Esteban de Ubilla est certainement serein, ce 31 juillet 1715, tandis qu'il longe les côtes de Floride. C'est le plein été, le soleil est aveuglant, la mer ressemble à un miroir. Autour de lui, la flotte qu'il commande avance dans un ordre impeccable : quatorze galions, en comptant le sien, chargés de doublons et de lingots, qui rapportent en

Espagne les richesses du Nouveau Monde. C'est l'une de ces « flottes de l'or », comme on les surnomme, qui traversent régulièrement l'Atlantique d'ouest en est.

Le souci de l'amiral n'est pas le temps mais les pirates. Ils pullulent dans les mers alentour, attirés par ces coffres-forts flottants. Heureusement, les autorités espagnoles ont pris contre eux une mesure qui semble efficace : elles ont acquis les services d'un Français, Jean-Baptiste Ducasse. L'homme est un vaurien, un ancien pirate qui a choisi de s'amender et qui leur a proposé de les escorter avec son propre bateau, *Le Griffon*. Il connaît les habitudes, les techniques et les ruses de ses anciens confrères et, grâce à cela, a déjà fait échec à plusieurs de leurs tentatives. Avec un succès tel que le roi Philippe V l'a nommé « capitaine général de la mer ».

Le Griffon est bien là, à quelque distance, détaché de la flotte en rangs serrés, comme un chien de berger surveillant ses brebis… Mais, soudain, Juan Esteban de Ubilla pousse un cri de surprise. Que se passe-t-il ? *Le Griffon* vient brusquement de changer de cap et de partir vers le large. Aurait-il vu un pirate ? Dans ce cas, les vigies espagnoles l'auraient signalé. Alors, aurait-il pris peur devant ce petit nuage noir insignifiant ?

Oui, Jean-Baptiste Ducasse a pris peur. Des années de flibusterie dans les parages lui ont appris combien le temps était changeant. Les tempêtes se lèvent de la manière la plus brutale et elles commencent souvent par ce genre de nuage. Il n'a pas décidé de trahir de roi d'Espagne, mais il sait qu'il ne peut plus rien pour ses galions. Dans ce genre de situation, c'est chacun pour soi.

Il ne se trompe pas… Une terrible tempête se lève rapidement et *Le Griffon* sera le seul à en réchapper. Les autres navires couleront tous. La flotte d'or disparaîtra entièrement. Ses quatorze galions se sont brisés, ce 31 juillet 1715, contre l'un des récifs de corail qui décorent les côtes de la Floride.

*

Plus de deux siècles ont passé. Nous sommes le 1er janvier 1949. Dans une petite ville de l'État du Maryland, un couple discute avec animation. Ils ne sont plus tout jeunes. Lui, Kip Wagner, a soixante ans, l'allure sportive et les cheveux poivre et sel. Elle, Marjorie Wagner, est de cinq ans sa cadette, avec un peu plus de poivre et un peu moins de sel dans la chevelure. Elle est femme au foyer, il est employé dans un cabinet d'architectes ou plutôt « était », car il vient de prendre sa retraite et c'est le sujet de leur conversation.

— Enfin, Marjorie, il faut profiter de notre temps libre. Tu n'as pas envie de voir de nouveaux paysages ?

— Pour quoi faire ? On est bien, ici. Et, d'abord, où est-ce que tu voudrais aller ?

— En Floride.

— Rien que cela ! Tu nous prends pour des milliardaires ?

— Ce n'est pas si cher. Je me suis renseigné. On louera une petite maison et, si on ne s'y plaît pas, on pourra toujours revenir ici…

La discussion dure quelque temps encore. Kip Wagner met en avant la douceur du climat. Marjorie lui rétorque que, justement, il va faire trop chaud et répète qu'elle ne veut pas renoncer à ses habitudes… Elle finit cependant par accepter du bout des lèvres, posant comme condition que si, à la fin de l'année, elle ne s'est pas plu en Floride, ils retourneront dans le Maryland.

*

Septembre 1949. Près de neuf mois ont passé et il semble que ce soit Marjorie qui ait eu raison. Les Wagner se sont installés près de Vero Beach, à l'est de l'État de Floride, mais leur nouvelle vie n'est pas une réussite. Certes, la maison qu'ils ont louée est agréable, mais ils se sentent désœuvrés dans cet environnement aux allures de décor et leurs voisins ne sont guère liants.

Et puis, il y a eu les mois de juillet et d'août, avec la ruée des vacanciers. La petite agglomération, jusque-là paisible, s'est transformée en fourmilière, avec embouteillages et concerts de klaxons. Les jeunes faisaient de la musique toute la nuit ; quant aux plages, pas question d'y mettre les pieds, à moins d'aimer la promiscuité et la vision de milliers de corps entassés les uns à côté des autres.

En ce début septembre, au moins, les vacances ne sont plus qu'un souvenir. Vero Beach a été rendu à ses habitants et les plages environnantes aux retraités. Kip et Marjorie sont même, sur celle qu'ils ont choisie, seuls ce matin-là. Il a pris son tuba et son masque pour regarder les fonds marins, à une distance raisonnable du rivage, car il n'est pas excellent nageur. Elle, elle a pris son tricot, car elle n'aime pas trop la baignade.

C'est alors que se produit l'événement qui va bouleverser leur existence... Kip Wagner est en train d'admirer un banc de poissons multicolores, aussi beaux que ceux qu'on met dans les aquariums, quand il distingue une petite rondelle rouillée sur le sable du fond. Il éprouve un sentiment de révolte envers les vacanciers qui viennent souiller l'environnement avec leurs capsules de soda, mais, consciencieux, plonge pour ramasser le déchet, qu'il ira ensuite jeter dans la poubelle de la plage.

En le prenant en main, il a une curieuse sensation : c'est bien lourd pour une capsule ! Et, effectivement, une fois à la surface, il se rend compte que ce n'en est pas une ; on dirait une ancienne pièce de monnaie. Intrigué, il décide d'abandonner ses poissons multicolores et de rejoindre Marjorie. Celle-ci a une mine dégoûtée devant l'objet dégoulinant.

— Qu'est-ce que c'est que cette saleté ?

— Ce n'est peut-être pas une saleté. Nous allons la nettoyer à la maison et nous verrons bien.

— Tu ne penses tout de même pas que c'est de l'or ?
— Pourquoi pas ?

*

Eh oui, c'est de l'or ! Une fois la rondelle lavée et astiquée, il n'y a plus de doute. Il s'agit d'une pièce ancienne. Il y a une date : « 1710 » et le portrait d'un roi appelé « Philippe V »… Excitée par l'idée de s'enrichir, Marjorie Wagner n'a plus du tout envie de rentrer dans le Maryland. Elle se passionne pour ce qu'elle appelle « le trésor de la plage » et y retourne, les jours qui suivent, avec son mari. Ce dernier y trouve d'autres pièces d'or, une dizaine en tout.

Avec son petit butin, Kip Wagner se rend alors dans une officine de Miami spécialisée dans les monnaies anciennes. Le négociant considère le lot avec admiration.

— Ce sont des doublons espagnols en excellent état. Vous les avez trouvés dans la mer ?

Le retraité se garde de lui dire la vérité.

— Non, chez moi, par hasard, en faisant des rangements dans mon grenier.

— Eh bien, vous avez de la veine ! Je peux vous donner mille dollars pour les dix.

Mille dollars, c'est une somme, en 1949, et, quand il rentre avec cette petite fortune, Marjorie Wagner s'émerveille.

— Qu'est-ce que nous allons faire avec tout cela ?

— D'abord, payer un an de plus de loyer.

— Et trouver le trésor de la plage !

Mais Kip Wagner a beaucoup réfléchi. Il fait part de ses conclusions à son épouse.

— Vois-tu, je ne pense pas qu'il y ait de trésor sur cette plage. J'ai bien observé : il n'y a aucun obstacle au large, ni récifs ni rien. Si des bateaux avaient été jetés là par une tempête, ils se seraient échoués sur le sable, ils n'auraient pas coulé. Les pièces ont dû être apportées par les courants. Le naufrage a eu lieu plus loin.

— Mais où ?
— Il faut chercher…

*

Et Kip Wagner se met à enquêter. Il achète un livre sur les naufrages en Floride et y découvre que le seul qui correspond est celui de la flotte de l'or, commandée par l'amiral Juan Esteban de Ubilla, le 31 juillet 1715. Un seul navire y a échappé, *Le Griffon.* Les quatorze autres galions espagnols se sont brisés sur les récifs.

Seulement, quels récifs ? Le livre ne le dit pas. D'abord contrarié, Kip Wagner finit par s'en féliciter. Si le livre le disait, si tout le monde était au courant, il y a longtemps que le trésor aurait été repêché. La vérité est plus difficile à découvrir et c'est tant mieux !

Plus enthousiaste que jamais, il se rend à Washington, dans la Bibliothèque du Congrès, la plus importante des États-Unis, et continue ses recherches. Pendant des mois, il multiplie les allers-retours entre Washington et la Floride, et consulte de multiples ouvrages. Mais aucun n'indique à quel endroit exact des côtes le naufrage a eu lieu. Ses lectures lui apprennent cependant que les sources les plus complètes sur le sujet se trouvent en Espagne.

En rentrant une dernière fois de la capitale, il annonce à Marjorie :

— Je t'offre des vacances : nous allons en Espagne !

Marjorie ne fait pas d'objection. Bien qu'elle soit d'un naturel plutôt casanier, elle se passionne pour cette course au trésor et elle n'est pas fâchée de découvrir l'Europe… Et, de l'autre côté de l'Atlantique, le jeu de piste se poursuit. À Madrid, Kip Wagner ne trouve rien, mais il apprend que beaucoup de documents concernant les flottes de l'or sont conservés à Séville.

Le couple Wagner prend donc la direction de l'Andalousie. Là, le retraité tombe sur un rapport de Lord Archibald

Hamilton, fonctionnaire anglais, au gouverneur de la Jamaïque. Le texte est daté de 1722. Il y est fait état de rixes ayant eu lieu en Floride, entre des marins espagnols, qui se disputent la cargaison de navires coulés en 1715. Et l'auteur ajoute : « Cela fait des années que cela dure. »

Pour Kip Wagner, c'est une illumination… Marjorie, au contraire, ne comprend pas sa jubilation.

— Qu'est-ce que cela t'apporte ? On ne sait toujours pas où le naufrage a eu lieu…

— Non, mais ce n'est pas le plus important. Si ces marins sont restés des années, ils ont été obligés d'installer un camp, en face, sur la côte, et il doit en rester des traces. Ce n'est pas en mer qu'il faut chercher, Marjorie, c'est sur terre !

*

À l'époque, les détecteurs de métaux ne se vendent pas dans les magasins. C'est une technique récente, qui reste à usage militaire. Mais cela n'arrête pas Kip Wagner. De retour aux États-Unis, il se rend dans un surplus de l'armée et achète, pour une somme tout à fait modique, un vieux détecteur de mines.

Jour après jour, il arpente les côtes, avec son engin. C'est un travail interminable et ingrat. Les débris métalliques ne manquent pas et le détecteur n'arrête pas de sonner. Et chaque fois, Kip doit chercher sa pelle et creuser. Il déterre un nombre inimaginable de boîtes de conserves, de capsules – des vraies, celles-là – et de ferrailles en tout genre.

L'année 1950 s'écoule ainsi sans le moindre résultat. Il est presque sur le point de renoncer, lorsque, un beau jour du printemps 1951, ses efforts payent enfin.

Non loin du cap Canaveral, qui n'est pas encore un centre spatial, il met au jour un objet insolite : une balle de fusil ou de revolver. Il pense immédiatement aux rixes entre marins espagnols, mais garde son sang-froid. Tout au long de son histoire, la Floride n'a pas connu la guerre, mais il peut s'agir d'un affrontement entre policiers et gangsters ou de tout autre chose.

Pourtant, les coups de pioche suivants exhument des objets qui ne laissent plus de place au doute : un mousquet, un sabre d'abordage, un coutelas… Il y a même des pièces de monnaie en bronze, datées du début du XVIIIe siècle et portant l'effigie du roi Philippe V !

Convaincu, Kip Wagner observe minutieusement le paysage environnant… Un peu en contrebas, s'étend une plage de sable fin, semblable à celle où il a trouvé les doublons. Un peu plus loin, se dresse un récif de corail. Il contemple, fasciné, cette barre rose tendre, sur laquelle les vagues déposent une légère écume. Il en est maintenant sûr : c'est là qu'en juillet 1715, l'amiral Juan Esteban de Ubilla et la plupart de ses matelots ont péri. C'est le cimetière de la flotte de l'or !

*

La suite ressemble à un conte de fées, tant les choses paraissent faciles mais c'est pourtant l'exacte vérité. Kip Wagner s'achète un tout petit bateau à moteur. Par économie – les mille dollars sont depuis longtemps dépensés et sa retraite n'est pas lourde –, mais aussi pour ne pas trop éveiller la curiosité.

Et qui ferait attention à ce retraité aux cheveux presque blancs, qui va plonger sur un récif proche de cap Canaveral avec, pour tout matériel, un masque, un tuba, un râteau et une pelle, comme ceux qu'utilisent les enfants ? Mais c'est amplement suffisant. À la première plongée, la réussite est au rendez-vous. Le trésor est là, par deux, trois mètres de fond, sous une mince couche de sable. Il en ressort des doublons, des lingots, parfois des bijoux…

Jour après jour, il rapporte une véritable fortune. Quand il estime que le moment est venu, il rend publique sa découverte. Habilement conseillé par des avocats, qu'il paye avec une partie du trésor, il constitue une société, s'engage avec des associés et continue les recherches sur une plus grande échelle.

Kip Wagner avouera avoir gagné, en quelques années, un million et demi de dollars, mais le chiffre réel est certainement plus important. C'est ce qui s'appelle bien occuper sa retraite !

8.

Les malheurs de Childéric

L'histoire commence comme dans un film muet. Nous sommes le 27 mai 1653, à Tournai, alors possession autrichienne. Adrien Quinquin, terrassier, creuse autour de l'église Saint-Brice. Le père Gilles Patte l'a recruté pour consolider les fondations du bâtiment contre une modeste rémunération.

Soudain, alors qu'il est en train de ranger des ornements religieux dans sa sacristie, Gilles Patte voit l'ouvrier courir vers lui. Celui-ci, muet de naissance, roule des yeux exorbités, en faisant de grands gestes.

— Qu'est-ce qui se passe, Adrien, tu es malade ?

Adrien Quinquin fait signe que « non » et lui montre la porte de l'église avec empressement.

— Tu veux que je sorte avec toi ?

Le terrassier secoue frénétiquement la tête de haut en bas et prend la sortie en courant. Le curé se met à sa poursuite. Il ne comprend qu'une chose : c'est grave !

Adrien le conduit là où il travaillait. Sa pelle et sa pioche sont posées à côté d'un vaste trou, au pied de l'édifice. Quinquin se fige au bord et désigne le fond. Non, ce n'est pas grave, c'est extraordinaire. Il y a là, scintillant dans le soleil de cette belle journée de mai, de l'or, beaucoup d'or, énormément d'or !

*

Gilles Patte va immédiatement prévenir les autorités. Accompagné d'une escouade de soldats destinés à assurer la sécurité, maître Tournier, un des échevins de la ville, grand spécialiste des médailles et des antiquités, arrive et dirige la suite du déblaiement. Adrien Quinquin continue à creuser sous sa direction, en modérant la force de ses coups, devant le curé qui examine les trouvailles déposées dans un pot de terre. Il y a des pièces d'or et de curieux et magnifiques objets, d'or également, représentant des abeilles. Il interroge le notaire.

— Qu'est-ce que c'est, à votre avis ?

— Je ne sais pas encore, mais c'est très ancien. Les pièces sont à l'effigie de l'empereur de Byzance, Athanase. Quant aux abeilles, je n'en avais jamais vu. C'est un trésor exceptionnel…

Maître Tournier s'arrête soudain de parler. Il fait signe au terrassier muet de tout stopper, saute dans la fosse et en rapporte un bijou. Il le frotte pour en raviver l'éclat et le considère avec excitation.

— C'est une bague sigillaire. C'est avec de telles bagues que les souverains ou les très grands personnages signaient leurs lettres en les enfonçant dans la cire.

Le curé de Saint-Brice s'approche, pour considérer l'objet. Il représente un personnage couronné, aux cheveux longs, entouré d'une inscription parfaitement lisible : « CHILDIRICI REGIS. » Le notaire est particulièrement ému.

— C'est le sceau du roi Childéric. Les souverains ne s'en séparaient jamais. S'il est ici, c'est qu'il s'agit de sa tombe…

La découverte est de taille ! Childéric n'est pas n'importe qui. Il est le premier roi franc dont l'existence soit certaine. Fils du légendaire Mérovée, qui a donné son nom à la dynastie, il est le père de Clovis. Il a régné de 457 jusqu'à sa mort, en 482, à Tournai…

Les fouilles se poursuivent avec enthousiasme. Le notaire ne s'était pas trompé. Dans les jours qui suivent, outre d'autres objets en or, le terrassier exhume un squelette complet ; des ferrures indiquent qu'il était dans un cercueil, dont le bois a disparu avec le temps.

À côté de lui, on retrouve des lambeaux de soie et des fragments de fil d'or – restes du riche vêtement, également disparu, dans lequel il a été inhumé – et ses armes : une épée au manche d'or incrusté de pierres précieuses, une francisque et une lance. Comme le veut la tradition mérovingienne, un crâne de cheval est également présent. Les souverains étaient, en effet, enterrés avec leur monture préférée, avec laquelle ils pouvaient voyager dans l'au-delà.

Mais la tombe de Childéric donne lieu à des découvertes plus inattendues. D'abord, une boule de cristal. Depuis la plus haute antiquité, elle servait d'amulette de protection. Même si, jusqu'ici, on n'en avait jamais retrouvé dans une sépulture, c'était sans doute sa fonction auprès du souverain.

Le plus étonnant est la présence d'un second crâne humain. Les spécialistes s'interrogeront longtemps sur son origine. S'agissait-il d'un serviteur, qui aurait été sacrifié à la mort du roi ? Mais, si la pratique était courante chez les Gaulois, elle ne l'était pas chez les Francs. On a parlé aussi de la femme de Childéric, Basine, qui serait morte en même temps que lui. Dans ce cas, pourtant, on ne comprend pas qu'il n'y ait que la tête et non le squelette entier. Selon la dernière hypothèse, à laquelle s'est ralliée la majorité des savants, il s'agit de restes humains plus anciens, qu'ont découverts ceux qui ont creusé la tombe et qu'ils n'ont pas osé déplacer.

Mais ce ne sont ni ce crâne ni la boule de cristal qui suscitent, dans les mois qui suivent, débats et polémiques. Ce sont les richesses qui constituent le trésor : cent pièces d'or, trois cents de ces étonnantes abeilles, deux cents pièces d'argent, plus divers objets d'or, quelquefois incrustés de pierres précieuses.

En tant qu'échevin, maître Tournier est le premier à vouloir en prendre possession, au nom de la municipalité.

— Tout ce qui est enterré dans la ville lui appartient. Le trésor ira à la mairie de Tournai.

Mais le curé Gilles Patte ne l'entend pas ainsi.

— Il se trouvait au pied de mon église, en terre religieuse. J'en revendique la propriété.

Le conflit est porté devant les juges, qui vont mettre longtemps à statuer. Il faut remarquer que personne ne songe à attribuer quoi que ce soit à Adrien Quinquin. Lui-même n'a exprimé aucune revendication. Chichement payé pour son travail, le terrassier muet a seulement été prié de chercher un nouveau chantier quand le terrassement de l'église Saint-Brice a été suspendu.

Finalement, la justice rend un verdict partagé : la moitié du trésor ira à la ville de Tournai et l'autre moitié à la paroisse de Saint-Brice. Mais le maire a alors une initiative malheureuse. Voulant se faire valoir auprès des autorités, il fait parvenir une empreinte de l'anneau sigillaire à l'archiduc Léopold-Guillaume, gouverneur de la Belgique et des Pays-Bas, qui la transmet à l'empereur d'Autriche Ferdinand II.

Les répercussions ne tardent pas. Et elles ne sont pas en faveur du notaire et du curé. Très intéressé par cette découverte, l'empereur déclare que tout ce qui se trouve en terre autrichienne appartient à la couronne et se fait expédier la totalité du trésor. Les pièces à l'effigie d'Athanase, les abeilles et tout le reste sont désormais conservés au cabinet impérial de Vienne.

Parmi les conseillers de l'empereur, plusieurs lui font remarquer que Childéric étant le premier souverain français connu, il serait judicieux de faire don du trésor à la France, qui est alors une alliée précieuse de l'Autriche. Le souverain refuse longtemps de s'en séparer. Mais lorsque, en 1665, les troupes de Louis XIV délivrent Vienne assiégée par les Turcs, il est obligé de céder et l'ensemble rejoint le Cabinet des médailles de la Bibliothèque royale, ancêtre de la Bibliothèque nationale.

Dans ses différentes pérégrinations, le trésor s'est amenuisé. Toutes les pièces d'or ne sont plus là, toutes les abeilles non plus. Mais ce qui reste suscite l'admiration générale. C'est un témoignage irremplaçable des origines de la monarchie française. Napoléon Ier s'inspire d'ailleurs des abeilles pour en faire l'emblème impérial, remplaçant les fleurs de lys de la royauté. Et rien ne va plus changer, jusqu'à l'année 1831, date à laquelle le trésor de Childéric va entrer une nouvelle fois dans l'histoire.

*

Le 6 octobre 1831, Raoul Rochette, conservateur de la Bibliothèque royale, fait, en pénétrant dans le Cabinet des médailles, une découverte ahurissante : le trésor de Childéric a disparu. Or, la pièce était fermée à clé, les vitrines où il se trouvait également et il n'y a pas la moindre trace d'effraction.

La chose est incompréhensible. Le Cabinet des médailles n'est pas ouvert au public. Il est seulement et rarement visité par des personnes ayant de hautes recommandations et seul Rochette en a les clés. Qu'a-t-il pu se passer ? Pour l'instant, l'heure n'est pas aux questions. La disparition de ces témoignages inestimables de l'histoire de France est gravissime. Le conservateur court au palais des Tuileries informer le roi Louis-Philippe en personne, qui convoque sur-le-champ un conseil extraordinaire.

Il y a là Casimir Périer, Premier ministre et ministre de l'Intérieur, une partie des autres ministres et le malheureux Raoul Rochette, qui n'en mène pas large. Il raconte les faits d'une voix éteinte et conclut :

— C'est inexplicable, absolument inexplicable !

Tous se taisent. Le roi se tourne vers Casimir Périer.

— Quel est votre avis, monsieur le Premier ministre ?

— Je ne vois qu'une chose à faire, Sire, faire appel à Vidocq.

— Vidocq ? Mais il a démissionné récemment avec éclat. Ce serait nous abaisser.

— Nous n'avons malheureusement pas le choix. Voyez-vous, Sire, il faut imiter Napoléon. Dans les moments critiques, il faisait donner la garde. Et, en matière de police, la garde, c'est Vidocq…

*

François Vidocq est assurément un personnage à part. Né dans une honorable famille d'Arras, en 1775, il manifeste vite un tempérament exécrable. C'est un colosse qui multiplie les bagarres, puis les duels, dont il sort toujours vainqueur. Il est, en plus, sujet à de violentes colères, au cours desquelles il casse tout. À tel point qu'on le surnomme le *vautrin*, le sanglier dans le patois local, à cause des ravages qu'il occasionne.

À seize ans, son père le fait engager dans les armées de la Révolution, pensant ainsi canaliser son caractère fougueux. Et, effectivement, le jeune François accomplit un brillant début de carrière, sous les ordres de Kellermann, puis de Dumouriez. Mais il a toujours le même comportement violent et, à la suite de plusieurs duels, pour des histoires de femmes, il est renvoyé de l'armée. Il n'a pas dix-huit ans.

Démobilisé, il se rend dans la capitale et y mène une joyeuse vie. Pourtant, un jour, il corrige un officier qui s'intéressait à une de ses maîtresses et écope de trois ans de prison. C'est le début de sa carrière de délinquant.

Il s'évade et se voit condamné par contumace à huit ans de détention. Il tente ensuite de se réinsérer, mais est repris. Le scénario va se répéter inlassablement : dix fois, il s'évade, dix fois, il tente de vivre honnêtement, étant successivement matelot, convoyeur de troupeaux, boutiquier, commerçant sur les marchés. Dix fois, il est repris et réexpédié en prison.

En 1811, il est enfin libéré et tente une démarche extraordinaire : il va trouver le préfet de police pour lui proposer ses services. Ses séjours en détention lui ont permis de rencontrer un grand nombre de criminels. Avec son sens de l'observation et sa mémoire infaillible, il se fait fort de les reconnaître s'ils sont libérés ou s'ils s'évadent.

À une époque où la photographie, l'anthropométrie, les empreintes digitales et l'ADN sont inconnus, la principale difficulté que rencontre la police est d'identifier les suspects et le préfet comprend l'utilité de cette proposition. Il fait pourtant une objection.

— C'est intéressant, mais je doute que mes hommes acceptent de collaborer avec vous.

— Je n'en ai pas l'intention non plus. Je vous demande la création d'une brigade composée d'anciens malfaiteurs repentis comme moi.

Le préfet accepte et les résultats sont immédiats. Vidocq et ses hommes connaissent tout des mauvais garçons : leurs habitudes, leur langage, leurs déguisements, leurs repaires et, en quelques mois, ils obtiennent des résultats qui rendent jalouse la police officielle.

Les succès ne s'arrêtent pas là. Plus le temps passe et plus la notoriété de François Vidocq s'accroît. Il est devenu indispensable au pouvoir en place. On lui confie des affaires confidentielles, qui ne peuvent pas être traitées par la voie ordinaire. Il sait tout sur tout le monde. Mais il est de plus en plus détesté des autres policiers et finit par se lasser des inimitiés et des mesquineries qui l'entourent. Il démissionne brutalement en 1827.

*

Telle est la situation, lorsque Casimir Périer décide de faire à nouveau appel à lui. Étant donné son caractère ombrageux, l'homme va-t-il accepter de reprendre sa place ? Eh bien oui. La traque des criminels lui manquait et il ne se fait pas prier. Il a même déjà son idée.

— Il n'y a pas eu d'effraction, dites-vous ? Je ne connais qu'un homme capable d'une telle perfection : Étienne Fossard.

Fossard est presque une légende. C'est une sorte d'Arsène Lupin de l'époque, qu'on a surnommé « le prince des voleurs ». François Vidocq l'avait arrêté, mais il s'est évadé et, depuis, il passe pour mort. Le Premier ministre et ministre de l'Intérieur en fait la remarque, mais Vidocq secoue la tête.

— Il est bien vivant, croyez-moi ! Je vais aller faire les constatations sur place, mais je suis pratiquement sûr de ne pas me tromper.

*

Au Cabinet des médailles, François Vidocq est accueilli par Raoul Rochette. Ce dernier affiche un air lugubre. Il sait que ses jours à la tête de la Bibliothèque royale sont comptés. À ses côtés, le policier, ancien bagnard, inspecte minutieusement les lieux. Tout est dans un ordre impeccable et les vitrines qui contenaient le trésor de Childéric sont en parfait état. Il ne trouve aucun indice. Il se tourne alors vers le conservateur.

— Pouvez-vous me montrer le registre des visiteurs ?

— Mais ce sont tous des personnages considérables !

— C'est pourtant parmi eux qu'il faut chercher. Ce sont les seuls qui sont entrés ici, à part vous qui avez la clé.

Dompté, le conservateur revient avec le registre, la mine plus sinistre que jamais. Vidocq n'a pas à le regarder longtemps. Le nom de la dernière visiteuse lui saute aux yeux : la vicomtesse Delphine de Nays-Candau.

Il la connaît bien ! Avant de démissionner, il s'était renseigné sur elle, très discrètement, car il s'agit effectivement d'une personne considérable… Très en vue à la Cour, elle passe pour être la meilleure amie de la reine. Ravissante, veuve très jeune, elle est dotée d'un appétit insatiable pour les hommes, qu'elle a la particularité d'aller chercher chez les mauvais garçons.

La belle vicomtesse est visiteuse de prison et François Vidocq est certain qu'elle est la complice de plusieurs malfrats. Elle ne s'intéresse qu'à ceux qui ont de l'argent caché quelque part, les fait sortir avec l'aide de ses relations et partage ensuite leur intimité et leur magot. Croqueuse d'hommes, plus ou moins chef de bande, elle a tout à fait l'envergure pour avoir participé à ce vol hors du commun… Vidocq poursuit son interrogatoire.

— Qu'avez-vous à me dire sur madame de Nays-Candau ?

— C'est l'amie de la reine !

— Ce n'est pas ce que je vous demande. Avez-vous remarqué quelque chose de particulier, lorsqu'elle est venue ici ?

— Rien. Elle était intéressée par tout. Elle m'a posé des questions de la manière la plus aimable.

— Elle était seule ?

— Il y avait son valet de pied.

— Décrivez-le-moi…

Raoul Rochette s'exécute. L'homme avait la trentaine, il était blond tirant sur le roux, avec des favoris très fournis… Le bagnard policier n'a pas besoin d'en entendre davantage. Il a reconnu Drouillet, un des lieutenants d'Étienne Fossard. À la différence de son chef, il était encore en prison récemment et Delphine de Nays-Candau a sans doute obtenu sa libération.

Le scénario se précise… La vicomtesse occupe le conservateur, en l'assaillant de questions, tandis que son prétendu valet de pied va prendre les empreintes des serrures de la porte d'entrée et des vitrines. Et, quelques jours plus tard, il revient, sans doute en compagnie d'Étienne Fossard, pour commettre le vol en toute tranquillité.

*

François Vidocq quitte le Cabinet des médailles où il n'a plus rien à apprendre. Il a tout lieu d'être satisfait : le vol a eu lieu dans la nuit du 5 au 6 octobre, on est le 7, et il est déjà sur la piste des suspects. Mais les arrêter n'est pas sa priorité. Le plus urgent est de mettre la main sur le trésor avant qu'il soit fondu et transformé en lingots.

De ce côté-là aussi, l'ancien bagnard a son idée. Étienne Fossard a un frère, Jean-Baptiste, bijoutier rue de l'Arbre-Sec. Il lui a toujours servi de receleur…

Préférant agir seul, Vidocq s'installe devant la bijouterie, déguisé en mendiant. Le déguisement est une de ses spécialités. C'est en se déguisant qu'il s'est évadé à dix reprises et, une fois devenu policier, il a continué à se travestir de temps en temps… Le voilà donc en faction. Tendant la main pour demander l'aumône, il se précipite pour ouvrir les portières des carrosses et des fiacres qui s'arrêtent et se voit, le plus souvent, repoussé sans ménagement.

Le premier jour, il ne se passe rien. Mais, au début de la seconde matinée, un luxueux carrosse se fixe devant la bijouterie. Le cœur de l'ancien bagnard fait un bond : aucun doute, c'est elle ! Il accourt, devançant le cocher et ouvre la porte armoriée.

— La charité, noble dame…

Le cocher lui envoie une violente bourrade, qui le fait rouler à terre.

— Passe ton chemin, pouilleux !

Lui aussi, François Vidocq l'a reconnu : cette tignasse rousse ne trompe pas. C'est Drouillet, le lieutenant d'Étienne Fossard… Le faux mendiant se relève et s'éloigne rapidement. Il n'y a pas de temps à perdre ! Si, jusqu'ici, il n'avait qu'une quasi-certitude, c'est maintenant de certitude qu'il faut parler. Seulement, pour continuer son enquête, il lui faut l'accord des autorités et il sait que ce ne sera pas facile.

*

Une heure plus tard, il est dans le bureau de Casimir Périer, qui l'a reçu toutes affaires cessantes quand il lui a fait dire qu'il lui apportait le nom des voleurs. Le chef du gouvernement et de la police l'interroge avidement.

— Alors, ces noms, monsieur Vidocq ?

— Étienne Fossard et la vicomtesse de Nays-Candau.

Le Premier ministre est tellement abasourdi par la nouvelle qu'il reste bouche bée, incapable d'émettre un son. L'ancien bagnard en profite pour énumérer ses preuves.

— C'est elle, il n'y a aucun doute ! Elle a visité le Cabinet des médailles en compagnie de Drouillet, le lieutenant de Fossard, et s'est rendue tout à l'heure chez le receleur, le frère du même Fossard. Je l'ai vue de mes yeux !

— Mais enfin, pourquoi aurait-elle fait cela ?

— C'est une criminelle. Je le sais depuis longtemps. Je la faisais même surveiller…

— Alors, il faut tout arrêter. Elle est trop proche de la reine et du roi lui-même.

Vidocq s'attendait à cette réaction. Aussi, il a préparé tout un discours. Il sait très bien que les faits sont crapuleux, mais affirme au chef du gouvernement qu'il s'agit d'une affaire politique. Il rappelle les liens étroits que la vicomtesse continue à entretenir avec les Bourbons, chassés l'année précédente par la révolution qui a mis Louis-Philippe sur le trône. Qui peut assurer que la vicomtesse ne prépare pas un coup de force grâce à l'argent provenant de ce vol ?

Casimir Périer pâlit. S'il en est ainsi, il ne peut, en effet, prendre le risque de suspendre l'enquête. Il réfléchit en silence puis finit par déclarer :

— Continuez, mais j'exige la plus grande discrétion et le flagrant délit, sinon, c'est ma place qui est en jeu !

— Vous pouvez compter sur moi, monsieur le Premier ministre…

*

Vidocq peut donc poursuivre son travail sans perdre de temps. Il fait immédiatement arrêter le bijoutier Jean-Baptiste Fossard. C'est le maillon faible de la bande et il est sûr de le faire parler.

Il ne se trompe pas. C'est un homme affolé qui est conduit devant lui. D'autant que l'ex-bagnard attaque l'interrogatoire en force.

— C'est le trésor le plus précieux des rois de France que tu as volé. Tu sais ce que ça coûte ? La guillotine !

Le bijoutier panique. Blême, il se décompose totalement.

— Je n'ai rien volé. Je n'ai fait que garder une partie du butin.

— Qui sont les voleurs ? Ton frère ? Il est vivant ?

— Oui. C'est lui.

— Qui d'autre ?

— Drouillet. Ils ont fait le coup ensemble.

— Je le sais déjà. Qui d'autre encore ?

Le receleur hésite. Mais la peur de la guillotine est la plus forte.

— La vicomtesse de Nays-Candau. C'est elle qui a tout manigancé.

Il sort un papier de sa poche.

— Tenez, c'est le plan du Cabinet des médailles. Il est de sa main. Elle disait : « Il y a autant d'or là-dedans qu'à la Banque de France et ce n'est pas gardé. »

François Vidocq s'empare du document. C'est une première preuve matérielle, qui sera bien précieuse pour la suite du dossier. Il en revient à sa principale préoccupation.

— Qu'est devenu le butin ?

— Je l'ai fait fondre et je l'ai donné à mon frère. Il doit partir avec pour l'Angleterre.

L'ancien bagnard fait la grimace. Malgré la rapidité dont il a fait preuve, l'irréparable a déjà été commis.

— Qu'est-ce que c'était avant que tu le fondes ?

— Des pièces d'or, des abeilles, une bague. Mais il n'y avait pas tout, loin de là. C'est la vicomtesse qui a pris la plus grosse part...

*

Récupérer le trésor de Childéric devenu de vulgaires lingots n'est plus la préoccupation principale de François Vidocq. Il doit mettre la main sur Étienne Fossard avant qu'il soit passé en Angleterre. L'homme est trop dangereux. De plus, une fois qu'il l'aura arrêté, il espère bien lui faire avouer le nom de sa complice.

Vidocq repère rapidement la diligence en partance pour Calais, dans laquelle doit prendre place le « prince des voleurs ». Il sait que l'homme est armé et décide de ne prendre aucun risque...

Étienne Fossard, après avoir donné sa malle au postillon, entre dans la grosse berline. Les autres passagers ont déjà pris place. Il y a là un paysan rougeaud et son épouse, un bourgeois accompagné également de sa femme, un curé, avec son livre de messe. Il salue aimablement à la ronde avant d'avoir la surprise de sa vie. Brutalement, tout le monde se jette sur lui, le paysan et la paysanne, le bourgeois et la bourgeoise, le curé, et il se retrouve ficelé, son revolver arraché. Peu après, on sort de sa malle une petite fortune en lingots, triste reliquat de ce qui fut un témoignage historique sans pareil.

Reste la vicomtesse Delphine de Nays-Candau. François Vidocq décide de s'en occuper lui-même. Elle aussi s'apprête à partir pour l'Angleterre. Il opère en force, avec toute une escouade de policiers, au moment où elle monte dans le luxueux carrosse armorié, dont il avait ouvert la porte déguisé en mendiant.

Drouillet essaie de s'interposer, mais renonce devant l'imposante force policière. Quant à la vicomtesse, elle tente de le prendre de haut.

— Laissez-moi ! Savez-vous qui je suis ?

— La voleuse du Cabinet des médailles... Ne faites pas de scandale, j'agis sur ordre du Premier ministre.

Indifférent à ses protestations, il va ouvrir lui-même ses bagages. Ils regorgent d'or. Il y a là une véritable fortune, provenant visiblement de plusieurs autres vols. Malheureusement, il ne reste que la partie la moins intéressante du trésor de Childéric. L'anneau sigillaire a disparu, fondu avec le reste, et il n'y a plus que deux abeilles, sur les trois cents !

*

Le procès de la bande s'ouvre en février 1833. Si les frères Fossard et Drouillet l'ont attendu derrière les barreaux, la vicomtesse de Nays-Candau n'a passé, elle, qu'un petit mois en prison. Elle a été libérée sur intervention personnelle de la reine.

Ses liens avec la royauté devaient lui faire bénéficier d'un non-lieu. Mais la pression de l'opinion publique, révoltée par ce scandale judiciaire, a eu raison de ses appuis politiques. Finalement jugée, elle se présente devant le tribunal en prévenue libre, vêtue en grande dame, le visage dissimulé par une voilette. Répondant aux questions du président Dubois d'Angers, elle déclare sans se troubler :

— Je n'ai agi que par charité chrétienne envers le malheureux Fossard !

Le public éclate de rire et le président en profite pour faire évacuer la salle et ordonner le huis clos. Cela tombe d'autant mieux que la défense d'Étienne Fossard a l'intention de faire état de la correspondance enflammée qu'il a échangée avec la vicomtesse...

À l'issue des débats, celle-ci est pourtant acquittée, tandis que les autres sont condamnés à de lourdes peines de bagne.

*

Aujourd'hui, ce qui reste du trésor de Childéric est encore conservé au Cabinet des médailles de la Bibliothèque nationale. Le public n'a toujours pas le droit de le visiter. L'accès n'est plus réservé aux grands personnages, mais uniquement aux spécialistes munis d'une autorisation qui peuvent contempler les deux malheureuses abeilles, rescapées de ce qui fut un ensemble sans pareil.

Pauvre Childéric !

9.

LE BATEAU D'ARGENT

Le capitaine Brian Shoemaker pénètre dans le restaurant *Chez Jay* à San Diego, en Californie. Il passe sans les remarquer devant les célébrités du spectacle, de la politique et du sport, qui sont attablées un peu partout. *Chez Jay* est un des établissements les plus à la mode des États-Unis. On y côtoie tout ce qui a un nom et on y a déjà tourné plusieurs films. Mais ce n'est pas ce qui intéresse le capitaine. Il a rendez-vous avec le patron, Jay Fiondella, pour une affaire de la plus haute importance qui concerne leur passion commune : les trésors…

En cette année 1987, Brian Shoemaker est proche de la cinquantaine. Il est né durant la Seconde Guerre mondiale, à Lakeside, en Oregon. Son père exerçait une profession peu commune : directeur d'une mine d'or. Et cet environnement à part a décidé de la vocation de Brian.

Dès son plus jeune âge, il fréquente des chasseurs de trésors professionnels. Ce ne sont pas toujours des individus très recommandables, certains ont fait de la prison, ils sont sûrs d'eux et parlent fort. Mais justement, ce qu'ils disent le fascine. Et, à neuf ans, Brian lit son premier livre : *L'Île au trésor*, de R. L. Stevenson et va voir le film peu après. Cette fois, il a définitivement contracté, selon son expression, « la fièvre des épaves ». Son destin est tracé…

Après ses études, il s'engage dans la marine, sans avoir

perdu de vue son rêve. Affecté à Pearl Harbor, il se spécialise dans la plongée sous-marine, accomplit, dans les années qui suivent, plusieurs missions délicates, parvenant notamment à retrouver à de grandes profondeurs des avions militaires accidentés, et devient progressivement l'un des meilleurs chasseurs d'épaves de l'armée.

Mais seules celles qui contiennent de l'or l'intéressent vraiment. Il passe tout son temps libre à les chercher. Il se focalise d'abord sur les galions espagnols et leurs doublons. Mais, peu à peu, ses recherches s'orientent vers la Seconde Guerre mondiale. Il découvre alors la mystérieuse histoire du *John Barry*, qui semble cacher une fabuleuse réalité…

Le *John Barry* était un Liberty-ship, un cargo destiné à transporter du matériel militaire. Durant deux ans, Brian Shoemaker s'est documenté sur lui. Il n'en a parlé à personne jusque-là et il va le faire pour la première fois ; car Jay Fiondella pourrait bien être l'homme de la situation. Il partage sa passion pour les trésors et tous deux sont complémentaires. Brian est un technicien et Jay connaît les gens capables de placer des fonds dans une entreprise aventureuse. Ensemble, ils ont tous les atouts pour réussir !

Un homme du même âge que lui s'approche de sa table. Il est habillé d'un pantalon blanc et d'une chemise bariolée. Il lui tend une main énergique.

— Heureux d'accueillir chez moi une vedette comme le capitaine Shoemaker !

— Les vedettes, ce n'est pas ce qui manque ici.

— Oui, mais vous, vous exercez dans le seul domaine qui m'intéresse. De quoi voulez-vous me parler ?

— Du *John Barry*, un Liberty-ship qui a coulé en 1944.

— Je ne connais pas. Je suppose qu'il était plein d'or.

— Il n'y en avait pas une once…

Et comme son interlocuteur affiche son incompréhension, le capitaine ajoute :

— Il était rempli d'argent. Il y en avait des dizaines de tonnes à bord, peut-être des centaines !

Cette fois, le restaurateur de San Diego a compris que les choses étaient vraiment sérieuses. Il écoute l'histoire que lui raconte le capitaine, persuadé qu'il s'agit de l'affaire de sa vie. Il ne se trompe pas…

*

Le *John Barry* est l'un des premiers Liberty-ship à avoir été lancé. Construit en février 1942, à Portland, dans l'Oregon, il pèse 7 176 tonnes, pour une longueur de 150 m. Son existence est entourée de mystère.

Il apparaît pour la première fois dans un dossier classé secret défense, le 30 mai 1944. Par la suite, aucun document officiel ne fait directement mention de son naufrage. Rien ne filtre sur sa localisation. Les autorités semblent même vouloir brouiller les pistes. De fausses informations sont données sur son emplacement, certaines lettres sont antidatées, d'autres, dans les archives de Washington, voient carrément leur date effacée.

Le capitaine parvient néanmoins à retracer son parcours. Le 5 juillet 1944, le *John Barry* part de New York, pour se rendre à Philadelphie. L'inventaire de sa cargaison est le suivant : tracteurs, câbles de télégraphe, conserves de viandes, œufs lyophilisés, camions, habits en coton, outils, équipements radio, 175 tonnes de plaques d'acier, 42 tonnes de barres d'acier et 819 tonnes de rails. Mais le plus important est la mention laconique qui figure en fin de liste : « métal, 464 tonnes »…

Le 19 juillet, le Liberty-ship quitte Philadelphie pour Norfolk, en Virginie, afin de rejoindre un convoi traversant l'Atlantique. C'est son sixième voyage. Au départ de Philadelphie, Joseph Ellerwald, son capitaine, déclare un chargement de 8 223 tonnes et un équipage de 44 hommes.

Il entre dans le canal de Suez, le 19 août. À partir de ce moment, il quitte le convoi et navigue seul. Il arrive à Aden le 26 août. Il n'y reste que quelques heures, le temps de recueillir des informations météo et repart vers la mer d'Oman. Là, il continue sa route, en observant un silence radio complet et en zigzaguant continuellement. Pour quelle raison ? Si le capitaine Ellerwald le sait, il n'en dit rien à son équipage…

*

Quatre mois avant le départ du *John Barry*, le 4 avril 1944, le sous-marin U-859 a quitté le port de Kiel, en Allemagne. La situation ne cesse de se dégrader pour le IIIe Reich, mais l'équipage, placé sous les ordres du lieutenant Johann Jebsen, est composé de marins courageux, qui partent sans murmurer pour une mission qu'ils savent longue.

Pourtant, comme ils le remarquent tous, le bâtiment est « franchement surchargé » et le manque d'espace est difficile à vivre. Dans chaque endroit disponible, sont entassées des caisses destinées à des ports d'Extrême-Orient occupés par les Japonais.

Le sous-marin se dirige d'abord vers le port norvégien de Kristiansund, occupé par l'Allemagne. Il reste sous les eaux glacées vingt-trois heures par jour. En plongée, la température n'excède pas 4 degrés, à part dans la salle des machines où les hommes se tiennent le plus possible.

L'U-859 ne fait aucune rencontre dans les eaux norvégiennes et, au bout de deux semaines, conformément à ses instructions, il descend vers le sud. La température remonte, mais la vie quotidienne n'est pas meilleure. Le sous-marin entre, en effet, dans une zone très fréquentée et doit multiplier les précautions. Les hommes ne peuvent se parler qu'en chuchotant et on ne fait surface qu'un quart d'heure par jour. L'air est vicié et l'équipage est victime de nombreux malaises.

Continuant toujours vers le sud, le submersible finit par entrer dans des mers plus dégagées et peut alors remonter à la surface. Les conditions d'existence sont maintenant convenables. Il n'y a que les résultats qui ne sont pas au rendez-vous : l'U-859 n'a toujours aucune proie à son tableau de chasse. Il contourne le cap de Bonne-Espérance, remonte vers le nord et finit par arriver dans la mer d'Oman. Le 28 août, il en est à son 147e jour de navigation. La suite est racontée par Horst Klatt, un des survivants du voyage :

« Cela faisait vingt-quatre heures que nous étions dans le fond des mers. Comme le crépuscule tombait, nous sommes remontés à la surface. Sur le kiosque, six jeunes marins scrutèrent l'horizon. C'est alors que l'un d'eux aperçut un navire qui naviguait à environ 12 ou 13 nœuds. Le capitaine Jebsen donna l'ordre de regagner le sous-marin et de naviguer à hauteur de périscope. Le navire changeait souvent de direction, ce qui rendait sa trajectoire difficile à suivre. À 20 h 30, Jebsen ordonna de prendre le maximum de vitesse pour s'assurer une position idéale de tir. Une fois cette position atteinte, nous attendrions que le navire s'approche de nous. À 21 h 30, le navire se trouva à 850 mètres du sous-marin. Le capitaine fit envoyer trois torpilles. L'une d'entre elles atteignit la cible. Le navire fut immédiatement stoppé. Jebsen, l'œil collé au périscope, observa l'équipage qui abandonnait le bateau. À 22 h 20, il prit la décision de faire surface. Nous étions à 500 mètres du cargo, qui n'avait toujours pas coulé. Le capitaine demanda qu'une quatrième torpille se prépare pour le tir. Elle partit peu après et atteignit sa cible en plein milieu. En compagnie du capitaine, j'ai regardé le Liberty-ship couler. Il a disparu dans une éruption de bulles. »

*

Dans son rapport, Joseph Ellerwald donne la même version des faits :

« Quand la première torpille nous toucha, dans l'écoutille n° 3, j'étais dans mon bureau et le choc me jeta hors de ma chaise. Je suis tout de suite sorti sur le pont. L'alarme générale a été donnée. L'opérateur radio envoya un SOS. Au moment où la torpille nous a touchés, notre position était 15° 10' N, 55° 18' E. La mer était assez mauvaise, mais la visibilité était bonne. J'ai ordonné à l'équipage de quitter le *John Barry.* Il était équipé de quatre bateaux de sauvetage et de quatre autres canots gonflables. L'évacuation commença vers 21 h 30. Le navire flottait encore, mais l'ennemi envoya une nouvelle torpille, qui le coupa en deux. Il sombra rapidement. »

Le lendemain, une partie de l'équipage est repêchée par le *Sunetta* et déposée à Aden. Le surlendemain, à 10 heures, d'autres rescapés sont sauvés par le *Benjamin Bourn* et conduits à Khorramchahr, en Iran. Il n'y a que deux victimes à déplorer.

Les Britanniques vengent les Américains moins d'un mois plus tard. Le 23 septembre, dans le détroit de Malacca, le *Trenchant* envoie par le fond l'U-859, qui était tout proche de sa destination finale. Il y a dix-neuf survivants, qui sont emmenés à Penang, en Malaisie.

*

Le capitaine Shoemaker arrête là son récit. Jay Fiondella l'a écouté avec passion. Il lui demande cependant quelques précisions :

— J'ai bien noté la présence de ces 464 tonnes de « métal » et les mystères de l'Administration. Mais qu'est-ce qui vous fait dire que c'est de l'argent ? Pourquoi pas de l'or, après tout ?

— C'est que j'ai retrouvé un témoin direct, qui semble au courant de tout.

— Le capitaine Ellerwald ?

— Non, Gerald Richards. Il était commissaire de bord sur le *John Barry* et affirme que le capitaine lui a dit, à lui seul, la vérité... À Philadelphie, ont été embarquées

750 caisses, contenant trois millions de rials d'argent, la monnaie de l'Arabie saoudite. Et ce n'est pas tout, il y aurait aussi des lingots d'argent d'une valeur de 26 millions de dollars.

— C'est énorme !

— C'est le moins qu'on puisse dire. J'ai fait le calcul. D'après la valeur du dollar à l'époque, cela représente 1 857 tonnes d'argent…

*

Brian Shoemaker et Jay Fiondella décident de s'associer pour récupérer le trésor. Le premier va essayer de connaître la vérité sur la nature du chargement. Bien que proche de la retraite, il est toujours en activité et sa qualité d'officier de l'armée américaine devrait l'y aider. Le second se chargera, le moment voulu, de recruter des associés, pour financer le projet.

Le capitaine Shoemaker se met à la tâche et se heurte à la mauvaise volonté des autorités, ce qui l'irrite mais lui prouve qu'il est dans la bonne voie. Car, pourquoi cette attitude, sinon parce qu'il y a quelque chose à cacher ?

En même temps, il doit résoudre un problème épineux : à qui appartient l'épave ? Étant donné qu'il s'agit d'un navire de guerre, c'est le gouvernement américain qui en est le propriétaire. Mais il a coulé dans la zone économique du sultanat d'Oman, à 127 miles de ses côtes, et ce dernier exigera sûrement de participer aux opérations.

Après plusieurs tentatives, Brian Shoemaker parvient à ses fins. À la suite de transactions compliquées, le gouvernement américain met l'épave aux enchères, à charge pour celui qui l'emportera d'établir un partenariat avec Oman. Officiellement, il n'est toujours pas question d'argent, mais, si le doute subsiste pour les lingots, l'existence des trois millions de pièces est pratiquement certaine.

Au mois d'août 1989, Brian Shoemaker emporte la vente aux enchères, avec une offre un peu supérieure à cinquante mille dollars et Jay Fiondella trouve de suite les bailleurs de fonds. Une société est constituée, qui parvient à s'entendre avec un consortium du sultanat d'Oman, l'Ocean group. Le problème juridique est résolu, les recherches peuvent commencer.

*

La tâche de localiser le *John Barry* ne doit, en principe, pas poser de problème, le capitaine Ellerwald indiquant dans son rapport les coordonnées du SOS envoyé par radio : 15° 10' N, 55° 18' E. Et, effectivement, après seulement quelques jours de recherches, début mars 1991, un sous-marin téléguidé de l'Ocean Group, transmet les images d'une épave en deux moitiés, posée au fond de la mer.

Si la localisation ne pose pas de problème, il n'en est pas de même de la récupération. Les conditions climatiques ne permettent de travailler que la moitié de l'année. En raison de la mousson, les opérations sont impossibles de mai à octobre. L'épave a, de plus, été repérée à 2 600 mètres. Jamais, dans toute l'histoire, on n'a récupéré un trésor à une pareille profondeur !

Mais, pour l'instant, la priorité reste l'identification. Les images du sous-marin confirment rapidement qu'il s'agit d'un Liberty-ship. Son pont est encombré de matériel militaire : des camions, des équipements de toutes sortes, etc. Pas de trace d'argent. Les cales sont hermétiquement fermées. Il faudrait les ouvrir avec des explosifs, ce qui, à cette profondeur, est une tâche particulièrement délicate.

L'exploration continue et, au début de l'année 1992, après des mois de recherches frustrantes, sans compter la suspension due à la mousson, le navire finit par être identifié, grâce à la découverte d'une plaque portant le nom *John Barry*.

Rien n'indique cependant qu'il sera possible de récupérer le trésor, ni qu'il existe réellement.

*

Au siège de l'Ocean Group, a alors lieu une discussion tendue. Son président, le cheik Ahmed Farid al-Aulaqi, qui a déjà engagé des sommes importantes, exige des résultats. Le ton monte. En tant que responsable technique, Brian Shoemaker, est prié de donner son avis. Il est formel :

— Il faut dynamiter pour ouvrir la cale. Il n'y a qu'une seule équipe qui en soit capable, l'Ifremer.

— Qu'est-ce que c'est ?

— L'Institut français de recherche pour l'exploitation de la mer, un organisme public français.

— Ils sont si compétents que cela ?

— Ce sont eux qui ont retrouvé le *Titanic*, à 3 843 m de profondeur.

— Cela va entraîner des frais supplémentaires…

— Certainement. Mais si nous nous en tenons là, tout ce qui a été dépensé l'aura été en pure perte. Si nous voulons retrouver le trésor, c'est le seul moyen.

*

Ahmed Farid al-Aulaqi se laisse convaincre et, peu après, Brian Shoemaker se rend en France. Il rencontre Jean Roux, qui avait été un des responsables, lors de la recherche du *Titanic*. Ce dernier ne lui cache pas les difficultés de l'opération.

— Sur le *Titanic*, il n'y avait rien eu à faire. Ici, c'est complètement différent. Il faut ouvrir la coque à 2 600 m de profondeur.

— Je suis sûr que vous en êtes capables.

— Peut-être, mais à condition d'avoir notre propre matériel.

Brian Shoemaker donne son accord, au nom de l'Ocean Group, et les opérations commencent... En novembre 1992, arrive sur place le *Castor*, bateau de l'Ifremer, emportant dans sa cale le *Cyana*, un mini sous-marin chargé de faire les repérages, et un robot téléguidé, le *Scamp,* à qui reviendra la tâche de placer les explosifs. Ces derniers seront reliés au bateau par un câble électrique. Après la détonation, le *Cyana* descendra pour évaluer les résultats et, on l'espère, découvrir les pièces et les lingots.

Le 23 novembre, le *Cyana* fait sa première plongée. Ce jour-là et les jours suivants, son équipage, composé de trois hommes de l'Ifremer, explore le *John Barry* sous toutes les coutures. Ils constatent que le pont est encombré de matériel, de camions en particulier. Cela ne devrait, pourtant, pas poser de problème et il est décidé que le *Scamp* placera 50 kg d'explosifs à des endroits stratégiques de l'épave.

Après la première série d'explosions, le *Cyana* retourne sur les lieux. Mais la déflagration a soulevé une énorme couche de vase et de sable et la visibilité est totalement nulle. Ce n'est qu'au bout de quatre jours qu'on peut à nouveau apercevoir l'épave. Elle est malheureusement intacte... Les spécialistes s'y attendaient plus ou moins. À cette profondeur, en raison de l'énorme pression, la puissance des explosions est très limitée. On décide quand même d'en réaliser une nouvelle série. Hélas, il n'y a pas plus de résultat.

C'est l'échec. Sur le *Castor*, les visages sont graves. Brian Shoemaker voit le rêve de sa vie s'envoler. Faudra-t-il renoncer, après avoir dépensé tant d'efforts ? Au bout de plusieurs jours, Jean Roux vient pourtant trouver le capitaine.

— J'ai beaucoup réfléchi. Il y a peut-être une solution.

— Des explosifs plus puissants ?

— Non, nous n'arriverons à rien avec les explosifs. Il faut innover totalement. Il faut concevoir des tenailles géantes, qui serviraient également de pelle, comme ce qu'on voit sur les chantiers. Le tout serait commandé depuis la surface par des câbles. Cela devrait permettre de déblayer le pont, d'éventrer la coque et de ramasser ce qu'il y a à l'intérieur

— C'est possible à cette profondeur ?

— Cela n'a jamais été fait, mais je suis sûr que c'est possible.

Cette dernière tentative demande beaucoup de moyens. Il faut une nouvelle fois convaincre le cheik Ahmed Farid al-Aulaqi qui a déjà dépensé dix millions de dollars en pure perte. Contre toute attente, sa réponse tient en seul mot :

— Banco !

Et Jean Roux repart pour la France, afin de mettre au point le matériel. La plus formidable prouesse technique jamais tentée en matière de récupération de trésors va pouvoir avoir lieu.

*

La réalisation du matériel prend du temps, près d'un an et demi, mais elle s'accomplit conformément au programme et c'est symboliquement le 28 août 1994, cinquante ans jour pour jour après le torpillage du *John Barry*, que la direction d'Ifremer annonce au cheik Ahmed Farid al-Aulaqi que tout est prêt. La pince géante est au point, elle a été testée avec succès et elle a été placée sur un bateau spécial, le *Flex LD*, qui est en route vers Oman. Les opérations pourront commencer après la fin de la mousson, à la mi-octobre.

La nouvelle est communiquée à tous les participants à l'opération, en particulier à Brian Shoemaker et Jay Fiondella, qui arrivent des États-Unis. Le 19 octobre le cheik donne un grand banquet, qui réunit tout le monde et, le lendemain, tous accueillent triomphalement le *Flex LD*, tout pimpant dans ses couleurs orange et rouge. Une équipe de télévision de la BBC est même là pour filmer ce qui sera peut-être un exploit sans précédent.

Le spectacle que découvrent les caméras est impressionnant. On est en pleine science-fiction ! La tenaille-pelle ne pèse pas moins de cinquante tonnes. Elle est équipée de moteurs, de propulseurs, de tout un matériel électronique, de vidéos, de capteurs, d'éclairages et d'une centrale hydraulique. Elle possède une puissance de serrage de 200 tonnes, qui doit lui permettre d'ouvrir le *John Barry* comme une vulgaire boîte de sardines. À côté de lui, se dresse l'énorme tas de tuyaux, qui seront assemblés sur place par les hommes de l'Ifremer et qui permettront de descendre l'engin à 2 600 m.

Le *Flex LD* arrive sur le lieu du naufrage le 21 octobre. Un subit mauvais temps empêche la pince d'être déployée. Les responsables financiers font grise mine. Le coût de l'opération est, en effet, de trente mille dollars la journée. Heureusement, peu avant la fin octobre, le beau temps revient.

Dès lors, tout se déroule comme prévu. Les techniciens d'Ifremer passent six heures par jour à assembler les éléments d'un tuyau un par un et font descendre lentement la tenaille-pelle dans les profondeurs. Jean Roux dirige l'opération devant l'écran de contrôle.

Au bout de quelques jours, l'engin est en place et on peut assister sur l'écran à un spectacle hallucinant : 2 600 mètres plus bas, l'énorme pelle déblaie les camions et le matériel encombrant le pont, simplement en se balançant au bout de son câble. Après quoi, elle s'attaque au pont lui-même. Ce dernier résiste quelque temps, mais ses tôles, pourtant épaisses de 3 cm, ne peuvent rien contre son énorme puissance et le désossage commence.

Un obstacle d'une autre nature surgit. Le déplacement de l'engin crée d'importants remous et, comme lors des explosions, la vase et le sable soulevés empêchent de voir quoi que ce soit. Les techniciens avaient prévu cette éventualité. De l'eau claire, pompée à la surface, est envoyée au fond par un gigantesque tuyau et la visibilité finit par revenir.

La pelleteuse continue ensuite son travail de déblaiement. Ses mâchoires se renferment sur le pont, en arrachent un large morceau sans effort, pivotent et s'ouvrent un peu plus loin pour rejeter les débris. Enfin, lorsque la brèche est assez large, la machine s'introduit dans la cale arrière. C'est là que les pièces d'argent ont le plus de chances de se trouver. Il n'y a alors plus qu'à remonter le contenu.

Il faut six heures pour que la pelle arrive à la surface. Tout le monde est sur le pont. Les caméras de la BBC ne perdent rien du spectacle. Le capitaine Brian Shoemaker déclare au micro du commentateur :

— Je voudrais voir apparaître un rial, un seul petit rial ! S'il y en a un, il y en aura des millions d'autres.

Le suspens est à son comble lorsque, peu après, les mâchoires s'ouvrent… Un cri de déception se fait entendre : il n'y a qu'un mélange informe, fait de débris de bois, de boue et de sacs de ciment… Interrogé de nouveau, le capitaine Brian Shoemaker refuse de se laisser aller :

— La prochaine fois sera la bonne. Le trésor du *John Barry* se défend, c'est normal, mais il sera à nous !…

La prochaine fois n'est pas la bonne. Le jour suivant, la pelle tient dans ses serres un canon, qu'elle remonte doucement des profondeurs. Soudain, un élément du tuyau qui la commande a une défaillance. Les tenailles se relâchent et le canon plonge dans l'eau. C'était heureusement le seul contenu de la pelle et sa chute n'est pas accompagnée d'une pluie d'argent. Il va falloir tout de même réparer la pièce défectueuse, ce qui retardera d'autant les opérations.

Le 3 novembre, on arrive exactement au milieu du temps prévu pour la campagne. La pelle descend de nouveau dans la cale arrière. Toujours assis devant l'écran de contrôle, Jean Roux appelle le capitaine Shoemaker :

— Venez voir !

L'Américain se précipite, mais il n'a pas l'œil exercé de son interlocuteur : il ne distingue rien. L'ingénieur insiste :

— Si ! Par moments, il y a une lueur dans la vase, quelque chose qui brille.

— Des pièces ?

— Je ne sais pas. C'est métallique, en tout cas...

Les pinces se sont refermées sur leur contenu. Il n'y a plus qu'à attendre la fin de la remontée, six heures, qui vont paraître interminables à tous les participants... Lorsque l'engin arrive au-dessus du pont, ils sont tous là. La caméra filme en gros plan, les mâchoires s'ouvrent et Brian Shoemaker pousse un cri :

— Jackpot !

C'est exactement le mot qui convient. Telle une machine à sous, la pelle déverse son contenu dans un grand bruit de ferraille. Une cascade métallique déferle sur le pont du navire. Certaines pièces sont vertes, d'autres sont noires, quelques-unes ont gardé leur couleur argentée. Et il y en a des milliers, des dizaines de milliers ! La caméra filme sans discontinuer. Bientôt, ces images feront le tour du monde...

Il n'est, bien sûr, pas question de s'en tenir là. Les jours suivants, l'engin continue de plonger au même endroit. Il retire ainsi un véritable pactole, 1,4 million de pièces, d'un poids de 17 tonnes. Ce n'est pas tout : il cherche aussi les lingots, dont la valeur serait bien plus considérable encore. Sa tenaille se démène sans relâche, ouvre l'autre cale, située à l'avant, décortique la cabine du capitaine. Mais malgré tous ces efforts, le succès n'est pas au rendez-vous.

Le 25 novembre, les responsables, en accord avec le cheik, décident de s'en tenir là. La présence des lingots a toujours été considérée comme hypothétique et, s'ils existaient, la pelleteuse en aurait au moins remonté un. D'autre part, la valeur des rials devrait largement couvrir les frais engagés. Il ne faut pas être trop gourmand, surtout si on se rappelle que les recherches coûtent trente mille dollars par jour.

*

C'est ce qu'explique Brian Shoemaker, dans une conférence de presse donnée à Oman, le 27 novembre. Il précise qu'il n'est nullement déçu du résultat et qu'après avoir cru un moment aux lingots, il a fini par écarter cette hypothèse, concluant :

— Je suis persuadé que ce n'était qu'une rumeur.

Aujourd'hui encore, rien ne permet de confirmer cette rumeur. Les lingots d'argent, s'ils existent, gisent toujours dans les flancs de l'épave… La vente des rials n'a pas rapporté la somme escomptée. Elle a juste permis de rembourser les frais. Sur le plan financier, le trésor du *John Barry* a donc été une opération blanche. Restent l'aventure humaine et un exploit technique toujours inégalé.

10.

LE TRÉSOR DE MILDENHALL

Il est 7 heures du matin quand Gordon Butcher sort de son lit et allume la lumière. Pieds nus, il va à la fenêtre, ouvre les rideaux et regarde à l'extérieur. Il pousse un soupir de soulagement : il ne neige pas, il va pouvoir aller travailler. Non loin, malgré la nuit, il distingue les autres pavillons de ce quartier populaire de Mildenhall, petite ville du Suffolk, à l'ouest de l'Angleterre… Il entrouvre la vitre. Il y a beaucoup de vent, ce qui n'est pas habituel si tôt le matin, et la température est glaciale. C'est une sale journée quand même !

La femme de Gordon s'est levée à son tour. Elle vient de le rejoindre à la fenêtre. Ensemble, ils écoutent la bise qui souffle par rafales. Son mari répète :

— Sale journée !

Elle a un haussement d'épaules.

— Ne te plains pas : on est ensemble. Pense aux autres…

Effectivement, Gordon Butcher, trente-huit ans, fait partie des privilégiés qui sont restés au foyer, en ce mois de janvier 1943. C'est la guerre, mais les autorités ont estimé que Gordon, qui est agriculteur, exerçait une activité indispensable à la nation et il n'a pas été mobilisé.

Madame Butcher quitte la fenêtre. Elle se rend dans la pièce voisine et se penche sur le lit de leur fille de six ans.

Puis, elle va réveiller leurs deux autres enfants plus âgés et descend préparer le petit déjeuner.

*

Quelques minutes plus tard, Gordon Butcher traverse les rues de Mildenhall sur sa bicyclette. Il a mis son paletot et son blouson de mouton ; une casquette et des gants complètent l'ensemble… Gordon Butcher est un agriculteur un peu particulier : il ne possède pas de terre. Son seul bien est un tracteur, un engin relativement peu répandu, en ce début des années 1940. Il l'a acquis en économisant sou par sou et, depuis, il loue ses services pour les travaux des champs. Et il est très demandé, car c'est un laboureur chevronné.

Pédalant avec ardeur contre le vent contraire, il traverse les faubourgs de Mildenhall et pénètre dans la lande marécageuse qui forme l'essentiel du Suffolk. Le jour se lève peu à peu, un jour gris et brumeux ; le ciel est très bas. Gordon Butcher répète les premiers mots qu'il avait prononcés après s'être levé :

— Sale journée !

Gordon Butcher parle souvent tout seul. Il a contracté cette habitude à force de travailler sans la moindre présence humaine, dix heures par jour et six jours par semaine…

— C'est pas trop tôt, j'allais mourir de froid !

Il est enfin arrivé dans le village de West Row, une agglomération triste et sans caractère, comme toutes celles de cette campagne laborieuse. Après l'avoir traversé, il s'arrête devant une ferme massive bâtie au milieu de plusieurs granges et hangars. C'est là qu'habite Sidney Ford, un important propriétaire terrien. Gordon Butcher travaille pour lui depuis plusieurs jours. Il a laissé son tracteur dans une de ses granges et vient le récupérer pour partir travailler. Comme d'habitude, celui-ci démarre au quart de tour et l'agriculteur gagne son lieu de travail sans encombre.

Après avoir labouré plusieurs champs appartenant à Ford, il se rend sur une autre de ses terres, appelée Thistley Green. C'est une parcelle d'un peu plus de dix hectares, située sur un plateau. Par temps clair, on peut y voir la mer au loin.

Il arrive sur place, après un quart d'heure de route. En débouchant sur les lieux, il est frappé par la violence du vent. Comme à son habitude, il tient tout un discours sur les épreuves qui l'attendent, puis, pense à ceux qui ont son âge et qui sont en train de se faire tuer. Il se tait et se concentre sur son labeur…

Sa tâche est délicate. Les années précédentes, le champ était planté en blé et il reste encore les chaumes de la dernière moisson. Mais le propriétaire a décidé d'y faire pousser de la betterave et, de toutes les productions, la betterave est celle qui nécessite le labourage le plus profond : vingt-cinq centimètres, voire trente. Si la terre est retournée de manière trop superficielle, la récolte sera médiocre.

Gordon Butcher règle minutieusement sa charrue et se met en action avec application. Il avance lentement, de manière parfaitement rectiligne, laissant derrière lui des bourrelets de terre luisante, qui remplacent les chaumes… À midi, un tiers du champ est retourné et il s'arrête pour manger son casse-croûte. Il prend soin de s'installer derrière une des grosses roues du tracteur, du côté opposé à la mer et au vent et, après son repas, ponctué de son habituel monologue, il reprend son travail.

Vers 3 heures de l'après-midi, un incident se produit. Gordon ressent derrière lui un choc, ponctué d'un bruit sourd. Il arrête le tracteur et met pied à terre. Il est surpris, car Thistley Green n'est pas un sol caillouteux, comme beaucoup d'autres champs. D'ailleurs, c'est lui-même qui l'a labouré l'année précédente, pour y planter du blé, et il n'a pas rencontré d'obstacle. Mais les sillons étaient moins profonds…

Butcher s'agenouille près de la charrue et se met à creuser. Il sent un objet solide devant le soc. Il continue à extraire la terre et à agrandir le trou. Il doit savoir à quel obstacle il a affaire. S'il est de petite taille, il pourra l'enlever à la main, mais s'il s'agit d'un tronc d'arbre, il devra retourner chez Sidney Ford, pour prendre une bêche.

Mais ce n'est pas un tronc d'arbre… Après avoir retiré une dernière motte de terre, il aperçoit la courbe d'un disque.

— Bon sang, qu'est-ce que c'est ?

Il frotte l'objet de ses doigts gantés et voit apparaître une couleur verdâtre. Il s'agit d'un objet en métal enfoui depuis longtemps… Gordon Butcher n'en est pas autrement étonné. Dans le Suffolk et, en particulier, aux environs de Mildenhall, on retrouve assez souvent des objets anciens : des pointes de lance en silex, des armes en fer, des poteries et divers objets datant de l'époque romaine. D'après ce qu'on dit, c'est la partie de l'Angleterre qui était la plus peuplée, pendant la préhistoire et l'Antiquité.

Gordon Butcher décide quand même de tout arrêter et de retourner chez Ford. Pas question de prendre le tracteur, il ne veut pas le bouger, de peur de l'abîmer. Il ira à pied : cela va prendre du temps, mais il est sûr que l'agriculteur appréciera. Sidney Ford est, en effet, quelqu'un de cultivé, qui s'intéresse de près à ces vestiges du temps passé. On dit même qu'il fait en cachette le commerce de ces reliques et qu'il en retire pas mal d'argent. Gordon, pour sa part, s'en moque. Si Ford s'intéresse à ces choses, c'est son affaire. Pour lui, seuls comptent le travail de la terre et sa famille. C'est son unique univers…

Gordon Butcher ne se trompait pas. Quand il annonce la nouvelle au fermier, il voit son visage s'illuminer.

— Un objet ! Quel genre d'objet ?

— C'est plat, comme une espèce d'énorme assiette.

— Intéressant ! Vous êtes sûr de ne pas l'avoir abîmé ?

— N'ayez crainte. Je me suis arrêté dès que je l'ai touché…

Sidney Ford est un bel homme aux cheveux blancs très fournis. Il émane de sa personne quelque chose d'incontestablement distingué qui lui donne plus l'allure d'un noble de province que celle d'un paysan. Il enfile prestement son pardessus, va chercher sa voiture, met une pelle et un sac dans le coffre, puis prend, en compagnie de Gordon, la direction de Thistley Green.

Durant le trajet, le laboureur entame un discours sur le climat et la difficulté de travailler dans des conditions aussi épouvantables… Ford ne l'écoute pas. Il sait une chose qu'ignore Butcher. En 1932, un nommé Lethbridge, assistant à la section Antiquité de l'université de Cambridge, a fait des fouilles dans la région et a mis au jour les fondations d'une villa romaine dans les environs immédiats de Thistley Green. Il se souvient parfaitement de ses dernières paroles :

— D'après mes constatations, il s'agit d'un bâtiment très luxueux. Il se pourrait qu'on retrouve à proximité des choses remarquables. Dans ce cas, je compte sur vous pour me prévenir.

Sidney Ford avait assuré qu'il ne manquerait pas de le faire, mais il n'en a jamais eu l'intention. Il a un défaut : il est intéressé et pas toujours très regardant sur les principes. À la différence des habitants des environs, qui sont des rustres, il connaît le prix de ces antiquités et en a vendu quelques-unes, dans la plus grande discrétion et pour son plus grand profit…

Les deux hommes ne tardent pas à arriver sur les lieux. Sidney Ford se rend d'un pas pressé vers la charrue, sa bêche et son sac de toile à la main, et s'agenouille devant le trou. Gordon Butcher vient le rejoindre. Les bourrasques n'ont pas cessé et le laboureur doit élever la voix pour se faire entendre.

— D'après vous, c'est quoi ?

— Je n'en sais rien, mais c'est gros. Il faut déplacer la charrue.

Celle-ci n'est pas légère et les deux hommes ont bien du mal à la soulever pour la déposer un peu plus loin… Ford se met ensuite à creuser avec précaution un cercle d'environ un mètre de diamètre autour de l'objet en métal. Quand il a atteint une profondeur d'à peu près soixante-dix centimètres, il abandonne la bêche et continue à fouiller le sol avec ses mains. Peu à peu, le métal se dégage, jusqu'à ce qu'apparaisse un énorme plat, dont le diamètre doit atteindre soixante centimètres. L'extrémité de la lame du tracteur a touché le bord le plus élevé et une légère entaille est visible.

Ford prend le plat en main et tente de le débarrasser de sa gangue de terre, en le tournant et le retournant. Il ne distingue pas grand-chose mais note son poids remarquable. L'objet doit peser dans les huit kilos. De quelle matière est-il donc fait ?

Pendant que Sidney Ford se livre à ces réflexions, Gordon Butcher continue à creuser dans la terre. Il pousse soudain un cri.

— Venez voir, il y a autre chose !

Reposant le lourd disque, Sidney Ford vient le rejoindre. Il se remet à creuser frénétiquement et, peu après, tous deux exhument un autre plat. Il est semblable au premier, couvert d'une gangue verdâtre et d'un poids remarquable, mais a une forme différente : plus petit et plus creux. Il ressemble plus à une cuvette qu'à un plat.

Même si Sidney Ford se garde de le dire à son compagnon et d'exprimer un enthousiasme excessif, il a la quasi-certitude qu'il s'agit d'une découverte exceptionnelle. Plus il y réfléchit et plus il est sûr que les deux objets sont en argent massif : le poids et ce genre d'oxydation sont caractéristiques. Ils se trouvent vraisemblablement en présence d'un trésor romain...

Et ce n'est pas fini ! La voix de Gordon Butcher, toujours agenouillé au-dessus du trou, retentit de nouveau.

— Y en a encore !

Oui, il y a encore... Ensemble, ils déterrent un nouveau plat, puis d'autres objets : des assiettes, des coupes, des gobelets, des écuelles, des cuillers. La neige se met à tomber, d'abord en flocons espacés, puis en véritable tempête, mais cela ne les arrête pas. En tout, ils ressortent trente-quatre pièces. Le fermier s'adresse enfin au laboureur :

— Venez chez moi, il faut vous réchauffer.

Gordon Butcher est absolument frigorifié.

— Je ne dis pas non, mais il faut protéger le tracteur.

Il y a une couverture dans le coffre de la voiture. Les deux hommes emmitouflent de leur mieux le moteur et montent dans le véhicule. Une fois qu'il a démarré, Butcher interroge son employeur :

— Qu'est-ce que c'est, à votre avis ?

— De la vaisselle en étain. Cela doit dater du Moyen Âge…

Tandis que son passager s'est mis, selon son habitude, à discourir, le fermier réfléchit intensément. S'il s'agit bien d'argent, cela n'est pas forcément une bonne nouvelle. Cela complique même singulièrement les choses !… Il existe en Angleterre une loi étrange concernant la découverte d'or ou d'argent. Elle remonte à plusieurs siècles, mais elle n'a pas été abrogée. Si une personne déterre, même chez elle, un objet en or ou en argent, sa découverte devient automatiquement propriété de la Couronne. Non seulement il est impossible de la vendre, mais il est strictement interdit de la garder pour soi.

Ce n'est pas tout. Toujours selon la même loi, ce genre de trésor n'appartient pas au propriétaire du terrain, mais à son découvreur. Une fois que celui-ci a remis sa trouvaille aux autorités, elle est estimée et il reçoit un dédommagement équivalent à sa valeur. Sur tout ce qu'ils viennent de déterrer, Sidney Ford n'a donc droit à rien. Tout devrait revenir à Gordon Butcher, qui pourrait en retirer une petite fortune, si ce n'est une fortune tout court.

À condition, bien sûr, que le trésor soit déclaré, puis remis aux autorités, ce que Ford n'a aucune envie de faire. Reste

Butcher, mais l'homme est naïf, il ne devrait pas être trop difficile de le mystifier.

*

Une fois parvenus à la ferme, Gordon Butcher et Sidney Ford ont une brève conversation. Gordon questionne à nouveau le propriétaire du champ, désignant le sac et le grand plat.

— Qu'est-ce que vous allez en faire ?

— Je vais essayer de les astiquer, mais à mon avis cela ne vaut pas grand-chose…

— Il n'empêche que j'ai perdu une demi-journée dans cette affaire.

— Je vous dédommagerai.

— Si c'est ça, il n'y a rien à dire !

Et Gordon Butcher rentre chez lui à vélo, en promettant de revenir le lendemain, s'il ne neige pas…

De retour chez lui, il se débarrasse de ses vêtements mouillés et va se sécher devant la cheminée. Sa femme l'interroge, tout en lui préparant un thé chaud.

— Comment ça s'est passé ?

— Mal. Je suis tombé sur des vieilleries et j'ai perdu des heures à les sortir de terre.

— Quel genre de vieilleries ?

— De la vaisselle en étain du Moyen Âge, à ce qu'a dit Ford. Il l'a gardée pour lui. Tu sais qu'il aime ce genre de choses.

— Et ton temps perdu ?

— Il m'indemnisera.

Madame Gordon Butcher ne réplique rien. Le couple oublie la chose et n'y pensera plus durant des années…

*

Pendant ce temps, Sidney Ford fait ce qu'il a dit à Gordon Butcher : il astique les trouvailles. Il pose le grand plat sur la table de la cuisine, va chercher un flacon de produit pour l'argenterie, de la marque « Silvo », et commence son travail avec ardeur… La couche verdâtre est vraiment épaisse ! Ce n'est qu'au bout de plusieurs heures et après avoir utilisé la totalité du flacon, qu'il peut dégager quelques centimètres carrés de la surface d'origine. Il se penche tout près et pousse un cri :

— De l'argent !

Aucun doute n'est possible : cet éclat ne peut pas tromper, toutes les pièces sont en argent massif. Il va soulever le sac où il a entassé le reste des objets : il pèse très lourd. Avec le grand plat, cela fait des dizaines de kilos. C'est bien un trésor qu'il a retiré de terre !

Le lendemain, il se précipite chez le droguiste de West Row et lui achète deux flacons de Silvo. Il n'a pas voulu en prendre plus pour ne pas attirer l'attention et, une fois rentré chez lui, il s'acharne sur la petite surface propre, afin de l'agrandir. Le soir est déjà tombé lorsqu'il pousse un second cri de surprise :

— Quelle merveille !

Le plat n'est pas lisse, comme il l'imaginait, mais ciselé. La figure d'un homme barbu vient d'apparaître, sans doute un dieu antique. La facture est d'une précision et d'une beauté admirables. Si tout le plat et le reste des pièces sont décorés de la même manière, c'est un ensemble fabuleux qu'il a en sa possession !

Dès lors, toute la vie de Sidney Ford s'organise autour du trésor de Thistley Green. Il ne veut pas se fournir en Silvo à West Row, ni même à Mildenhall, ce serait donner l'alerte. Les gens sont médisants, il y en aurait bien un pour parler et il verrait débarquer la police chez lui. Non, c'est à Londres qu'il va acheter des flacons de Silvo par dizaines. Et il en faut des flacons ! Malgré un travail quotidien et acharné, il ne met pas moins de quatre mois pour venir à bout du plat.

Mais le résultat dépasse ses espérances. La tête figurant au centre est celle de Neptune, avec des dauphins dans sa chevelure et des algues mêlées à sa barbe. Tout autour de lui, des nymphes et des monstres marins s'ébattent. Un peu plus loin, d'autres divinités boivent et festoient. Bacchus, dieu du vin, est entouré des Ménades, ses adeptes féminines, nues et échevelées ; Hercule, complètement ivre, est soutenu par deux satyres, sa peau de lion tombée de ses épaules ; le dieu Pan fait danser, en jouant de sa flûte, une chèvre à tête humaine. Et, tout au long de la bordure, se déroule une frise, avec des humains et des animaux. C'est un chef-d'œuvre de l'art romain !

Émerveillé, Ford entame le nettoyage des autres pièces. Il lui faut encore des litres de Silvo et pas moins de deux ans pour terminer sa tâche. Fin décembre 1944, tous les éléments du trésor, les assiettes, les coupes, les gobelets, les écuelles et les cuillers, ont retrouvé leur splendeur. Ils sont décorés de motifs ciselés, plus beaux les uns que les autres. Au début de sa restauration, Sidney Ford pensait que le trésor de Thistley Green méritait le qualificatif de « fabuleux », mais c'est le mot « unique » qui convient. Nulle part, à sa connaissance, il n'existe un pareil ensemble de vaisselle romaine décorée.

Mais cela lui pose évidemment un problème ! Vendre ces merveilles, il n'en est pas question. Elles sont d'un prix inestimable et ne peuvent intéresser que des milliardaires, qu'il serait bien en peine de rencontrer. De toute manière, il ne veut pas jouer à ce jeu-là. Ce serait du vol à grande échelle et il n'est pas un voleur.

Alors, quelle conduite adopter ? Le simple fait de garder ces pièces est un délit, qu'aggrave encore leur caractère exceptionnel. Il devrait normalement aller au commissariat de Mildenhall pour les déclarer. Il ne peut, malgré tout, s'y résoudre. Elles sont trop belles, il s'y est trop attaché.

Il les enferme finalement dans un buffet, dont il conserve la clé sur lui, et, de temps en temps, il les sort pour les contempler. Il sait qu'un jour ou l'autre, il devra prendre une décision, mais il en est pour le moment incapable. Cloîtré chez lui, avec un trésor qui ferait rêver les musées du monde entier, il attend.

*

Le temps passe donc, sans que la situation change. Ce n'est qu'en 1946, juste après Pâques, que les événements se précipitent.

Ce jour-là, le docteur Hugh Alderson Fawcett se présente chez Sidney Ford. C'est un archéologue averti avec qui le fermier entretient les meilleurs rapports. Il lui a plusieurs fois vendu des objets anciens qu'il avait découverts lui-même ou qu'on lui avait apportés. Mais la guerre est arrivée et, à la différence de Sidney Ford, le docteur Fawcett a été mobilisé. Aujourd'hui de retour dans la région après une longue absence, il vient faire une surprise à son ami.

— Ce vieux Hugh ! Quelle joie de vous revoir !

Après d'émouvantes retrouvailles, les deux hommes entament la conversation. Ford pose quelques questions au docteur sur les événements qu'il vient de vivre. Celui-ci répond brièvement et change de sujet.

— Il faut oublier tout cela. Parlons de notre passion commune. Je suis sûr que vous avez fait des trouvailles formidables pendant mon absence !

Sidney Ford a un sursaut. Il réplique aussi naturellement que possible :

— Pas plus que d'habitude.

— Vous avez bien deux ou trois choses à me proposer…

Le fermier va chercher un carton, dans lequel il a rangé quelques pièces préhistoriques, principalement des pointes de flèches. Le docteur Fawcett les considère les unes après les autres et en choisit deux, parmi les plus belles. Ils sont en train de discuter du prix, lorsqu'il s'exclame :

— Bon sang ! Qu'est-ce que c'est ?

Fawcett vient d'apercevoir, sur la table d'à côté, deux cuillers en argent. Un autre que lui aurait pensé qu'elles faisaient partie de la vaisselle de la maison. Mais le docteur a tout de suite reconnu des objets antiques. En un bond, semblable à celui d'un fauve, il s'empare des cuillers et reste un long moment à les contempler, les mains tremblantes. Puis, il prend la parole, bouleversé.

— Ce sont des objets chrétiens. Il y a le monogramme du Christ et deux prénoms féminins, Pascentia, et Papittedo. À mon avis, ce sont des cadeaux de baptême à des petites filles.

Hugh Alderson Fawcett regarde son interlocuteur. Il s'exprime, cette fois, d'une voix terrible.

— Où les avez-vous trouvées ?

Sidney Ford pousse un profond soupir. Il était en train d'admirer ces cuillers, quand le docteur est arrivé, et n'a pas eu le temps de les cacher. Mais dans le fond, il est soulagé. Il fallait bien que tout cela se termine un jour… Il prend sa clé et va ouvrir le buffet.

— Je les ai trouvées à Thistley Green, avec le reste. Regardez !

Un éclat argenté envahit la pièce et Sidney Ford regrette aussitôt de ne pas avoir fait preuve de plus de précautions. Le docteur Fawcett est tombé à genoux. Il se tient la poitrine, la bouche ouverte, cherchant de l'air. Le fermier croit qu'il va mourir d'une crise cardiaque. Mais il se relève et balbutie :

— Mon Dieu !

*

Quelques heures plus tard, les deux hommes sont au commissariat de Mildenhall, pour déclarer le trésor. La machine administrative se met en marche. Gordon Butcher ne tarde pas à être convoqué par les enquêteurs. Il a beaucoup de peine à comprendre ce qu'on lui veut. Comment cette trouvaille sous la neige peut-elle avoir une telle importance ? Il est surtout inquiet et se demande comment tout cela va se terminer.

Quant aux experts qui examinent les pièces, désormais propriété de la Couronne, ils sont formels : il s'agit du plus bel ensemble d'argenterie romaine jamais retrouvé en Grande-Bretagne et peut-être dans le monde. Le British Museum s'en porte immédiatement acquéreur…

Et, le 1er juillet 1946, un procès inédit s'ouvre devant le tribunal de Mildenhall. Côte à côte, au premier rang, Gordon Butcher et Sidney Ford affichent une mine soucieuse. Le premier, parce qu'en dehors des champs et de sa famille, il ne se sent à l'aise nulle part, et surtout pas dans une salle de tribunal. Les enquêteurs ont eu beau lui affirmer qu'il ne risquait rien, bien au contraire, il est plus que jamais inquiet. Sidney Ford, lui, a des raisons de se faire du souci. À la différence de Gordon Butcher, les policiers ne l'ont pas ménagé. Il sait très bien qu'il risque d'être condamné pour recel, voire pour vol. Et un vol de cette importance, cela peut chercher loin !

C'est d'ailleurs lui qui est le premier sur la sellette. Tout comme les policiers, le président l'interroge sans indulgence.

— Expliquez à la Cour comment vous avez pu garder plus de trois ans une fortune qui appartenait à l'État.

— J'ai cru que c'était de l'étain, votre honneur, et l'étain n'est pas visé par la loi.

— Vous ne faites pas la différence entre l'argent et l'étain ?

— Je suis un fermier, pas un spécialiste en métaux…

Le reste de sa déposition est à l'avenant. Sidney Ford joue les naïfs et jure de sa bonne foi. Est-ce suffisant pour convaincre le tribunal ? Dans le public, on aurait tendance à croire que non… Puis, Gordon Butcher est à son tour appelé à la barre. À la demande du président, le laboureur rappelle les événements de cette journée de janvier 1943. Il parle principalement du mauvais temps, qui semble l'avoir plus frappé que tout le reste.

Il confirme ensuite qu'avec Sidney Ford, ils ont bien sorti de terre trente-quatre objets, témoignage important, car il innocente le fermier du vol d'une ou plusieurs pièces, comme les policiers l'avaient un moment supposé... Pendant toute sa déposition, il manifeste la plus grande nervosité et quand, à la fin, le président lui demande :

— Saviez-vous que vous pouviez toucher une récompense pour votre découverte ?

Il répond, très surpris :

— Non, votre honneur...

Déposant après lui, le docteur Hugh Alderson Fawcett aborde le volet historique et artistique de l'affaire. Son émotion est encore perceptible, lorsqu'il évoque ce que la presse a appelé « le trésor de Mildenhall ».

— Ces objets datent du IVe siècle après J.-C. Il s'agit du service de table d'une riche famille romaine. Il a sans doute été enterré par les propriétaires, au moment de l'attaque des Pictes, en 365. Ils espéraient le récupérer après, mais ont dû être tués lors de l'invasion.

D'autres experts soulignent l'extraordinaire qualité de travail d'orfèvrerie et confirment que les pièces proviennent d'Italie, de Grèce ou d'Égypte...

Les juges se retirent. Le moment du verdict est arrivé et il surprend tout le monde. Aucune charge n'est retenue contre Sidney Ford. Au contraire, il est considéré comme codécouvreur du trésor avec Gordon Butcher et, à ce titre, a droit à la même récompense. Seulement, comme la déclaration a eu lieu plus de trois ans après les faits, les deux hommes ne toucheront que mille livres chacun.

À l'énoncé de la sentence, Sidney Ford éprouve un profond soulagement. Quant à Gordon Butcher, qui se serait retrouvé riche à millions si les choses s'étaient passées normalement, il quitte la salle en répétant à la ronde :

— C'est le plus beau jour de ma vie !

*

Aujourd'hui, le trésor de Mildenhall est exposé en bonne place au British Museum où il suscite l'admiration des visiteurs pour sa beauté sans pareille. Mais si vous avez l'occasion d'aller le voir, pensez aussi aux circonstances de sa découverte : elles aussi ne sont pas ordinaires.

11.

La chapelle Sixtine de la préhistoire

— Ici, Robot !

Le 8 septembre 1940, Marcel Ravidat, dix-huit ans, se promène avec son chien Robot dans les bois de Montignac, en Dordogne. Le bâtard à poils roux, mi-setter, mi-terrier, vient de filer à toute allure. Marcel se lance à sa poursuite. Il ne met pas longtemps à le rattraper. Robot s'est immobilisé devant un trou d'une vingtaine de centimètres, situé à l'endroit où un arbre a été déraciné.

— Eh bien, Robot, qu'est-ce qui t'arrive ? Tu as vu un lapin ?

C'est certainement le cas. Le chien est en train de gratter furieusement pour tenter d'élargir l'orifice. Constatant qu'il n'arrive à rien, Marcel Ravidat retire l'animal et entreprend de lancer des pierres afin de débusquer le lapin. Mais, à sa grande surprise, celles-ci chutent longuement, avant de faire un bruit sourd. Il ne s'agit pas d'un simple terrier, il y a toute une cavité en dessous. Le jeune homme pousse un cri :

— L'entrée du souterrain…

Au Moyen Âge, la plupart des châteaux possédaient un souterrain caché, leur permettant d'aller chercher des vivres ou des renforts en cas de siège. Situé à cinq cents mètres à peine, le château de Lascaux date de cette époque lointaine. Il a toujours su garder ses mystères. Pendant des années, nombreux sont ceux qui ont essayé de trouver l'entrée de son souterrain. Jusqu'ici, personne n'avait réussi à en découvrir l'accès… Mais Marcel Ravidat est sûr de l'avoir trouvé !

*

Quatre jours ont passé et, depuis sa découverte, Marcel Ravidat n'a plus qu'une idée : explorer le souterrain de Lascaux. À Montignac, les distractions ne sont pas nombreuses, surtout en ces temps troublés. C'est la défaite. L'armistice a été signé le 22 juin 1940. Montignac est en zone libre. Les Allemands sont loin, de l'autre côté de la Loire, mais le village a vu arriver de nombreux réfugiés en provenance de la région parisienne, qui se débrouillent comme ils peuvent, en attendant de pouvoir rentrer chez eux. Alors, pour l'adolescent, cette exploration tombe à point nommé !

Il revient sur les lieux avec un outillage de fortune. Pour élargir l'orifice, il s'est bricolé un coutelas avec une vieille pièce d'auto, prise dans le garage où il est apprenti, et, pour se diriger dans le souterrain, il a confectionné une lampe à huile rudimentaire. Ce n'est pas beaucoup et ce qu'il entreprend est peut-être dangereux, mais quand on a dix-huit ans, on ne pense pas à ces choses-là.

Cette fois-ci, il n'a pas emmené Robot. En chemin, il rencontre trois gamins un peu plus jeunes que lui : Jacques Marsal, un Montignacois de quinze ans, et deux petits réfugiés parisiens : Georges Agniel, seize ans et Simon Coencas, treize ans.

— Eh les gars, ça vous plairait de venir avec moi ? J'ai trouvé le souterrain du château de Lascaux !

Si les deux Parisiens ne comprennent pas trop de quoi il s'agit, Jacques Marsal manifeste, lui, sa surprise.

— Tu es sûr ? Depuis le temps qu'on le cherche !

— Je ne suis pas sûr, mais ça y ressemble. C'est drôlement profond, en tout cas. Alors, tu viens ?

— Et comment !

Et le jeune Montignacois lui emboîte le pas, suivi de Georges Agniel et Simon Coencas. Sur place, Marcel commence à creuser, à l'aide de son couteau de fortune. C'est un travail épuisant et il se félicite d'avoir trouvé des renforts. Pendant une heure, les quatre garçons se relaient pour percer un trou assez large pour laisser le passage à un homme.

Naturellement, c'est Marcel Ravidat, l'aîné, qui s'y aventure le premier, sous le regard à la fois envieux et inquiet de ses camarades... Au début, ce n'est pas facile, car il doit descendre pendant trois mètres, dans une sorte de cheminée. Mais, au bout de ce trajet, le boyau débouche dans unc salle, semble-t-il de grandes dimensions car, pour le moment, le jeune homme n'a pas encore allumé sa lampe. Après l'avoir fait, il découvre qu'il se trouve dans une grotte. Il appelle les autres.

— Vous pouvez venir, mais faites attention !

— Qu'est-ce que c'est ?

— On dirait une grotte.

— Ce n'est pas le souterrain, alors ?

— Peut-être que si. On va voir...

Un instant plus tard, les trois autres gamins le rejoignent. La faible lumière de la lampe à huile n'éclaire guère à plus d'un mètre. Collés les uns aux autres, ils commencent à explorer les environs.

En s'approchant d'une des parois, ils découvrent de surprenantes peintures. Toute une série d'animaux, qui ressemblent à des taureaux, ont été dessinés sur les murs avec des couleurs vives. Un des petits Parisiens s'écrie :

— Qu'est-ce c'est que ces bestiaux peinturlurés ?

Mais les deux Montignacois ont compris. Marcel Ravidat répond :

— C'est une grotte préhistorique. Il y en a beaucoup dans la région.

— Ce n'est pas le souterrain du château, alors ?

— Non, mais ce n'est pas mal non plus. On reviendra demain, avec du meilleur matériel. En attendant, pas un mot...

Le lendemain, tous les quatre sont au rendez-vous. Cette fois, ils ont des pelles, des pioches et une lampe à pétrole. Ils ont même une corde et la descente du tunnel se fait beaucoup plus facilement. À l'intérieur de la grotte, la lampe à pétrole leur permet de juger de l'étendue de leur découverte. Ce ne sont pas un ou deux taureaux qui sont peints sur les parois, c'est toute une cavalcade. Et il n'y a pas que cela : les autres salles, dans lesquelles ils s'aventurent prudemment, sont également couvertes de peintures. Ce sont toujours des animaux, de toutes les espèces, de toutes les tailles, de toutes les couleurs.

Au bout de plusieurs heures d'exploration, ils reviennent à leur point de départ. Marcel Ravidat prend la parole. Dans la caverne, sa voix résonne de manière impressionnante.

— On ne dit rien à nos parents, vous êtes d'accord ?

— D'accord. Ce sera notre secret.

*

Pendant une semaine, ils tiennent parole. Sans rien dire à personne, ils se retrouvent tous les jours pour visiter la grotte. Une fois, ils organisent même un pique-nique. Mais, un jour, la mère de Jacques Marsal surprend son fils :

— Qu'est-ce qui t'arrive ? Tu es plein de poussière. Cela fait plusieurs jours que cela se produit.

L'adolescent tente quelque temps de se disculper puis finit par tout lui avouer.

— C'est Marcel Ravidat, il a trouvé une grotte à Lascaux, une grotte avec des peintures.

— Des vraies peintures de la préhistoire ?

— On dirait...

— Alors, il faut en parler à l'instituteur. Il n'y a que lui qui puisse dire ce que c'est...

Obéissant à sa mère, Jacques Marsal va trouver Léon Laval, l'instituteur de Montignac. Marcel Ravidat, qui a été son élève quelques années plus tôt, l'accompagne. Au début de leur récit, l'enseignant est sceptique.

— Vous êtes sûrs que ce ne sont pas des dessins faits par des enfants ?

Mais Marcel Ravidat est catégorique.

— Non, c'est préhistorique. J'en ai vu dans une autre grotte, je ne peux pas me tromper…

Finalement, Léon Laval se laisse convaincre et, le dimanche suivant, il se présente à l'entrée de la grotte, là où Robot avait poursuivi le lapin. Un attroupement s'est fait autour de lui : les quatre garçons et un petit nombre de curieux. En arrivant devant le trou, l'instituteur a un moment d'hésitation. Ce n'est pas un sportif et, à cinquante-cinq ans, il n'est plus tout jeune. Mais une grand-mère, venue en voisine, lui lance :

— Si vous ne vous décidez pas, c'est moi qui y vais !

Piqué au vif, Léon Laval s'engage dans le boyau, suivi par les quatre garçons et quelques autres. Lorsqu'il arrive dans la salle des taureaux et qu'il découvre le décor à la lumière de sa lampe, il crie :

— C'est fabuleux !

L'exploration se poursuit et, dans chaque nouvelle salle, l'instituteur s'exclame d'admiration et de surprise. Lorsqu'il a terminé, Jacques Marsal lui demande :

— Qu'est-ce qu'il faut faire, monsieur l'instituteur ?

— Alerter un spécialiste. Ce n'est pas facile, avec ce qui se passe en ce moment, mais je vais essayer.

*

Contrairement à ce que craignait Léon Laval, loin de constituer un obstacle, la situation chaotique que vit la France va, au contraire, s'avérer favorable. Le plus grand spécialiste de la préhistoire est alors l'abbé Henri Breuil…

À soixante-trois ans, le « pape de la préhistoire », comme on le surnomme, a quitté Paris à l'arrivée des Allemands et s'est réfugié en Périgord, région qui lui est familière, car il y a étudié plusieurs grottes ornées.

Par un ami commun, Léon Laval lui fait dire qu'on vient de découvrir à Lascaux une grotte, qui, semble-t-il, surpasse en intérêt tout ce qui existe jusque-là. Apprenant la nouvelle, l'abbé Breuil accourt. Il est sur place le 21 septembre, treize jours seulement après la découverte. Sa réaction est la même que celle de l'instituteur : un total éblouissement. Il déclare en sortant :

— C'est la chapelle Sixtine de la préhistoire !

Grâce à Henri Breuil, Lascaux connaît une célébrité immédiate. Malgré les bouleversements de l'heure, les journalistes, qu'il a prévenus, se précipitent dans le petit village de Dordogne et y consacrent de longs articles. L'abbé alerte également les autorités, qui réagissent avec la même rapidité. Lascaux est classé monument historique le 27 décembre 1940.

*

La richesse de la grotte est sans précédent. Sa partie la plus remarquable est la salle des Taureaux, que les jeunes gens avaient découverte en premier, et qui restera le lieu d'accès. Il s'agit, en fait, d'aurochs, qui frappent tant par leur aspect monumental – le plus grand mesure cinq mètres de haut – que par la qualité de leur exécution. Ils se font face sur les parois, deux d'un côté, trois de l'autre. Les aurochs du côté nord sont accompagnés d'une dizaine de chevaux et d'un animal énigmatique, portant deux traits rectilignes sur le front, qui lui ont valu le nom de licorne. Côté sud, les autres aurochs sont entourés de six petits cerfs et du seul ours de la caverne.

La salle suivante, surnommée la Nef, est ornée d'une vache noire, de cerfs nageant et de bisons. Vient ensuite un couloir, dit « diverticule des Félins ». Il représente des félins, dont l'un en train d'uriner, mais on y trouve aussi d'autres animaux, dont un cheval vu de face, représentation tout à fait exceptionnelle au paléolithique où toutes les figures sont de profil.

La dernière salle, appelée le Puits, possède la peinture la plus énigmatique : un homme à tête d'oiseau en érection, qui semble tomber à la renverse, sous les coups d'un bison, lui-même éventré par une lance. Un rhinocéros s'éloigne un peu plus loin, indifférent à la scène.

Dans le reste de la grotte, on trouve, en outre, des milliers de gravures, représentant des bêtes stylisées, ou de simples figures abstraites, à la signification mystérieuse.

Si le résultat est à ce point remarquable, c'est, bien sûr, en raison du talent des artistes, mais aussi parce que ceux-ci ont trouvé à Lascaux un support de premier ordre : les parois calcaires. Elles forment une vaste surface claire qui met admirablement les couleurs en valeur.

Celles-ci sont peu nombreuses. Les peintres de l'époque ont obtenu le jaune, l'ocre et le rouge avec des oxydes de fer, le noir étant fourni par du bioxyde de manganèse. Elles ont été appliquées avec les doigts ou projetées en soufflant à travers un os creux. Pour les plus grandes figures, il a sans doute fallu construire un échafaudage.

Qui sont les auteurs de ces chefs-d'œuvre ? Et quand vivaient-ils ? L'abbé Breuil a avancé la date de moins 17 000 par rapport à nos jours, ce qui s'est avéré très proche de la réalité, les datations les plus récentes au carbone 14 ayant donné moins 15 000.

À cette époque, l'Europe se trouvait dans sa dernière ère glacière, celle de Würm, qui n'a pas été aussi intense que les précédentes. Les glaciers s'étendaient jusqu'au nord de l'Allemagne et recouvraient deux fois les Alpes actuelles. Dans cet environnement hostile, le Périgord semble avoir été un îlot protégé. Les conditions climatiques y étaient meilleures qu'ailleurs, la flore et la faune pouvaient s'y épanouir.

C'est durant cette période qu'est apparu un nouvel être humain, destiné à remplacer progressivement les Néandertaliens : il a reçu le nom de l'endroit où son squelette a été découvert pour la première fois, Cro-Magnon, en Dordogne.

L'homme de Cro-Magnon, celui qui a décoré Lascaux, vivait de la chasse et de la cueillette. Il habitait dans des abris de feuillages, des huttes ou des tentes, mais jamais dans des grottes. On n'a pas trouvé, ni à Lascaux ni ailleurs, de trace d'une occupation prolongée. Les peintures n'étaient pas une décoration d'intérieur, elles ne servaient pas à égayer la vie quotidienne et avaient une signification sacrée.

En effet, les traces de leur passage montrent que les hommes se rendaient dans les grottes pour pratiquer des rites, qui correspondent à nos cérémonies religieuses. Il y a 15 000 ans, on allait à Lascaux comme on va à l'église. Dans sa première réaction spontanée, l'abbé Henri Breuil avait dit l'exacte vérité : Lascaux est la chapelle Sixtine de la préhistoire !

*

Tout de suite après sa découverte, Lascaux connaît un immense succès. Dès septembre 1940, son exploitation commerciale commence. L'orifice d'entrée est agrandi et des marches sont installées pour permettre l'accès des visiteurs. Elles ont aussi pour effet de faire descendre la pluie dans la cavité et l'abbé Breuil fait creuser une tranchée pour évacuer l'eau.

Tandis que Léon Laval est nommé conservateur de la grotte, ses jeunes découvreurs en assurent la protection. Marcel Ravidat, Jacques Marsal et, durant quelque temps, Georges Agniel campent devant l'entrée, dans des tentes de fortune, pour veiller sur leur trésor.

Marcel Ravidat et Jacques Marsal font également visiter la grotte moyennant 2 francs par personne, soit 30 centimes d'euro. L'affluence est remarquable : environ quinze cents entrées par semaine. Les visites sont suspendues en décembre 1940, mais reprennent au printemps suivant. Durant l'été 1941, une buvette est même installée sur place : on y vend de la limonade saccharinée. Mais Lascaux sera fermée à la fin de l'année et ne rouvrira, après de gros travaux, qu'en 1948.

*

En attendant, pour les quatre jeunes découvreurs, la grotte va passer au second plan. L'Occupation et la guerre vont s'emparer de leurs existences. S'il n'y a rien de particulier à dire sur Georges Agniel, qui rentre peu après en région parisienne, il n'en est pas de même de l'autre Parisien, Simon Coencas. De confession juive, il est raflé en 1942, avec toute sa famille, et interné à Drancy. Il sera miraculeusement sauvé par la Croix-Rouge, avec sa jeune sœur. Ses parents et le reste des siens n'auront malheureusement pas cette chance et seront exterminés à Auschwitz. Après la guerre, il retourne à Paris et, pour survivre, devient ferrailleur.

Le destin de Jacques Marsal bascule également en 1942, même si c'est de manière moins tragique. Arrêté en décembre, à Montignac, par la gendarmerie française, il est envoyé en Allemagne pour accomplir le Service du travail obligatoire, institué par Pierre Laval. Durant cette période, il assiste alors, dans un cinéma allemand, à la projection de *La Nuit des temps*, le premier film sur Lascaux.

La vie de Marcel Ravidat est plus mouvementée. Enrôlé, en juillet 1942, dans les Chantiers de la Jeunesse, il rentre à Montignac un an plus tard et décide de prendre le maquis. Devenu clandestin, il se cache dans la grotte de Maillol, non loin de Lascaux, et opère dans les bois de La Chapelle-Aubareil et de Valojoulx. À l'automne 1944, il poursuit la guerre dans une formation régulière, le 126e RI, avec le grade de caporal. Il combat successivement dans les Vosges, sur le Rhin, à Karlsruhe, et à Baden-Baden. Démobilisé en novembre 1945, il rentre de nouveau au pays. Il se marie et est réembauché dans son garage. Il travaille ensuite comme ouvrier à l'aménagement de Lascaux, avant de devenir, avec Jacques Marsal, l'un des deux guides de la grotte.

*

Lascaux rouvre en 1948. Soucieux de son intégrité, ses deux guides veillent à ce que les visiteurs ne la dégradent pas. Malheureusement, ce n'est pas le seul danger qui guette la grotte. L'ouverture au public va, en effet, gravement nuire à son environnement. Avec le temps, elle va même lui faire courir un danger mortel.

Les travaux de terrassement, indispensables pour permettre le passage, ont modifié le niveau et la nature des sols. L'éclairage électrique a augmenté la température et la respiration des visiteurs constitue un véritable poison pour les fresques. Ils ne sont pas moins de mille par jour, dégageant 2 500 litres de dioxyde de carbone et 50 kg de vapeur d'eau, dans un espace relativement restreint.

Dès 1955, les premiers signes de dégradation apparaissent. En 1960, malgré la mise en place d'un système destiné à régénérer l'air, à stabiliser la température et l'hygrométrie, la « maladie verte » fait son apparition : des algues envahissent les parois. En dépit de la mise en place de filtres à ozone, la situation ne s'arrange pas. C'est au tour de la « maladie blanche » de faire des dégâts : un voile de calcaire s'attaque à certaines peintures.

Le verdict des spécialistes interrogés est sans appel : aucune amélioration n'est possible, tant que l'exploitation touristique continuera. Au contraire, si les choses se poursuivent ainsi, la destruction de l'ensemble pictural est inéluctable. Alerté, le ministre de la Culture, André Malraux, décide alors, en avril 1963, de fermer définitivement la grotte.

Pourtant, ces chefs-d'œuvre continueront à être vus. Au début des années 1970, une réplique de la grotte, Lascaux II, est créée. Elle ouvre au public en 1983. Bien sûr, ce n'est pas la vraie, ce n'est pas là que, quinze mille ans plus tôt, des hommes ont réalisé ce travail admirable, mais l'imitation est parfaite et l'intérêt esthétique est le même. L'éclat des coloris, en particulier, fait l'admiration des visiteurs.

Pendant ce temps, Lascaux I, qui a été classé au patrimoine de l'Unesco en 1979, reste l'objet de toutes les attentions. Un système de refroidissement maintient la température à 12,5 °C et le taux d'humidité à 99 %. Les traces vertes et blanches ont pratiquement disparu, mais des taches noires sont apparues en 2006. Elles sont à présent en régression. Quant à l'avenir, les scientifiques sont partagés. Certains affirment que la situation continue d'être alarmante, d'autres pensent qu'on va vers une guérison.

Il faut le souhaiter et espérer que quinze ans de fréquentation intense n'aient pas détruit le fragile équilibre qui avait permis la conservation de la grotte pendant des millénaires.

12.

La fin d'un colosse

La flotte anglaise qui débarque à Naples, en ce début août 1798, n'a pas vraiment fière allure : la plupart des voiles sont déchirées, les coques de plusieurs navires présentent de larges brèches, d'autres bâtiments, dont le gouvernail a été endommagé, se traînent comme ils peuvent. Et pourtant, c'est auréolé d'une éclatante victoire qu'elle entre dans le port italien.

Le 1er du mois, sous les ordres de l'amiral Nelson, elle a écrasé la flotte française à Aboukir, en Égypte. Si elle a subi elle-même de gros dégâts, ses adversaires ont perdu la plupart de leurs unités, et ont eu des milliers de morts, de blessés et de prisonniers. C'est le coup le plus dur porté aux Français depuis le début des guerres de la Révolution.

Et c'est bien en héros que les autorités napolitaines accueillent les Anglais. Toute une flottille de canots pavoisés, remplis de musiciens jouant des airs patriotiques britanniques, vient à leur rencontre. Dans celui de tête, a pris place le roi lui-même, Ferdinand de Bourbon, qui a tenu à aller au-devant du vainqueur. Il faut dire qu'il est inquiet et cherche des appuis : dans le nord de l'Italie, le général Bonaparte multiplie les victoires et pourrait bien prendre la direction du sud pour le renverser.

Peu après, le souverain monte à bord du navire amiral, le *Vanguard*, une frégate de 74 canons, qui a souffert, elle aussi, dans l'affrontement. Le chef anglais n'est pas plus fringant que sa flotte. Horatio Nelson est pâle, ses traits sont creusés par la fatigue et il a été cruellement marqué par ses combats précédents : il a perdu un œil à Calvi et a été amputé d'un bras, lors d'un débarquement manqué à Ténériffe. Cela n'empêche pas Ferdinand de serrer son unique main avec effusion, répétant d'une voix émue :

— Vous êtes mon libérateur, mon sauveur !

Le roi n'est pas le seul à être monté à bord du *Vanguard*. Derrière lui, se tiennent l'ambassadeur britannique à Naples, Sir William Hamilton, et son épouse Emma, venus présenter, eux aussi, leurs salutations au grand marin.

*

William et Emma Hamilton forment un couple curieux. Lui a près de soixante-dix ans, et, elle, en a un peu plus de trente. Elle est d'origine populaire, il appartient à une des familles anglaises les plus anciennes ; il est un intime du roi George III et pourtant, c'est elle qui attire tous les regards.

Emma Hamilton est plus que belle, elle est éblouissante. Avec sa longue chevelure brune, ses fossettes, son sourire éclatant et sa plastique parfaite, elle est devenue l'égérie de la Cour de Naples, la plus brillante, mais aussi la plus dissolue d'Europe. Les peintres se disputent pour l'avoir pour modèle. Ils l'ont représentée en nymphe ou en muse, le plus souvent dans des toilettes très déshabillées. D'une manière plus sage, mais avec tout autant de talent, madame Vigée-Lebrun a aussi fait plusieurs portraits d'elle.

La rencontre d'Emma et William Hamilton est presque un roman… Emma Lyon naît en 1765. Fille d'un forgeron du Cheshire, qui meurt peu après sa naissance, elle est élevée par sa mère. Extrêmement pauvre, elle doit très vite trouver le moyen de gagner sa vie.

À dix-huit ans, elle se rend à Londres où elle se fait engager au « Temple de la Santé », une maison close qui se présente comme un institut médical pour hommes surmenés. Emma et ses collègues y accueillent les clients vêtues en déesses de la Santé, de la Beauté et de la Sagesse…

C'est là qu'elle fait la connaissance de Charles Greville, le neveu de Sir Hamilton. Il s'éprend d'elle, lui fait quitter la maison dans laquelle elle est enfermée et l'installe chez lui. Pour Emma, c'est le début d'un conte de fées. Charles est sincèrement amoureux et, à ses côtés, elle, la fille du peuple, fréquente la haute société londonienne.

Mais elle tombe enceinte et son amant, qui a en vue « une dame d'au moins trente mille livres », refuse de l'épouser. Toujours très attaché à elle, il fait cependant tout pour l'aider. Il écrit à son oncle, à la Cour de Naples, pour lui demander de l'héberger et, éventuellement, de lui trouver un parti.

Sir William Hamilton accepte. Il a perdu sa femme en 1782, et a besoin de compagnie, même s'il ne s'ennuie pas. Sa passion pour les antiquités occupe tout son temps. Depuis qu'il est à Naples, il s'est constitué une collection exceptionnelle de vases grecs, dont il est le premier à en percevoir la beauté.

Délaissant pratiquement ses fonctions, il ne s'occupe plus que de ses vases. Il parcourt la campagne à leur recherche, visitant les fermes, où les paysans les utilisent parfois comme ustensiles quotidiens, et accourant dès qu'on ouvre une tombe ancienne.

L'arrivée d'Emma Lyon dans le palais Sessa le ramène momentanément à la réalité. Comme tout le monde, il est ébloui par elle. Il lui fait apprendre l'italien, le français, le chant et la danse. Elle devient une des attractions de la Cour et même Goethe, en voyage à Naples, ne tarit pas d'éloges sur elle.

Bientôt, Sir William Hamilton est assailli de demandes pour sa protégée. Mais il tombe amoureux d'elle et décide de l'épouser. La fille du forgeron du Cheshire, ancienne prostituée londonienne, devient ainsi, en 1791, Lady Hamilton, ambassadrice à la Cour de Naples.

Emma se comporte en épouse loyale. Malgré sa réputation sulfureuse, ce n'est pas une femme légère et elle sait trop ce qu'elle doit à son époux. Elle ne songe pas un instant à le trahir. Mais sa rencontre avec l'amiral Nelson va tout bouleverser…

*

Lorsque Emma Hamilton aperçoit le vainqueur d'Aboukir, elle n'est pas rebutée par son aspect. Pour elle, il a tout du héros et ses mutilations ne font que l'ennoblir davantage. Il n'est pas de ces chefs qui laissent leurs hommes affronter seuls le danger, il participe lui-même aux combats et en porte sur lui le glorieux témoignage.

Face à lui, elle balbutie quelques mots d'accueil. Nelson, de son côté, lui adresse un regard admiratif, qui la fait frémir tout entière. Elle ne sait que dire, mais son mari vient à son secours.

— J'espère, amiral, que vous viendrez loger chez nous…

Le roi Ferdinand intervient :

— Monsieur l'ambassadeur, l'amiral a accepté mon invitation au palais royal.

Nelson réplique, avec la voix d'un homme habitué au commandement.

— J'ai changé d'avis, Sire. J'irai chez mes compatriotes…

Quelques heures plus tard, il s'installe au palais Sessa, une luxueuse demeure dominant la baie de Naples. Il découvre alors quelque chose qui ressemble au paradis. Après un moment de retenue, dû autant à la timidité qu'à un reste de principes, Lady Hamilton commence à se laisser aller. Elle chante pour lui, en s'accompagnant au piano et s'enhardit à danser.

L'inévitable ne tarde pas à se produire : Horatio Nelson et Emma Hamilton deviennent amants. Ce n'est pas une simple aventure. Les deux amoureux vivent ensemble une véritable passion qui durera jusqu'à la mort. Et William Hamilton ne fait rien pour l'empêcher. Il a depuis longtemps compris qu'Emma ne pourrait pas toujours lui rester attachée, qu'un jour ou l'autre, elle tournerait ses regards ailleurs, alors, autant que ce soit vers l'homme le plus prestigieux du royaume. Il les encourage même à se promener seuls et, le soir, prétextant la fatigue, il les laisse en tête à tête.

Son attitude est intéressée. Les nouvelles venues d'Italie sont mauvaises : ce diable de Bonaparte semble faire route vers le sud et, s'il vient jusqu'à Naples, Dieu sait ce qui arrivera à ses collections ! C'est la seule chose qui compte vraiment à ses yeux. Il y tient plus que tout au monde. Aussi, lorsqu'il juge le moment venu, il s'ouvre de ses préoccupations à son hôte.

— Amiral, vous n'ignorez pas que j'ai réuni quelques objets anciens, qui ne sont pas sans valeur.

— Votre collection est renommée dans tout Naples, Sir Hamilton.

— Et bien, j'aimerais la mettre à l'abri en Angleterre, les temps ne sont pas sûrs.

— Toute ma flotte est à votre disposition.

— Un seul bateau me suffirait.

— Je vais donner des ordres au *Colossus*. Il est spécialisé dans le transport des marchandises.

*

Parmi les navires amarrés en rade de Naples, le *Colossus* n'est pas le plus prestigieux. Sa silhouette massive contraste avec la ligne élancée des frégates. S'il est armé et possède des canons pour se défendre, sa vocation n'est pas de participer aux combats. C'est un bateau de ravitaillement, un des quatre dont dispose la Royal Navy, et le seul qui ait accompagné la flotte de Méditerranée.

Le rôle de ce type de bâtiment est capital : il transporte les munitions, le matériel et les vivres pour les autres navires. Il est aussi aménagé pour accueillir les malades et les blessés. Et les marins qui composent son équipage sont d'habiles ouvriers, capables d'effectuer n'importe quelle réparation.

Au cours de la campagne, le *Colossus* a vaillamment rempli sa mission. Il a sillonné la Méditerranée, chargé de tonnes d'ancres, de voiles et d'équipements de toutes sortes. Il a porté secours à plus d'un navire en difficulté et, après la bataille d'Aboukir, a récupéré à son bord une centaine de blessés anglais et français.

Le *Colossus* possède une grande cale partagée en deux. À l'avant, sont entassés des barriques d'eau et de bière, les vivres et tout le matériel en général. La cale arrière abrite des barils de poudre, des tonnes de munitions et des armes diverses. L'ensemble est enfoui dans le sable, pour éviter un choc qui pourrait être fatal.

Le capitaine du vaisseau George Muray est le commandant du *Colossus*. À plus de quarante ans, c'est un marin expérimenté et un ami de longue date de l'amiral Nelson. Aussi n'est-il pas surpris d'être invité au palais Sessa. Le chef de la flotte l'accueille chaleureusement :

— J'ai une mission de confiance pour vous, George, il s'agit de transporter une cargaison à laquelle vous n'êtes pas habitué.

— Je ferai de mon mieux, amiral. De quoi s'agit-il ?

— Un trésor aussi précieux que fragile. Sir William Hamilton possède une collection unique de vases grecs et il veut l'envoyer en Angleterre. L'emballage se fera ici et vous recevrez les caisses. Il faudra qu'elles soient protégées des chocs quoi qu'il arrive.

Le capitaine de vaisseau Muray réfléchit quelques instants et déclare :

— Je crois avoir trouvé : je vais les mettre dans la soute aux explosifs.

Comme Nelson manifeste sa surprise, il précise :

— Elles seront dans le sable. C'est le meilleur moyen de les maintenir en place. À moins d'un naufrage, elles ne bougeront pas.

— C'est parfait ! L'emballage sera terminé dans quelques jours. Vous partirez tout de suite après…

George Muray salue son chef et ami et se retire. Il n'est pas fâché de recevoir l'ordre de partir. On est déjà au mois d'octobre et, plus le temps passe, plus on va vers la mauvaise saison. Or, le *Colossus* est dans un état critique.

C'est un vieux bâtiment de onze ans qui a beaucoup souffert pendant ses dernières campagnes. Les voiles sont usées, le pont est vermoulu et percé par endroits. Mais le pire provient des parties maîtresses de la coque : elles donnent des signes de faiblesse et, en cas de trop forte pression des vagues, elles risquent de céder, entraînant la dislocation du navire. Le trajet de retour sera sa dernière traversée. Il sera ensuite désarmé et démoli. Reste à espérer que son dernier voyage se passera bien…

*

Le 15 octobre 1798, le *Colossus* s'apprête à quitter le port de Naples. Transportées avec les plus extrêmes précautions, les caisses viennent d'être embarquées. William Hamilton a tenu à assister lui-même à l'opération. Pendant tout ce temps, Emma s'est tenue à ses côtés. Nelson, lui, n'est pas présent. Des rumeurs commencent à courir sur sa liaison avec la jeune femme et il a jugé bon que le couple se montre seul.

Sir Hamilton se déclare enchanté de la manière dont ont été faites les choses, il multiplie les recommandations au capitaine et quitte le bord, avec Emma à son bras. Dès qu'ils sont partis, le capitaine de vaisseau Muray donne l'ordre d'appareiller. Le temps est splendide, mais le restera-t-il ?

Tandis que le *Colossus* quitte lentement le port de Naples, le capitaine prononce pour lui-même :

— À la grâce de Dieu !

*

Le début du voyage se passe sans encombre. Le temps est toujours radieux au passage du détroit de Gibraltar et les conditions météorologiques n'ont pas changé, lors de l'arrivée à l'unique escale : Lisbonne. Mais c'est là que se produisent deux incidents.

Le premier n'a rien à voir avec la navigation et ne devrait théoriquement pas avoir de conséquences, mais il cause au capitaine un réel malaise. Dès son arrivée dans le port, un contre-amiral britannique monte à bord et lui déclare :

— Vous êtes chargé par l'Amirauté de rapatrier en Angleterre le corps de l'amiral Shuldham. Je l'ai fait amener…

La personnalité de Molyneux Shuldham n'a rien à voir avec celle de Nelson. Nommé amiral à soixante-quinze ans, sans avoir accompli d'exploit particulier, il vient de mourir à Lisbonne. Son cercueil en plomb est visible sur le quai, prêt à être embarqué. George Muray donne l'ordre de le monter à bord et de l'installer dans la soute aux munitions, près des caisses.

Mais ses hommes sont tendus. Si lui-même est indifférent à ce genre de chose, les marins sont des gens superstitieux et, pour eux, transporter un mort porte malheur, à plus forte raison s'il s'agit d'un autre marin. À partir de maintenant, l'équipage va être nerveux et risque de ne pas avoir tous ses moyens en cas de coup dur.

Le second incident est beaucoup plus grave. Comme il est d'usage à chaque escale, un charpentier examine l'état du navire et son rapport est alarmant.

— Les pièces assurant la cohésion de la coque sont défectueuses. Elles peuvent céder à la première tempête. Le *Colossus* n'est pas en état de prendre la mer.

— Je le sais, mais je dois partir. Je n'ai pas le choix.

Le charpentier hoche la tête et a la même formule que le capitaine au début du voyage.

— Alors, à la grâce de Dieu !

*

Le *Colossus* quitte Lisbonne le 25 novembre et le miracle semble s'accomplir : le temps reste obstinément au beau fixe. Le 6 décembre, même si le ciel s'est assombri, l'Angleterre est en vue. Au loin, on peut distinguer la pointe sud-ouest des îles de Cornouailles. Mais, comme si le destin s'était ingénié à donner un faux espoir, c'est à ce moment précis que la tempête éclate.

Elle vient du nord et elle est aussi soudaine que terrible. Le vent souffle par rafales, des paquets de mer submergent le bastingage. Le bateau prend l'eau, il faut écoper sans relâche. George Muray se tient à côté du pilote et essaie de gagner les îles Scilly, qui prolongent les Cornouailles. Il sait que les parages sont extrêmement dangereux, que les récifs sont nombreux et redoutables. Par temps clair, on peut les voir, mais, au milieu de la tempête, on ne peut que se recommander à la providence.

Son but est de rejoindre l'île de Samson, où se trouve le seul mouillage convenable… Il finit par l'apercevoir. On ne peut la confondre avec aucune autre. Elle est constituée de deux collines encadrant une langue de terre plate. Le *Colossus* s'y dirige péniblement. Sa coque fait entendre des grincements, qui sont perceptibles malgré la tempête. Va-t-elle éclater ? Si c'est le cas, c'est la mort assurée pour tout le monde !

Heureusement, l'irréparable ne se produit pas et le vaisseau arrive au mouillage… La rade de l'île Samson n'a pas plus d'un mile de circonférence. Il n'est pas question de débarquer, car le *Colossus* est trop gros pour aller jusqu'au quai. Il fait 65 m de long, sur 18 de large et il est surchargé.

George Muray donne l'ordre de jeter l'ancre et envoie le maître d'équipage relever les fonds autour du bâtiment. Il faut savoir si la profondeur est suffisante et s'il n'y a pas en dessous quelque danger caché : rocher, épave, ancre abandonnée. Dans le mouvement d'ascenseur des lames, le bâtiment peut à chaque instant toucher le fond et, s'il rencontre un obstacle dur, c'est le désastre. Mais, après avoir procédé aux sondages, le maître d'équipage revient avec des nouvelles rassurantes : il n'y a aucun obstacle et suffisamment d'eau. Il ne leur reste plus qu'à attendre la fin de la tempête pour pouvoir repartir. Les voiles sont repliées, tout ce qui peut être arrimé est fixé...

Deux jours se passent sans que le temps s'améliore. Loin de faiblir, la tempête devient de plus en plus violente. Le 9 décembre, à 16 heures, la chaîne de l'ancre se rompt. C'est une véritable catastrophe. Le *Colossus* est secoué par un remous terrible, qui le fait osciller tout entier ; un instant, il menace même de se retourner.

Comprenant immédiatement la situation, le capitaine fait jeter l'ancre de secours, plus légère que la principale. Mais elle lâche à son tour vers 17 h 30. En désespoir de cause, Muray fabrique une ancre flottante en découpant plusieurs voiles et en les jetant par-dessus bord, retenues par des filins. Peine perdue : la fureur des vagues et du vent arrache tout.

La situation est critique. La tempête pousse le navire, désormais incontrôlable, vers une barre rocheuse où il va se fracasser. George Muray tente désespérément d'obliquer sa trajectoire. Il fait déplacer tout ce qu'il peut vers la proue, afin de l'alourdir et de faire pivoter le navire.

Mais ce qu'il redoutait se produit. Les hommes, habitués jusque-là à faire face à tous les dangers, semblent avoir perdu leur énergie, comme s'ils n'avaient plus d'espoir et avaient accepté leur sort. Il surprend des bribes de conversations :

— C'est l'amiral ! Il nous appelle dans son cercueil !

— Nous allons tous le rejoindre...

Certains restent hébétés, d'autres se sont mis à prier. Pour faire revenir la discipline, le capitaine emploie alors les grands moyens. Il donne l'ordre à ses officiers de sortir leur revolver et de menacer de mort ceux qui refuseront d'accomplir leur travail.

Vers 18 heures, le *Colossus* touche le fond, en face de la barre rocheuse de Wall Reef. Pour l'instant, c'est la marée basse, mais la mer va monter et Dieu sait à quelle hauteur elle va s'arrêter. Muray fait écoper les cales pleines d'eau, ce qui ne sert pas à grand-chose mais occupe les hommes et leur évite de ressasser leurs idées noires.

À minuit, le gouvernail est arraché et le vent redouble d'intensité. L'ensemble de la cale est inondé, le pont est submergé. Tout le monde a pris place sur le gaillard d'arrière, surélevé par rapport au reste, y compris la centaine de blessés, qu'on a déplacés à grand-peine. Mais les vagues s'acharnent et la position n'est bientôt plus tenable. Il faut monter dans les gréements.

Le plus difficile est, encore une fois, d'y installer les blessés, d'autant que leur état est le plus souvent affreux. Ils n'ont pas été touchés par les boulets, qui tuent pratiquement tous ceux qu'ils atteignent, mais par la mitraille. Celle-ci est constituée d'objets divers, dont on bourre les canons, le plus souvent des fers à cheval avec leurs clous, et l'effet produit est terrible. C'est l'un de ces projectiles qui a crevé l'œil de Nelson.

Les malheureux sont hissés dans des sortes de hamacs, faits avec des débris de voilure et restent dans ce refuge terriblement instable, en proie à la souffrance et à l'angoisse. Désormais, tout ce qui était humainement possible a été fait. Il n'y a plus, pour les naufragés, qu'à attendre une accalmie qui permettra aux habitants de l'île Samson de venir les secourir. Les survivants se comptent. Il n'y a qu'une victime à déplorer, le maître d'équipage, qui avait sondé les fonds sur l'ordre de George Muray. Il est tombé à l'eau et il a été impossible de le repêcher…

De l'autre côté de la rade, les habitants de l'île Samson n'ont rien perdu du drame. Ils sont une cinquantaine, des gens rudes pratiquant la culture de la pomme de terre et vivant dans des maisons presque enterrées pour résister à la fureur des vents. Ils ont compris ce qui venait d'arriver et se livrent à des commentaires fatalistes.

— Ce coup-ci, c'est le bon !

— Ils ne bougeront plus de là, c'est sûr…

Pour ces pauvres gens, un naufrage est toujours le bienvenu. Au pire, il apporte du bois pour l'hiver, mais le plus souvent, la cargaison, qui leur appartient selon le droit de la mer, fournit des provisions, des vêtements et des objets de toute sorte…

Ce ne sont pourtant pas des naufrageurs. Et, lorsque la tempête faiblit, ils montent sur leurs bateaux et, prenant tous les risques, se portent au secours des rescapés. L'opération de sauvetage dure plusieurs heures, dans des conditions extrêmement périlleuses, mais ils parviennent à récupérer tout le monde, y compris les blessés. À la demande du capitaine Muray, ils vont même dans la cale aux munitions, aidés de quelques marins, pour remonter le cercueil de l'amiral Shuldham.

Le *Colossus* abandonné à la fureur des flots, se disloque rapidement. Le 17 décembre, le grand mat tombe. La tempête ne cesse que le 21. Les naufragés peuvent alors regagner l'Angleterre, sur un navire envoyé à leur secours.

*

La perte d'une unité de la Royal Navy entraîne automatiquement la tenue d'un conseil de guerre. Le tribunal chargé de juger le capitaine de vaisseau George Muray se réunit peu après, sur le *Gladiator*, ancré à Portsmouth. Le capitaine expose longuement les circonstances du drame et produit le journal de bord, qu'il a réussi à sauver des flots.

Le verdict est en sa faveur : la tempête est la seule responsable du naufrage du *Colossus*. Acquitté, le capitaine

Muray, reçoit même les félicitations du conseil pour avoir, par son sang-froid, évité un drame plus grand…

Restent les vases, dont personne, au moment du naufrage, ne s'est soucié. Pendant plus d'un mois, Sir William Hamilton n'est pas informé de leur sort. La Cour de Naples vit des moments agités. Devant la marche de Napoléon dans la péninsule, elle s'est réfugiée en Sicile où elle subsiste dans des conditions précaires. C'est là qu'à la mi-janvier, l'ambassadeur britannique est informé par son neveu Charles Greville, de ce qui est, pour lui, la plus terrible des catastrophes.

La nouvelle lui porte le coup de grâce. Sa santé se dégrade, il souffre de crises de foie et de rhumatismes. Son moral est plus atteint encore. Un fossé le sépare désormais d'Emma qui, dans toute la splendeur de la trentaine, ne voit plus en lui qu'un vieillard maussade, obsédé par des soucis qu'elle ne partage pas.

Il rentre un peu plus tard en Angleterre. Elle le suit, mais elle est enceinte de Nelson et accouche d'une petite Horatia… William Hamilton mourra en 1803. Nelson ne lui survivra que deux ans. Il est tué à la bataille de Trafalgar, le 21 octobre 1805. Emma ne s'en remettra pas et mourra, alcoolique, en 1815.

Quant à l'épave du *Colossus*, elle est longtemps visible sur la barre rocheuse de l'île Samson. L'Amirauté finit par engager un plongeur, John Deane, inventeur d'un scaphandre « portatif, breveté et hautement approuvé ». Il ne remonte à la surface que ce qui peut intéresser la marine : deux canons, des poulies, des palans et des équipements variés. Il ne s'approche pas des caisses d'antiquités et, une fois son travail terminé, quitte directement les lieux. L'épave, elle, recouverte par la vase, disparaît dans les flots et dans l'oubli.

*

Un peu moins de deux siècles passent. En 1974, Roland Morris, un habitant des Cornouailles qui a depuis l'enfance le goût des mystères sous-marins, se promène sur la petite île de Samson. C'est le printemps. Il fait beau et un vent léger parcourt les herbes folles. Il y a longtemps que les champs de pommes de terre ont disparu et que le dernier habitant a quitté l'île. Les maisons abandonnées, à moitié enterrées et écroulées par endroits, ressemblent aux vestiges d'une civilisation étrange…

Né en 1919, Roland Morris a suivi très tôt sa passion : il a été scaphandrier et, lorsque la Seconde Guerre mondiale a éclaté, il l'a faite, tout naturellement, dans un sous-marin. La paix revenue, il a fondé une petite entreprise de récupération d'épaves et le travail n'a pas manqué, après les naufrages dus au conflit. Pourtant, il rêve depuis toujours de retrouver le *Colossus*. Il connaît tout de son histoire, liée aux amours de Nelson, le plus grand marin d'Angleterre.

Bien qu'il ne soit pas spécialiste en antiquités, Roland Morris connaît également tout de la collection Hamilton. Il s'est procuré la reproduction des croquis du dessinateur Tischbein, directeur de l'Académie napolitaine de peinture, qui avait reproduit les plus beaux vases avant leur emballage. Bien sûr, les fragiles objets ont dû être mis en pièces, tant par le naufrage que par les courants qui ont secoué l'épave depuis près de deux siècles. Il est exclu d'en espérer une grande valeur marchande, mais ce n'est pas ce qui compte pour Morris. Il s'est juré d'arracher à la mer les vases de Sir William. Il sera le premier depuis John Deane à plonger sur les lieux. Ce sera l'aboutissement du rêve qu'il poursuit depuis sa jeunesse et pour lequel il a, patiemment, réuni des fonds avec ce qu'il a gagné lors de ses précédentes missions.

*

Début juin 1974, son équipe s'installe dans les maisons en ruines de l'île et les opérations débutent. Elles sont loin d'être faciles. Roland Morris et ses plongeurs doivent affronter un fouillis d'algues inextricable. Ils se transforment en faucheurs sous-marins, une tâche épuisante, mais couronnée de succès car, au bout de plusieurs semaines, ils ramènent une petite ancre. C'est l'ancre de secours, celle qu'avait larguée le *Colossus* après la perte de la première. Il n'y a aucun doute possible, ils sont au bon endroit !

Conformément à la loi britannique, Roland Morris fait une déclaration officielle de découverte d'épave et reçoit le droit de poursuivre son exploration. Seulement, en raison du côté particulier de la cargaison, elle devra être supervisée par la section des antiquités grecques et romaines du British Museum…

Dans les jours qui suivent, les plongeurs trouvent des canons, des boulets et peuvent faire un relevé de l'épave, qui s'étend sur environ deux cents mètres de long et cent de large, ce qui est plus que la taille du bateau et s'explique par l'action des courants…

Ce n'est qu'au début de l'été de l'année suivante qu'un des plongeurs revient en brandissant un objet brillant et concave. Il s'agit d'un visage de satyre magnifiquement dessiné. Roland Morris le compare avec les croquis du dessinateur Tischbein : il appartient à un grand cratère, une des plus belles pièces de la collection !

À partir de ce moment, les fragments ne cessent de s'accumuler. Au bout de trois mois, il n'y en a pas moins de trente-cinq mille qui composent les pièces d'un fantastique puzzle. La directrice des antiquités du British Museum, Ann Birchall, est enthousiasmée. Le tout est envoyé à ses ateliers, pour une reconstitution sans précédent dans l'histoire de la restauration.

Et, après plusieurs années d'efforts, le musée présente au public, en septembre 1978, une exposition exceptionnelle : les antiquités du *Colossus*. Au milieu des pièces, trône, presque intact, le grand cratère. Les experts l'ont attribué au Peintre de Pelée, qui travaillait à Athènes en 440-430 av. J.-C. Tout autour, on peut admirer des vases de dimensions plus modestes, mais qui sont tous d'une facture remarquable. Leur séjour sous l'eau n'a pas altéré l'éclat de leurs peintures.

Ainsi s'est définitivement achevée l'histoire du *Colossus*. À défaut d'être exceptionnel, son trésor est un des plus étonnants et des plus émouvants à être jamais sorti de la mer.

13.

Le trésor rose

Lorsqu'il entre dans le bureau de son directeur, en cette matinée de mai 1979, Marcel Bleury n'a pas la moindre idée de ce qui l'attend… Ce jeune chimiste de vingt-neuf ans pense avoir donné, jusqu'à présent, pleinement satisfaction à l'important laboratoire pharmaceutique qui l'emploie. Et lui-même se plaît énormément dans son poste, qui allie science et conscience sociale, en mettant au point de nouveaux traitements.

À peine installé, le directeur lui tend la photo d'une jolie fleur rose.

— Savez-vous ce que c'est ?

— J'avoue que non. J'en ai peut-être dans mon jardin, mais je ne suis pas très calé en botanique.

— Il n'y en a certainement pas dans votre jardin. C'est une pervenche rare, la *Vinca rosea,* qui, à la différence des pervenches communes, ne pousse que dans les pays chauds.

— Et qu'attendez-vous de moi ?

— Que vous en assuriez la production.

— Vous voulez que je parte pour les pays chauds ?

— Exactement.

— Et où cela ?

— Je ne sais pas. C'est à vous de trouver…

Marcel Bleury ouvre grand les yeux.

— J'avoue que je ne comprends pas très bien !

Le directeur sourit et se met à lui expliquer… La *Vinca rosea* a une longue histoire.

*

Tout commence au milieu de XVIIIe siècle, lorsqu'un Orléanais à l'esprit aventureux, Étienne de Flacourt, décide de suivre des études de médecine pour devenir apothicaire. Son diplôme en poche, il se rend à Madagascar, appelée à l'époque l'île Dauphine, pour le compte de la Compagnie d'Orient. Il ne tarde pas à devenir le commandant général de l'île et crée, à Fort Dauphin, le premier jardin botanique de Madagascar. Parmi les plantes, figure une pervenche aux fleurs roses, appelée *tonga*, haute d'environ cinquante centimètres, qui pousse un peu partout à l'état sauvage.

À son retour en France, Flacourt en rapporte un échantillon, qu'il acclimate provisoirement à Blois, sur les bords de la Loire. Il lui donne le nom de *Vinca rosea*, pour la distinguer des espèces poussant naturellement dans la région, la grande et la petite pervenche, *Vinca major* et *Vinca minor*.

Les scientifiques remarquent rapidement les propriétés médicinales de la *Vinca rosea*. Elle est employée comme traitement presque partout où elle pousse, même si ce n'est pas toujours pour les mêmes raisons. En Asie, elle est utilisée contre le paludisme et la toux, aux Antilles, contre l'asthme, au Sénégal et au Surinam, contre le diabète, en Inde, pour le traitement des piqûres de guêpes.

Le temps passe… Avec les progrès de la chimie, la pervenche rose est analysée scientifiquement. On découvre alors que son utilisation empirique correspond à une réalité médicale. Elle ne contient pas moins de soixante-trois alcaloïdes aux vertus curatives incontestables, dont l'un, renfermé dans la racine, est particulièrement remarquable. Il s'agit de la raubasine, un oxygénateur cérébral, permettant d'améliorer la mémoire, la vision et l'audition chez les personnes âgées.

C'est le début de l'exploitation systématique de la *Vinca rosea*. Cultivée et récoltée à Madagascar, sa production suffit aux besoins de l'industrie pharmaceutique. Pourtant, dans les années 1970, naissent les premières difficultés. Madagascar connaît une période d'instabilité économique et politique. Les conflits armés se multiplient, les transports et la sécurité deviennent aléatoires. L'exploitation de la fleur rose doit progressivement être abandonnée…

C'est toujours le cas en 1979 quand le laboratoire de Marcel Bleury envisage de produire un médicament, dont le principe actif est la raubasine. D'où l'urgence pour son directeur de trouver un nouvel environnement pour sa production.

*

Cette fois, Marcel Bleury a compris où son patron veut en venir et il est très intéressé par ce projet. Il a pourtant deux questions à poser.

— Quel est le meilleur endroit pour faire pousser la pervenche rose ?

— Aucune étude n'a été faite. Il faut que ce soit un climat tropical, mais a priori n'importe quel pays peut convenir, en Afrique, en Asie ou en Amérique.

— Et pourquoi vous adresser à moi ? Je ne suis pas botaniste.

— Non, mais vous êtes intelligent et plein d'initiative. Vous nous avez semblé le plus désigné.

— Alors, c'est à moi de choisir ma destination ?

— Exactement !

— Il y a longtemps que je rêve de voir le Mexique. Si je vous dis : le Mexique, vous êtes d'accord ?

— Tout à fait…

Marcel Bleury réfléchit encore quelque temps. Après en avoir discuté avec sa femme, il finit par donner son accord et fait ses valises, avec pour objectif la recherche d'une jolie fleur rose.

*

Arrivé à Mexico, le scientifique consulte l'herbier de l'université où sont répertoriées toutes les plantes du pays. Si la *Vinca rosea* n'y est pas, il n'a plus qu'à refaire ses valises et à prendre l'avion pour une autre destination. Heureusement, elle y figure. Il se rend alors à la faculté de biologie et y interroge les spécialistes qu'il peut rencontrer. Les réponses ne sont guère encourageantes.

— Ce n'est pas une plante originaire du Mexique. Elle vient d'Afrique. Elle a sans doute été rapportée par des voyageurs. Il ne doit pas y en avoir beaucoup. Peut-être a-t-elle même disparu.

— Mais si elle existe, où la trouver ?

— Dans le sud du pays. Ailleurs, les conditions de chaleur et d'humidité ne sont pas suffisantes. Peut-être, à l'est, sur la côte atlantique, peut-être à l'ouest, du côté d'Acapulco…

Sans renseignements plus précis, Marcel Bleury se résout à parcourir le sud du Mexique en voiture. Pendant six mois, il fait des milliers de kilomètres, multipliant les allers et retours entre la côte atlantique et la côte pacifique et visitant des centaines de villages. Mais pas de traces de la fleur rose.

Découragé, il est sur le point de partir pour l'Inde, lorsqu'un jour, au bout d'une route en lacets bordée d'arbres gigantesques, il parvient au village de Los Mangos. C'est le premier qu'il rencontre depuis près d'une heure. Il a l'impression d'être au bout du monde.

Il traverse une longue enfilade de masures toutes aussi tristes les unes que les autres. Il n'y a pratiquement personne. Seuls des gamins jouent dans la saleté, tandis que des chiens efflanqués disparaissent à son approche. Soudain, il pile, dans une grande envolée de poussière… Là, dans ce jardin attenant à une baraque en planches disjointes, ce parterre aux tons roses, c'est de la *Vinca rosea* !

Le propriétaire des lieux, ne tarde pas à venir à sa rencontre. Il est jeune, entre vingt-cinq et trente ans, et vêtu pauvrement. Il a l'air étonné, inquiet, un rien hostile. Un étranger, c'est si rare à Los Mangos…

— Vous désirez, señor ?

Marcel Bleury se présente, lui montre le jardin et lui demande, avec une émotion qu'il ne peut cacher :

— Ces plantes, elles sont à vous ?

— Comme le jardin. Elles vous intéressent tant que cela ?

— Plus que vous ne pouvez le penser ! Est-ce que je peux entrer ?

L'homme accepte et se présente à son tour : il s'appelle Gonzalo Romero, il est ouvrier agricole… Arrivé dans le jardin, un potager bien entretenu, le jeune chimiste se penche sur les fleurs roses.

— Pourquoi les avez-vous plantées ?

— Je ne les ai pas plantées, elles poussent toutes seules. Pendant plusieurs années, je les ai arrachées, je préférais mettre des haricots et des tomates. Et puis, comme elles revenaient toujours et que ma femme les trouvait jolies, je les ai laissées.

— Il y en a beaucoup par ici ?

— Pas beaucoup. Quelquefois, sur le bord des chemins…

L'homme ajoute que, dans la région, on appelle la fleur, la *ninfa*, c'est-à-dire « la nymphe », en espagnol. Pourquoi ? Il ne le sait pas. Et il en vient à la question qui lui brûle les lèvres.

— Qu'est-ce que vous voulez faire avec cette fleur ?

Marcel lui explique qu'il est envoyé par un laboratoire pharmaceutique français, qui veut fabriquer un médicament à partir de la racine de la *ninfa*. Mais la teneur en pouvoir médicinal de celle-ci peut être variable. Il faudrait qu'il puisse en emporter un pied pour l'analyser.

Il s'intéresse ensuite à son interlocuteur. Ce dernier habite ici, avec sa femme Anita et leurs deux enfants. Cette maisonnette en planches et ce lopin de terre sont ses seuls biens. Il travaille dans les plantations de maïs, un jour chez l'un, un jour chez l'autre. Il n'a pas été à l'école, comme la plupart des gens à Los Mangos, ce village perdu où il n'y a ni eau courante ni électricité... Il conclut :

— Ici, tout le monde est pauvre, señor, et moi le premier. Vous pensez que la *ninfa* pourrait nous rapporter quelque chose, à Anita et à moi ?

— Si le résultat de l'analyse est bon, on peut envisager d'en faire la plantation.

Incrédule, Gonzalo Romero donne son accord pour que le jeune chimiste prélève un pied de pervenche. Celui-ci arrache une plante avec soin et quitte Gonzalo Romero, en lui lançant :

— Je reviendrai vous donner le résultat.

Mais il sait que l'ouvrier agricole n'en croit pas un mot...

*

Pour mener à bien son analyse, Marcel Bleury doit rentrer à Mexico. Les résultats, qui parviennent quinze jours plus tard, sont stupéfiants : la *Vinca rosea* de Los Mangos contient un taux de raubasine exceptionnel, plus de deux fois supérieur à celle de Madagascar ! Mis au courant de la nouvelle, son laboratoire lui demande d'en démarrer immédiatement la production. Il a carte blanche ; peu importent le temps et les moyens qu'il faudra !

Puisqu'il est amené à résider un long moment dans la région, Marcel établit ses quartiers à Catemaco, une jolie petite ville située au bord d'un lac à une quinzaine de kilomètres en contrebas de Los Mangos. C'est le seul endroit dans les environs où se trouve un hôtel digne de ce nom. Ensuite, il se rend chez Gonzalo Romero pour lui annoncer la nouvelle.

Il le trouve en compagnie de son épouse et de ses deux fils.

— Vous êtes revenu ! Elle était donc bien, ma *ninfa* ?

— Elle est formidable ! Je vous propose d'en commencer tout de suite la culture.

— Je ne veux pas vous donner mon jardin. C'est lui qui nous permet de nous nourrir.

— De toute manière, il faudrait un terrain plus grand. Vous ne voyez pas autre chose ?

— Je n'ai que cela, señor…

Anita intervient alors.

— Il y a bien le terrain de ma mère…

— Il fait quelle surface ?

— Un hectare à peu près, mais il est en friche.

— On le défrichera.

Il se tourne vers Gonzalo.

— Vous voulez bien m'aider ?

— J'ai mon travail.

— Je vous paierai et, ensuite, si tout va bien, je vous achèterai votre production.

— Vous êtes si riche que cela ?

— Pas moi, mon laboratoire…

Gonzalo Romero le regarde avec circonspection. Il se méfie. Pour lui, Marcel Bleury est un gringo, et les gringos prétendent tout diriger avec leur argent mais n'apportent que des complications et des ennuis… Le jeune chimiste insiste.

— Essayons quelque temps. Si cela ne vous convient pas, vous arrêterez.

*

Gonzalo Romero finit par accepter. Sa belle-mère consent même à prêter son champ. Le travail peut commencer… Le défrichement n'est pas une mince affaire, mais les deux hommes finissent par en venir à bout. Marcel analyse la terre, qui est d'origine volcanique, ce qui est un nouveau point positif, car elle convient très bien au développement de la pervenche.

Il doit ensuite recueillir les graines de *Vinca rosea* dans le potager de Gonzalo, partout où il peut en trouver. Ce sont de minuscules billes noires, contenues dans des sortes de gousses. Chaque fleur en possède une trentaine. Une fois toutes extraites, elles ne représentent pas plus de deux poignées. C'est peu, mais c'est avec cela que va débuter une grande aventure.

Les graines sont plantées. La surface ensemencée ne couvre qu'une petite partie du champ. Ils mettent alors en place un système d'arrosage, grâce à un rio coulant à quelques dizaines de mètres. Puis, ils installent des filets sur la terre, afin de protéger les graines des oiseaux. Maintenant, ils n'ont plus qu'à attendre…

Tous les jours, Marcel Bleury revient sur le terrain pour voir si, dans la terre aux tons ocre, apparaissent des traces de verdure, indiquant que la plantation a pris… Son manège ne passe pas inaperçu. L'attitude de la population est nettement hostile. Il aimerait bien s'expliquer avec les habitants, mais pas un ne lui adresse la parole et il préfère ne pas prendre les devants. Seuls les enfants viennent vers lui avec des cris joyeux, jusqu'à ce que leurs parents les appellent et qu'ils disparaissent !

Enfin, au bout de quinze jours, les premières pousses sortent du sol : une, puis deux, puis dix, puis une centaine. Leur croissance est particulièrement rapide ; visiblement, elles se plaisent à cet endroit. Une fois les fleurs arrivées à maturité, il prélève de nouveau les petites graines noires et les replante. Il double ainsi la surface ensemencée. Et, au bout de plusieurs mois, le champ de la belle-mère est entièrement recouvert d'un joli manteau rose.

Cette vision paye les deux hommes de tous leurs efforts.

Comme par enchantement, ils ont oublié la fatigue accumulée, les journées à peiner sous le soleil de plomb, les piqûres des moustiques, la crainte de celles des serpents, les pierres volcaniques qu'il a fallu déplacer ou les canaux qu'ils ont creusés pour amener l'eau.

Car Gonzalo Romero a fini par se passionner pour cette entreprise. Il y a, bien sûr, le salaire qu'il reçoit chaque semaine et la perspective de vendre sa récolte et de sortir de la misère, mais il s'est aussi pris d'estime et d'amitié pour Marcel Bleury. Il a découvert un homme sérieux et chaleureux, un scientifique exigeant, qui n'hésite pas à travailler de ses mains. D'autre part, il a été impressionné quand le jeune chimiste lui a expliqué que c'était la seule façon de produire un médicament pouvant soulager des milliers de gens.

Les habitants de Los Mangos voient, eux, toujours d'un mauvais œil l'intrusion du Français. Ils en font quotidiennement la remarque à Gonzalo Romero.

— Qu'est-ce que tu fais avec ce gringo ? Planter des fleurs, quelle idée !

— En attendant, il me paye !

— Il se moque de toi. Il te laissera tomber !

— Non seulement il ne me laissera pas tomber, mais il vous fera travailler vous aussi. Il fera la fortune de Los Mangos…

Le moment de la récolte finit par arriver. Marcel et Gonzalo bêchent délicatement chaque pied de *ninfa* pour ne pas les abîmer. Une fois les racines coupées à la machette et séparées du reste de la plante, ils passent au séchage. Pour cela, ils étalent leur récolte dans le jardin de Gonzalo, sur des bâches en plastique.

Une semaine s'écoule avant que les racines soient complètement sèches. Marcel Bleury peut alors les envoyer en France et payer au Mexicain le prix convenu. Quant au programme, il est simple : procéder à une nouvelle récolte.

Mais le jeune chimiste est confronté à un nouveau problème : l'extension de la production.

*

Dans le laboratoire français, les racines qu'il a envoyées sont accueillies avec la plus grande satisfaction. Leur teneur en raubasine est deux fois et demie supérieure à celle de Madagascar. Marcel Bleury a réussi à augmenter le taux présent à l'état naturel !

Si ce résultat est remarquable, il n'est qu'un début. Le médicament, exporté dans plusieurs dizaines de pays, nécessite une quantité importante de racines de pervenches. La direction demande donc à Marcel de développer l'activité sur place. Va-t-il réussir à convaincre d'autres paysans ? Rien n'est moins certain et, en cas d'échec, il faudra se résoudre à tout recommencer dans un autre pays. Des mois de travail auront été perdus et un grand espoir aura été déçu…

À Los Mangos, comme partout ailleurs, les paysans se divisent en propriétaires et ouvriers agricoles. Si ces derniers, comme Gonzalo Romero, sont dans une situation proche de la misère, les premiers sont loin d'être riches. Ils possèdent des parcelles guère plus grandes que celle déjà utilisée. La terre, partout d'origine volcanique, est bonne, mais ils manquent de moyens pour la mettre en valeur, surtout d'engrais et de machines. Ils l'exploitent de manière ancestrale, en y plantant ce que Dieu veut bien y faire pousser, la plupart du temps du maïs et des haricots.

Ce sont ces gens-là qu'il faut convaincre. Et Marcel Bleury sait qu'il n'y parviendra pas lui-même. Il laisse donc faire Gonzalo Romero, qui va d'abord trouver les plus dociles et organise une réunion. Une vingtaine de propriétaires s'y présentent, parmi lesquels une femme. Leurs visages sont fermés. Marcel et Gonzalo sont prêts à répondre à toutes leurs questions, qui ne tardent pas.

— Ça sert à quoi ce que vous faites ? Cultiver des fleurs, on n'a jamais vu une chose pareille !

C'est Gonzalo qui répond. Il insiste sur ce qui l'a le plus frappé.

— C'est pour faire un médicament qui permet aux personnes âgées de mieux voir, de mieux entendre et d'améliorer leur mémoire. C'est le laboratoire de Marcel Bleury qui le fabrique. Il y a très peu d'endroits au monde où pousse la *ninfa*. C'est pour cela que nous avons besoin de vous.

Les habitants de Los Mangos se regardent, étonnés. Visiblement, ils ne s'attendaient pas à cela. Mais leurs réticences persistent.

— On ne sait pas faire pousser les fleurs. On ne connaît que les légumes.

— Cela fait près d'un an que nous le faisons, avec Marcel. Nous vous montrerons.

Ce dernier intervient :

— Ce sera pour vous une activité bien plus rentable que celle que vous pratiquez actuellement. Mon laboratoire s'engage à vous acheter la totalité de votre production.

— Ce sont des paroles ! Si cela se trouve, un jour, vous disparaîtrez et nous resterons avec nos fleurs sur les bras.

— Ce ne sont pas des paroles. Je vous autorise à vous payer d'avance. Vous aurez votre argent avant même d'avoir commencé à cultiver.

Cette dernière proposition change complètement l'atmosphère, même si certaines objections subsistent. Les paysans de Los Mangos sont des gens simples, qui ne veulent pas bouleverser leurs habitudes. Leurs cultures servent à les nourrir. L'argent, ils l'utilisent pour acheter les choses importantes, celles qui nécessitent d'aller en ville, car il n'y a pas de commerçants au village. Marcel Bleury apaise leurs dernières craintes.

— Vous n'aurez pas tout à planter en *ninfa*. Simplement une partie. Vous pourrez conserver votre maïs et vos haricots.

Cette fois, tout le monde s'avoue convaincu et Marcel Bleury tient à les remercier personnellement. Mais quand il s'approche de la femme, pour lui serrer la main, il la voit reculer précipitamment, l'air apeuré. Gonzalo Romero lui chuchote :

— On ne peut pas serrer la main d'une femme mariée. C'est contraire à nos coutumes. Il faut l'autorisation du mari.

Marcel Bleury s'excuse aussitôt, mais l'affaire fait le tour du village et manque de faire échouer l'entreprise…

Quelques jours plus tard, un autre rebondissement, manque, lui aussi, de tout remettre en cause. Plusieurs épouses de paysans viennent trouver Gonzalo.

— Il paraît que le gringo a proposé de payer toute la récolte avant qu'on ait commencé à cultiver ?

— Oui. Cela ne vous convient pas ?

— Pas du tout. S'il a tout cet argent, mon mari va aller le dépenser dans les combats de coqs ou la boisson et, après, il ne nous restera plus rien.

— Qu'est-ce que voulez, alors ?

— Autre chose. On ne sait pas quoi, mais autre chose…

Marcel Bleury finit par trouver une solution : il paiera les paysans d'avance, mais en six fois, en fonction des étapes de la culture. Ce coup-ci, tout le monde se déclare satisfait et la production de la *Vinca rosea* peut réellement commencer.

*

Et cela marche ! Les graines du champ de la belle-mère sont suffisantes pour assurer une plantation de vingt hectares. Pour toutes les étapes suivantes, repiquage, désherbage, apport d'engrais, les paysans sont encadrés par Marcel et Gonzalo. Ils s'adaptent rapidement à cette nouvelle forme de travail. Bientôt, les ouvriers agricoles se pressent pour travailler chez eux, car ils sont mieux payés et plus régulièrement que dans les champs de maïs. Les propriétaires doivent refuser du monde.

Petit à petit, autour du village, une vingtaine de parcelles se couvrent d'une jolie couleur rose, sous l'œil étonné et quelque peu jaloux, de ceux qui ont refusé de participer à l'expérience. Los Mangos est devenu le premier centre de production de *Vinca rosea* au monde. Il est même le seul…

Tout cela finit par intriguer. La culture de cette pervenche, dont personne ne connaît l'utilité, doit cacher quelque chose. Et le fait est d'autant plus suspect que, dans la province voisine du Chiapas, tout le monde sait que les paysans se livrent en cachette à la production du coca. Sans qu'on sache d'où elle est venue, sans doute de Los Mangos même, une dénonciation anonyme parvient aux autorités et, quelques jours plus tard, Marcel et Gonzalo ont la surprise de leur vie.

Un matin, à l'aube, des véhicules blindés font irruption dans le village. Une nuée de policiers en descendent, mitraillette au poing, tandis que deux hélicoptères apparaissent et se mettent à tourner au-dessus des plantations. Ils finissent par se poser dans un champ, que les policiers ne tardent pas à encercler. Une jeune femme vêtue d'une combinaison blanche descend alors d'un des appareils, avec tout un équipement scientifique et se met au travail. Un officier se tient à ses côtés, un talkie-walkie à la main, prêt à donner des ordres, en fonction du résultat de l'examen.

Prévenu, Marcel Bleury arrive sur place, mais se voit empêché d'approcher par le cordon de policiers. Il ne peut qu'assister de loin au manège de la femme en blanc, penchée sur les fleurs. Au bout d'un temps qui lui semble interminable, elle se relève et dit quelque chose à l'officier, qui lui fait signe d'avancer. La femme le regarde avec étonnement.

— Pourquoi cultivez-vous de la *Vinca rosea* ? Que comptez-vous en faire ?

— Un médicament. Je travaille pour un laboratoire pharmaceutique.

— Dans ce cas, vous pouvez continuer. Il n'y a rien d'illégal.

Et, peu après, les hélicoptères décollent, tandis que les véhicules blindés disparaissent.

*

Quelques semaines plus tard, la récolte est un moment d'intense émotion. Au milieu de nombreux curieux, des charrues tirées par des taureaux, selon la coutume locale, découpent la terre pour extraire la racine sans la briser. Les ouvriers agricoles passent dans le sillage récupérer la totalité de la plante. Ils en font d'imposantes gerbes, et coupent leurs racines à la machette.

Celles-ci sont ensuite acheminées par carrioles vers la cabane de Gonzalo où elles sont étalées avec précaution sur de grandes bâches en plastique posées dans le jardin. Pendant une semaine, les curieux se pressent pour assister au séchage des plantes, finissant par provoquer la méfiance des propriétaires. Chacun d'eux reste à surveiller ses racines, la machette et, parfois, le pistolet à la ceinture.

Enfin, au septième jour, tout est terminé. Seuls ceux à qui appartiennent les racines sont autorisés à les manipuler. Ils les apportent, dans d'énormes sacs qu'il faut porter à plusieurs, vers la balance qu'a installée Marcel Bleury. Après la pesée, chaque propriétaire reçoit immédiatement le prix correspondant au poids, sous le regard envieux des autres habitants de Los Mangos, et signe le livre de comptes avec l'empreinte de son pouce droit. Enfin, les racines sont emballées par paquets de 100 kg et chargées sur un camion, qui les emporte au port de Veracruz, d'où elles seront acheminées jusqu'au Havre.

*

La culture de la *Vinca rosea* devient la principale activité de Los Mangos. Après la réception de la nouvelle récolte, le laboratoire de Marcel Bleury lui demande d'organiser la production industrielle de la fleur. Il doit créer une entreprise et porter la culture à cinquante hectares.

Il est temps pour lui de rencontrer le maire, car les autorités doivent désormais être associées à l'entreprise. Gonzalo Romero se charge de la prise de contact et Marcel Bleury est reçu officiellement par le conseil municipal.

Sur une placette à l'ombre d'un manguier, les élus écoutent le chimiste français. L'atmosphère est beaucoup plus détendue que lors des rencontres précédentes. L'examen des autorités de police a dissipé les soupçons de trafic de drogue et la réussite de la récolte a impressionné tout le monde. Les réticences n'ont toutefois pas totalement disparu.

Marcel Bleury tend au maire, un des rares hommes de Los Mangos qui sachent lire et écrire, les comptes de la récolte, ainsi qu'un rapport du laboratoire sur la *Vinca rosea*. Le magistrat les consulte, ne fait pas de commentaire et prend la parole d'une voix posée.

— Que voulez-vous faire, maintenant ?

— Augmenter la surface de production de trente hectares et l'organiser de manière rationnelle.

— Avez-vous bien réfléchi ?

— À quoi ?

— Vous croyez nous apporter la fortune, mais vous risquez de nous apporter la ruine. Los Mangos est une société traditionnelle. Nous vivons de la même manière depuis des siècles. Si nous abandonnons tout pour la *ninfa*, nous courons à la catastrophe.

— Il n'est justement pas question de cela. Je propose que les trente hectares supplémentaires soient répartis entre cinquante propriétaires. Ils ne consacreront à la *ninfa* qu'une partie de leurs terres, et continueront à cultiver du maïs et des haricots pour se nourrir…

Le scientifique explique, en outre, la méthode de paiement qu'il a mise au point. Si son laboratoire l'a chargé de régler d'avance, il le fait de manière échelonnée, ce qui évite des rentrées d'argent trop importantes, qui pourraient déstabiliser les ménages.

La conversation continue ainsi pendant quelques minutes. Le maire et le conseil municipal se rendent compte que le Français tient à respecter leurs traditions et donnent finalement leur accord… Satisfait, Marcel Bleury part à Mexico pour créer la société, qu'il baptise « Ninfamex ». Il en assure la direction, assisté par plusieurs collaborateurs venus de France, et ne se rend plus à Los Mangos qu'épisodiquement.

Sur place, Gonzalo gère l'organisation des cultures. C'est lui qui tient les comptes, qui initie les paysans nouveaux venus, les aide aux moments clés et contrôle le sérieux du travail effectué. Les méthodes n'ont pas changé, elles sont toujours traditionnelles. Les labours se font avec une charrue tirée par des taureaux, le repiquage, le désherbage, la récolte des graines et l'arrachage des racines sont effectués à la main.

*

La récolte suivante est excellente. Peu après, Marcel Bleury choisit alors de franchir une étape supplémentaire. Il décide que le broyage des racines aura lieu à Los Mangos même. Cela présente deux avantages : diviser de moitié le poids de la marchandise, ce qui réduira d'autant le coût du transport, et créer une source supplémentaire de revenus pour les villageois.

Pour y parvenir, il doit installer une petite usine à Los Mangos. Si le maire met à la disposition de la Ninfamex un terrain de dimensions suffisantes, un autre problème semble plus difficile à résoudre : Los Mangos n'a pas de réseau électrique. Les machines ne peuvent pas marcher. Grâce au bricolage de petits moteurs de voitures, l'usine réussit quand même à fonctionner pour la récolte suivante…

Le temps passant, Marcel Bleury décide d'augmenter la production et d'effectuer sur place d'autres opérations de traitement. Celles-ci nécessitent des machines plus puissantes qui demandent une plus grande énergie.

Le jeune chimiste fait donc une première demande de raccordement auprès de la compagnie d'électricité, mais se heurte à un refus. Le point le plus proche du réseau est à plus de 15 km et il n'est pas question, pour elle, d'engager ces dépenses. Après une longue discussion, Marcel Bleury finit par obtenir l'accord de la compagnie, en promettant de payer intégralement 3 km de ligne à haute tension, le transformateur et tous les frais de mise en place. C'est une victoire de plus : grâce aux pervenches roses, Los Mangos bénéficie non seulement d'une activité économique inespérée, mais va aussi avoir l'électricité !

En voyant arriver les employés, qui installent câbles et pylônes, le maire, ému, vient saluer Marcel Bleury.

— Merci ! C'est une nouvelle vie qui commence pour Los Mangos.

Le directeur de Ninfamex est aussi ému que lui. Il repense à ce jour où il était venu pour la première fois à Los Mangos, harassé après un interminable trajet en voiture et proche du découragement. Il demande :

— Après l'usine, où allez-vous amener l'électricité ?

— Nous en avons discuté au conseil municipal. Tout le monde est d'accord : nous allons éclairer le cimetière la nuit.

Marcel ne cache pas son étonnement, mais le maire lui explique que Los Mangos est proche de la petite ville de Catemaca, qui peut être considérée comme la capitale mondiale de la sorcellerie. Chaque année, les guérisseurs, chamanes, nécromants et autres exorcistes en provenance de toute l'Amérique et même du monde entier s'y donnent rendez-vous. Ils célèbrent des messes noires et des cérémonies sataniques en tout genre. Pour cela, ils ont besoin de cadavres, qu'ils vont voler dans la région… Et le maire conclut, avec un grand sourire :

— Grâce à vous, on ne nous prendra plus nos morts !

*

Depuis, le conte de fées continue. Aujourd'hui, plus de quatre cents hectares de *Vinca rosea* sont plantés à Los Mangos. Et le village a complètement changé de visage. Toutes les maisons sont construites en dur et bénéficient de l'électricité et de l'eau courante.

Los Mangos est devenu une agglomération animée. On y accède par une belle route asphaltée, qui a remplacé la piste desséchée par temps sec et détrempée par temps de pluie. Les édifices publics affichent fièrement le dynamisme de la cité. La mairie, un joli bâtiment à colonnade, se dresse sur la place principale, non loin de l'école maternelle et de l'école communale. Le taux d'alphabétisation, qui était proche de zéro lorsque Marcel Bleury a débarqué, atteint depuis plusieurs années cent pour cent. La commune possède même un gymnase et un terrain de football.

Tous les habitants ne sont pas des paysans qui se consacrent à la culture de la *ninfa*. Le village sans aucun commerce où on ne consommait que ce qu'il y avait sur place, essentiellement du maïs et des haricots, possède à présent plusieurs boutiques : des magasins d'alimentation, de vêtements, un coiffeur et même un luthier, les bois exotiques qui abondent dans les environs étant idéaux pour fabriquer les instruments de musique…

*

La *Vinca rosea* a été pour Los Mangos bien plus qu'une mine d'or. Les ruées vers l'or créent une richesse aussi fabuleuse qu'éphémère. Elles font pousser des villes comme des champignons, mais, dès que les filons sont épuisés, tout disparaît et il ne reste que des cités fantômes.

Le maire de Los Mangos avait raison de craindre que la *ninfa* apporte la ruine au lieu de la fortune. En bouleversant les structures ancestrales, elle aurait pu déstabiliser la population. Mais la sagesse de Marcel Bleury, qui a toujours choisi une méthode progressive et respectueuse des traditions, a su l'éviter. Grâce à lui, Los Mangos et sa région peuvent, dans tous les sens du terme, voir la vie en rose.

14.

Le récif d'or

En ce début de janvier 1897, l'été australien est écrasant. Dans le désert étouffant, un méhariste se rend à son travail sur son dromadaire quand, soudain, il voit un homme qui gît, inanimé, sur le sable rouge.

Venu des confins du Sahara, le nomade a accepté de s'établir à l'autre bout de monde parce que les Anglais lui ont offert un salaire sans commune mesure avec la vie de misère qu'il menait jusque-là. Les déserts sont nombreux et impitoyables dans leur lointaine colonie et ils ont besoin d'hommes ayant l'expérience de ces climats. Et, aujourd'hui, il travaille avec John Harding, un ingénieur géomètre chargé de faire des relevés en vue de futures routes…

Il se penche sur celui qu'il vient de découvrir. Il est jeune, vingt ans, peut-être un peu plus. Son visage est couvert d'une barbe broussailleuse et il serre des fragments de roches entre ses doigts. Son sauveteur a un hochement de tête.

— Encore un chercheur d'or !

En cette fin du XIXe siècle, rien n'est plus banal en Australie. Depuis une dizaine d'années, dans la région de Coolgardie toute proche, on ramasse littéralement les pépites sur les routes. En 1882, les fermiers Bayley et Ford, lancés à la poursuite de voleurs de bestiaux, ont été les premiers à en trouver. En chemin, ils ont aperçu des pierres aux veines dorées qui jonchaient le sol. Ils ont laissé partir les fuyards et n'ont eu qu'à se baisser pour ramasser quinze kilos d'or pur en un seul après-midi.

Cette découverte a provoqué une incroyable ruée vers l'or. En quelques mois, la population de la ville de Coolgardie a été multipliée par vingt ou trente. Un an plus tard, le même scénario se produit à Kalgoorie. Un autre fermier y découvre, au cours d'une promenade à cheval, des roches aurifères d'une grande richesse. Là encore, il n'a qu'à se baisser pour les ramasser.

Le méhariste n'est donc pas surpris de voir cet homme inanimé tenant fermement des pépites dans ses mains. Pourtant, l'événement est loin d'être ordinaire. Un siècle plus tard, il reste encore dans toutes les mémoires…

*

Deux jours ont passé. Le prospecteur a été conduit à dos de dromadaire dans le campement de Harding… Il revient de loin ! Il était dans un état de déshydratation extrême et ne doit sa survie qu'à la robustesse de sa constitution. À sa jeunesse sans doute aussi. Car, une fois rasé, il se révèle beaucoup moins âgé qu'il ne le paraissait. Il n'a certainement pas vingt ans.

Quand il revient à lui, l'ingénieur s'empresse de l'interroger.

— Vous avez une sacrée veine ! Vous vous appelez comment ?

— Lassetter. Sans vous je n'étais plus de ce monde !

— C'est vraisemblable. Ces pépites que vous aviez dans les mains, vous les avez trouvées où ? Dans la région de Coolgardie ?

— Pas du tout.

— De Kalgoorie, alors ?

— Non plus. C'est un autre gisement. Mais bien plus grand ! Je ne savais pas qu'une telle chose pouvait exister !

Intéressé, Harding l'écoute attentivement. Le rescapé, qui a frôlé la mort de près, n'a sans doute pas récupéré tous ses esprits, mais cela vaut la peine d'entendre ce qu'il a à dire…

*

Lewis Hubert Lasseter est né il y a dix-huit ans, à Meredith, dans l'État de Victoria. Il est le fils d'immigrants anglais de fraîche date. Son enfance est bercée par les fabuleuses légendes que lui racontent ses parents. Celle du champ de rubis l'a particulièrement fasciné. Selon un ami de la famille, la région des monts McDonnell recèlerait un véritable champ de pierres précieuses. Elles seraient aussi nombreuses que des coquelicots dans un champ de blé au printemps.

Devenu adulte, Lewis convainc ses parents de lui donner un cheval et des provisions pour partir vers le nord, en leur promettant de rapporter la fortune. Il part sans se retourner et parcourt les routes pendant plusieurs semaines. Mais, arrivé sur place, il comprend immédiatement la méprise. Les pierres rouges ne sont pas des rubis mais des grenats, dont la valeur marchande payerait à peine l'extraction…

Accablé par ce coup du sort, Lewis Lasseter décide alors de gagner la côte. Il est dégoûté de la prospection et de l'Australie en général et veut s'engager comme mousse dans le premier port qu'il rencontrera. D'après ses cartes, il estime que la chaîne McDonnell se prolonge en direction de l'ouest jusqu'à l'océan Indien, qui ne doit pas être très éloigné.

Cependant, de nouvelles semaines de marche s'écoulent sans que l'océan apparaisse à l'horizon. Le jeune homme, arrivé aux derniers contreforts de la chaîne, voit se dresser devant lui, sur des kilomètres, de nouvelles montagnes. Ses provisions s'épuisent, la situation devient de jour en jour plus désespérée. D'autant que le paysage change et qu'il se trouve en présence de collines de sable, plus évocatrices du désert que d'une région côtière.

Sa provision d'eau touche à sa fin. Il continue néanmoins à aller de l'avant et atteint une région accidentée où il a la chance de trouver une source. Il y plante sa tente, reste deux ou trois jours pour se reposer, et reprend la route en direction de la mer, après avoir rempli d'eau tous ses récipients…

*

Le regard du rescapé devient lointain. Des images passent devant ses yeux.

— Et c'est un peu plus tard que je l'ai découverte.

— La mine ?

— Oui…

— Il y avait beaucoup d'or ?

— Au début, je n'en ai pas vu. C'étaient des pierres de couleur verte. Elles étaient alignées comme si quelqu'un les avait posées et avaient des contours réguliers, comme si elles avaient été taillées. J'ai d'abord pensé à des préparatifs pour des travaux de voirie et j'ai cru que j'allais voir des ouvriers, mais il n'y avait personne. C'est alors que j'ai eu l'idée d'en casser quelques-unes. À l'intérieur, il y avait des veines dorées.

— Et ensuite ?

— J'ai continué tout droit et l'alignement de pierres a continué aussi.

— Elles ont peut-être été placées là par une tribu de sauvages.

— C'est ce que je me suis dit. J'ai pensé que j'étais dans leur lieu sacré et qu'ils allaient m'attaquer. Je ne quittais pas mon fusil. Mais rien. Il n'y avait pas plus de sauvages que d'hommes civilisés.

Lewis Lasseter regarde son interlocuteur avec intensité.

— À un moment donné, les pierres ont disparu. J'ai supposé que c'était fini, mais non ! Elles ont réapparu un mile plus loin, dans l'exact alignement des autres. J'ai creusé et je me suis aperçu qu'il y avait encore des pierres, mais sous la terre. À certains endroits, le filon est enfoui, puis, il revient à la surface et cela pendant une dizaine de miles.

— C'est extraordinaire ! Vous sauriez retrouver l'endroit ?

— Difficilement. D'autant qu'après, les choses se sont mal passées…

*

Et le jeune homme raconte la fin de son aventure. Il a continué pendant des jours encore sans parvenir dans les dunes de sable rouge. Il n'avait plus rien à manger. Son cheval a fini par mourir de faim. Il s'est retrouvé seul, perdu dans le désert. Peu après avoir bu ses dernières gouttes d'eau, il a perdu connaissance. C'est là que le méhariste l'a retrouvé.

John Harding a suivi tout ce récit avec passion. Il est enthousiaste.

— Je suis prêt à y retourner avec vous. Je finance l'expédition !

— Avec quoi ?

— J'ai de l'argent personnel.

— Et votre travail de géomètre ?

— Je l'abandonne. Vous aurez les trois quarts des bénéfices. Je me contenterai du quart.

Mais son interlocuteur se montre plus prudent.

— Avant de retourner là-bas, je voudrais être sûr que c'est bien de l'or que j'ai trouvé.

— Vous avez raison. Allons à Coolgardie faire expertiser les pierres.

*

Coolgardie ressemble à toutes les villes nées de la ruée vers l'or : des bâtiments construits n'importe comment, le plus souvent en planches, quand ce ne sont pas de simples tentes, qui voisinent avec des maisons en dur. Quant aux officines d'expertise, elles ne sont pas difficiles à trouver. Il y en a pratiquement une dans chaque rue.

L'homme à qui Lewis Hubert Lasseter remet ses échantillons ne manifeste aucune émotion : de l'or, il ne voit que cela à longueur de journée. La coloration verte des pierres suscite pourtant sa surprise.

— Drôle de couleur ! C'est un nouveau filon ?

— Oui, un nouveau filon…

Sans plus attendre, il se livre à son examen et, lorsqu'il revient, il ne peut cacher son étonnement.

— Mes compliments ! La teneur en or est de 850 g par tonne. C'est beaucoup plus que ce qu'on trouve d'habitude ici…

Au sortir de la boutique, John Harding est plus excité que jamais.

— Alors, quand partons-nous ?

Mais Lasseter secoue la tête négativement.

— Pas tout de suite. J'avais l'intention de m'embarquer sur un bateau, je n'ai pas changé d'avis. J'ai besoin de nouveaux horizons. Plus tard, peut-être…

Le géomètre a beau insister, il n'y a rien à faire. Le jeune homme a été trop éprouvé par cette aventure. Il a la certitude que, s'il retournait là-bas, il y laisserait la vie. Et, après avoir remercié encore une fois son compagnon, il le quitte là. Il lui promet seulement de rester en contact avec lui…

Lasseter prend la mer et, pendant trois ans, il ne donne plus signe de vie. Mais il tient finalement parole : au début de l'année 1900, il écrit à John Harding pour lui dire qu'il est prêt à partir avec lui. Cette fois, la grande aventure peut enfin commencer !

*

Lasseter décide de tout reprendre au point de départ. Il va partir de chez lui en direction du gisement de pierres rouges. Il espère qu'en refaisant le même parcours il finira par arriver à sa mine. La seule différence est qu'il dispose, cette fois, d'un équipement important : cinq chameaux, plus résistants que les chevaux dans les contrées hostiles où ils se rendent, des outils appropriés et des vivres en abondance…

Le calcul du jeune homme s'avère juste. À trois ans d'écart, il retrouve les traces de son passage, notamment ses bivouacs et, au bout d'un temps relativement rapide, il arrive devant le champ de grenats. De là, comme la première fois, il suit les monts McDonnell en direction de l'ouest et retrouve encore les vestiges de sa précédente équipée.

Au bout de plusieurs semaines, il reconnaît les collines de sable rouge où il avait failli mourir de faim et tombe même sur la source qui lui avait sauvé la vie… C'est avec un pincement au cœur qu'Harding et lui se remettent en route après avoir fait le plein d'eau. Jusqu'ici, tout s'est passé aussi bien qu'ils pouvaient l'espérer. Auront-ils la même chance jusqu'à la fin ?

La chance est toujours au rendez-vous. Arrivés dans un environnement rocheux, que John Harding identifie comme le massif Petermann, ils tombent nez à nez avec l'extraordinaire filon. C'est bien l'étrange alignement de pierres verdâtres disposées en rangée, comme par la main de l'homme. Heureux d'avoir touché au but, les deux hommes entreprennent le piquetage du terrain, grâce auquel ils pourront faire valoir leur droit sur la découverte. Harding effectue ensuite une mensuration précise du filon, qui s'étend, comme Lewis Hubert Lasseter l'avait dit, sur un peu plus de dix miles, soit environ 15 km.

Puis ils chargent dans des sacs de nombreux échantillons de pépites. Avant de partir, John Harding procède à l'opération la plus importante : la localisation du terrain. À cette époque, l'intérieur de l'Australie est pratiquement une terre inconnue. Les cartes sont inutilisables. L'ingénieur prend les repères nécessaires grâce à sa montre. Il note à quelle heure précise le soleil se lève et se couche, pour déterminer la longitude et la latitude. Une fois ce dernier travail effectué, ils prennent, euphoriques, le chemin du retour…

Ils sont en route depuis plusieurs semaines déjà et ont atteint la première ville lorsque Harding s'aperçoit que sa montre retarde de 75 minutes. Il ne sait pas depuis combien de temps date ce retard et doit se rendre à l'évidence : la position exacte du filon rocheux lui demeure inconnue !

Dépités, les deux hommes se disputent violemment. Lasseter est d'avis de retourner immédiatement à la mine.

— Revenons sur nos pas. Nous retrouverons notre chemin grâce à nos traces, comme nous l'avons déjà fait.

— C'est beaucoup trop loin. Nous n'avons plus de vivres.

— Rachetez-en !

— Avec quoi ? J'ai tout dépensé pour cette expédition. Je n'ai plus rien.

Devant la colère de son compagnon, John Harding fait une autre proposition.

— Allons trouver des financiers. Nous les convaincrons de monter une nouvelle expédition…

Les deux hommes se rendent finalement à Perth, capitale de l'Australie occidentale. Mais là, ils montrent leurs pépites sans éveiller le moindre intérêt.

— Oui, c'est de l'or. Et alors ?

— C'est un filon extraordinaire et la teneur en métal est prodigieuse.

— Pour l'instant, nous investissons dans les gisements de Coolgardie et de Kalgoorie. Ils sont encore très rentables. Le vôtre est dans une région inconnue et vous ne savez pas exactement où il est. Plus tard peut-être…

*

Plus tard : ces deux mots déterminent désormais l'existence de Lewis Hubert Lasseter. Il attend que l'or de

Coolgardie et de Kalgoorie s'épuise et que les financiers s'intéressent à sa mine.

Pour patienter, il s'embarque de nouveau et parcourt le monde. Il se fixe quelques années aux États-Unis, puis revient en Australie où il se marie. En 1914, il fait la guerre en Europe, dans les Dardanelles. En 1917, il est démobilisé, suite à une maladie. De retour à la vie civile, il essaie de nouveau d'intéresser les financiers à ce qu'il appelle tantôt « un récif d'or au centre de l'Australie », tantôt « la chaîne d'or des monts Petermann », mais l'exploitation à Coolgardie et à Kalgoorie se poursuit toujours et il n'obtient aucun résultat.

Alors, il vivote. Il est gérant dans une ferme, journaliste, met au point diverses inventions et tente d'en vendre les brevets, jusqu'en 1929. La crise mondiale provoque un brusque renchérissement de l'or. Et Lasseter pense que le moment est venu de tenter sa chance auprès du gouvernement.

Il est reçu, en compagnie de John Harding, par Sir Herbert Gepp, président de la commission du Développement. Mais les deux associés ont beau insister, exhiber leurs pierres vertes striées d'or, ils ne parviennent pas à convaincre leur interlocuteur qui les prend, pour des fantaisistes, ou, pire, pour des escrocs. Leur déception est terrible. Harding n'y survit pas. Il meurt peu après à Kalgoorie où il s'était retiré.

Par une cruelle ironie du sort, c'est à cet instant précis que la situation va enfin se débloquer…

*

En Australie, les syndicats disposent de fonds importants et ne manquent pas d'influence auprès des autorités. Lasseter décide de tenter sa chance de leur côté. Au début de l'année 1930, il se rend à Sydney, dans les locaux de l'Australian Workers Union, la confédération des travailleurs australiens.

John Bailey, son président, n'est pas peu surpris de voir entrer dans son bureau, sans s'être fait annoncer, un homme trapu à la tignasse poivre et sel et au pas lourd, qui se présente sous le nom de Lewis Harold Lasseter et qui lui raconte, avec des adjectifs emphatiques, sa découverte du récif d'or dans les monts Petermann. Pourtant, le syndicaliste se montre moins obtus que les autorités. Si la chose est vraie, ce serait une fabuleuse source de financement pour son mouvement.

Il ne dit pas non et entreprend de se renseigner. Auprès des scientifiques, d'abord. Les expertises faites sur les pépites fournies par Lasseter confirment leur exceptionnelle teneur en métal précieux. D'autre part, les géologues consultés estiment que la crête rocheuse porteuse d'or, qui est exploitée à Coolgardie et à Kalgoorie peut fort bien se prolonger souterrainement jusqu'en Australie centrale et refaire surface à l'endroit où Lasseter a découvert ses pépites.

Le président du syndicat s'adresse ensuite à des détectives. Ceux-ci épluchent le passé de Lewis Hubert Lasseter et interrogent ses relations. Leur enquête leur permet de dresser le portrait d'un original dont l'honnêteté ne peut être mise en doute. C'est peut-être un affabulateur, mais ce n'est en aucun cas un escroc.

Pour John Bailey, la situation est maintenant claire. Ils sont certainement en présence de la mine d'or la plus importante du monde. Les calculs les moins optimistes permettent d'envisager un profit de deux millions de dollars, suffisant non seulement pour assurer la fortune du syndicat et de ceux qui voudront s'associer à lui, mais aussi pour tirer l'Australie tout entière de la crise financière mondiale.

Il contacte Lasseter et, avec son bagout, parvient sans mal à réunir un certain nombre de capitalistes et d'organismes officiels pour créer une compagnie chargée de rechercher le filon : la Central Australian gold exploration company. Ses actions se vendent rapidement et, bientôt, la société se trouve à la tête d'un capital considérable.

Les soutiens affluent. Le gouvernement de Nouvelle-Galles du Sud assure le transport gratuit par voie ferrée jusqu'à Alice Springs, la fourniture de carburant et d'huile, les provisions de bouche et les équipements. Le gouvernement de l'Australie du Sud s'engage à aider l'expédition par tous les moyens en son pouvoir. Quant à la mère patrie, l'Angleterre, elle fait parvenir aux explorateurs un camion Thornycraft à six roues, véhicule tout terrain adapté au désert.

Elle fournit aussi un petit avion, qui partira en éclaireur et précédera la caravane à chacun de ses déplacements, afin de lui signaler les chemins praticables. Dès qu'ils approcheront du but, le pilote prendra Lasseter à bord et effectuera avec lui un vol de reconnaissance au-dessus de la région aurifère.

Le 1er juillet 1930, la troupe, qui a été dotée entre-temps d'un second camion, quitte Alice Springs, en Australie centrale. Tous les habitants sont dans la rue pour assister au départ de l'expédition. Seul l'avion reste sur place. Il attend que le groupe parvienne à la petite ville d'Ilbilba, où il aménagera une piste d'atterrissage.

Mais le trajet vers Ilbilba se révèle un cauchemar. À certains endroits, les explorateurs ne peuvent avancer qu'en se frayant un passage à coups de machette, dans un fouillis de lianes semblables à celles des forêts tropicales. À d'autres moments, ils sont aux prises avec une étendue de sable mou, sur lequel il faut disposer des nattes de palmiers, pour éviter que les véhicules s'enfoncent. Même dans les conditions les plus favorables, le Thornycraft ne dépasse pas les 3 km/h. Quant au camion loué à Alice Springs, il ne tarde pas à rendre l'âme.

Mi-juillet, l'hiver australien est particulièrement rude. Certaines nuits sont si froides qu'aucun des explorateurs ne peut dormir. Tous battent la semelle autour du Thornycraft. Mais personne ne peut y entrer. Lasseter s'est enfermé dans la cabine, un pistolet et deux chargeurs sur les genoux. Plus ils progressent, plus Lewis donne des signes de méfiance et s'entoure de précautions. Comme il devient susceptible et violent, aucun membre de l'expédition ne lui adresse plus la parole.

Après de très nombreuses épreuves, celle-ci atteint finalement Ilbilba où elle aménage la piste d'atterrissage. Mais la suite des événements n'est qu'une succession de contretemps et de malheurs. L'avion casse en se posant, il est inutilisable et il faut en louer un autre, avec tout le retard que cela implique.

Un second appareil finit quand même par atterrir à Ilbilba. Aussitôt, Lasseter et le pilote effectuent des vols en direction de la chaîne Petermann. C'est l'occasion d'une cruelle désillusion. Non seulement il est impossible de localiser le filon, mais il apparaît qu'un désert de pierres pointues sépare les explorateurs de leur but. Il faut se rendre à l'évidence : aucun véhicule terrestre n'est capable d'affronter un pareil terrain.

Lasseter n'en est pas contrarié outre mesure : il a une autre idée. Depuis quelques jours, un chasseur de dingos d'origine allemande, Paul Johns, est apparu dans le camp, avec quatre dromadaires. Et Lasseter veut louer ses services pour partir à la recherche de la mine… Il essaie de persuader le reste de la troupe qui tient conseil pendant des heures. La majorité estime qu'il serait sage de renoncer, tout au moins provisoirement, et de retourner à Alice Springs. Mais Lasseter s'y oppose violemment.

— Moi, je continue ! Jamais, je ne reviendrai en arrière !

Puis il se tourne vers le chasseur de dingos.

— Venez avec moi ! Tous vos frais vous seront remboursés par le syndicat.

Paul Johns n'hésite pas.

— L'aventure mérite d'être tentée. Je suis partant !

Les autres en tirent les conséquences qui s'imposent. Le pilote est le premier à réagir et s'envole pour Alice Springs.

Puis, le reste du groupe plie bagages et prend le chemin du retour. Lasseter et Johns partent, eux, de leur côté, avec leurs dromadaires chargés de ravitaillement et d'eau potable.

*

Alors qu'ils entrent dans un désert brûlant en direction du très lointain massif aurifère, ils découvrent qu'ils sont surveillés par des groupes d'indigènes Myall, particulièrement redoutables. Mais ils ne se laissent pas impressionner et vont de l'avant, au trot de leurs montures, dans le silence impressionnant de ces espaces sans végétation.

Au bout de quelques jours, ils atteignent les abords de la chaîne Petermann… Johns est de plus en plus saisi par la fièvre de l'or. Il presse son compagnon de questions sur l'emplacement du filon. Lasseter n'a plus aucune confiance en lui. Et, un beau matin, il quitte discrètement le campement. Le chasseur de dingos est d'abord inquiet, puis furieux, mais il reste sur place à attendre.

Le lendemain soir, Lasseter reparaît, avec un gros sac sur l'épaule.

— D'où viens-tu ?

— J'ai été faire un tour dans mon filon.

— C'est des pépites que tu as là ?

— Évidemment !

— Alors, montre-les-moi !

Lasseter refuse et les deux hommes finissent par en venir aux mains. C'en est trop pour Johns, qui décide de s'en tenir là. Il fait ses bagages et laisse deux de ses dromadaires à Lasseter. Il tend ensuite la main à ce dernier, qui l'envoie promener :

– Fous le camp et le plus vite sera le mieux !

Le chasseur de dingos hausse les épaules :

— OK, Lasseter. Je présenterai au syndicat la facture pour

les deux dromadaires que je te laisse. Quant au chameau que tu es toi-même, je lui en ferai cadeau, de grand cœur…

*

Ce sont ces paroles que Paul Johns répète textuellement à John Bailey et aux dirigeants de la Central Australian gold exploration company, réunis à Sydney, ajoutant qu'il ne serait pas resté avec Lasseter « pour tout l'or du monde ». Mais il précise aussi :

— Je suis inquiet pour lui. Il est dans une région où la survie est extrêmement difficile.

Bailey et ses associés agissent sans délai. Mais les recherches, menées par avion, ne donnent rien… Et il n'y a pas d'autre moyen pour se rendre sur place. En décembre, on décide de faire appel à un célèbre trappeur d'Alice Springs, Robert Buck, qui connaît l'Australie centrale comme sa poche. Il accepte de prendre la tête d'une nouvelle expédition et se lance dans le désert en compagnie de ses chameaux et de quelques indigènes.

Pendant trois mois, il parcourt en tous sens les étendues de sable rouge. Buck s'entend à merveille avec les aborigènes, qu'il côtoie depuis longtemps, mais aucune tribu ne lui donne le moindre indice sur le disparu.

En suivant son intuition, il découvre enfin des traces de Lasseter aux trois quarts effacées, dans la cordillère de Petermann. Elles s'arrêtent malheureusement tout d'un coup et ne reprennent nulle part…

Mi-décembre arrive. C'est la saison la plus pénible de l'année. La chaleur torride rend l'atmosphère irrespirable. Buck continue pourtant à faire avancer sa caravane toujours plus profondément dans le désert. Au bout de quelques jours, il trouve les vestiges d'une selle provenant d'un des dromadaires de Johns. À quelques pas de là, il repère un foyer éteint. Suivant la coutume des trappeurs, il fouille sous la cendre, pour y trouver un message.

Contrairement à ce qu'il espérait, rien n'a été enterré. Lorsqu'il explore le rembourrage de la selle, il trouve cependant un bout de papier sur lequel Lasseter a écrit qu'à cet endroit même ses deux dromadaires se sont enfuis avec tout le ravitaillement et que le soleil le fait souffrir cruellement. Il termine par ces mots : « Creusez à dix pieds du foyer. » Buck creuse et trouve une boîte de conserve. Elle est malheureusement vide. Le jeu de piste n'a rien donné, mais il est maintenant tout près du but.

Pendant plusieurs jours, la troupe suit encore les traces de Lasseter, qui les conduisent dans un camp d'indigènes abandonné depuis peu. Au bout de trois jours, Buck retrouve la tribu. Elle compte environ deux cent cinquante hommes, armés de lances et de boomerangs. Leur accueil n'est guère amical.

— Je cherche un homme blanc aux cheveux gris. Il était ici il y a quelques mois.

Tous secouent la tête, la mine farouche.

— On n'a pas vu d'homme blanc.

Mais le trappeur n'en croit pas un mot et ne se gêne pas pour le dire. Il dresse son camp à proximité. Toute la nuit, ses hommes et lui montent la garde, les armes à la main. Vers trois heures du matin, un vieil indigène se glisse parmi eux. Il vient chuchoter à l'oreille de Buck :

— Celui que tu cherches était avec nous. Mais il a cessé de vivre.

— Il a été tué ?

— Non, il était malade. Je peux te conduire. Suis-moi…

Robert Buck le suit dans un boqueteau voisin. Il y découvre un cadavre desséché. Il reconnaît immédiatement Lasseter. Buck se recueille devant le mort et inspecte son campement. Sous les cendres d'un foyer voisin, il déterre des feuillets de papiers roussis : des lettres où il manque souvent des mots entiers. Cette fois, il va tout savoir…

En attendant, au petit matin, il fait creuser une fosse par ses hommes et y enterre la dépouille. Puis il trace, à la pointe du couteau, le nom du défunt dans l'écorce d'un caoutchouc.

*

À l'aide des indications portées dans le journal de Lasseter et des croquis qu'il a dessinés, Buck peut reconstituer, du moins fragmentairement, les dernières semaines de la vie du prospecteur.

Il a tenu ce journal pendant soixante-huit jours et y prétend avoir retrouvé le filon.

Après le départ de Johns, il est retourné dans la mine pour photographier le site. Il a également pris des repères, qui, cette fois, lui permettraient de revenir sans difficulté sur les lieux. Mais, dès le lendemain, les dromadaires s'enfuient, le laissant sans eau et avec très peu de nourriture.

Heureusement, il rencontre une tribu d'aborigènes qui partagent avec lui leur maigre pitance. Il leur promet de leur rendre deux fois cette nourriture, quand ses amis, « qui sont en route avec de grosses quantités de victuailles », viendront le rejoindre. Les indigènes l'adoptent. Ainsi qu'il l'écrit, c'est une vie terriblement rude, mais il sait que sa seule chance de survie est de rester en leur compagnie.

Quelque temps après, il tombe malade. Atteint par la cécité des sables, harcelé par les taons, mordu par les fourmis rouges, il n'oppose plus à la mort aucune résistance. Les indigènes perdent patience. Ils ne croient plus à ses promesses de victuailles à partager et ne lui donnent qu'occasionnellement une poignée de nourriture.

Et le journal de Lewis Hubert Lasseter se termine sur ces derniers mots : « Manger des figues bien mûres... plus jamais. »

*

Mais son histoire ne s'arrête pas avec sa mort. Devenus des mythes, le personnage et son récif d'or ont inspiré le roman *Le Dernier Voyage de Lasseter*, paru en septembre 1931. L'ouvrage, qui décrit de manière évocatrice le fabuleux gisement, est un véritable best-seller et est réédité dix-sept fois.

De leur côté, d'autres personnes, moins attirées par le rêve que par les réalités matérielles, cherchent à mettre la main sur ce filon, qui, s'il existait, serait le plus important du monde. Depuis 1931, des expéditions en direction des monts Petermann se sont multipliées. Si la plupart d'entre elles ont été méthodiquement organisées, un certain nombre de personnes agissant de manière individuelle ont perdu la vie dans l'aventure.

Une des plus importantes tentatives a lieu en 1967. Un groupe de quatorze membres part d'Alice Springs, à l'initiative de l'ex-maire de Sydney, le géologue et ingénieur Neville Harding. Parmi eux, figure l'ancien pilote de l'expédition de Lasseter, Errol Coote, alors âgé de soixante-cinq ans. Tous reviennent au bout de quelques mois, sans avoir déchiffré l'énigme des monts Petermann. Ils ont malgré tout retrouvé une boîte de fer enterrée par Lasseter, contenant des pellicules et des croquis. Mais les pellicules ont été décomposées par la chaleur et les croquis, peut-être en raison de l'état de faiblesse de son auteur, semblent incohérents.

En 1992, *Rêve de millions*, le journal de bord de Fred Blakeley, le chef de l'expédition de 1930, est publié à titre posthume. Il se montre très critique envers Lasseter, qu'il considère comme un mythomane et qu'il appelle « le rêveur d'or ». Pourtant, le livre est, lui aussi, un best-seller et contribue à entretenir la légende.

Le temps passant, le récif d'or reste introuvable, ce qui, avec les moyens modernes d'investigation, les avions, voire les satellites, semble prouver son inexistence. Si un ensemble de l'importance de ce qu'a décrit Lasseter se trouvait quelque part au centre de l'Australie, quelqu'un l'aurait forcément vu.

Ce n'est pourtant pas certain, si on tient compte des conditions très particulières qui règnent dans cet environnement. La surface du désert se déplace constamment et il est possible, selon les spécialistes, que le récif ait été recouvert de sable, ce qui le rendrait invisible même depuis le ciel.

S'appuyant sur cette nouvelle hypothèse, les explorateurs en tout genre continuent la course au trésor. Des chercheurs reprennent même les notes de Lasseter, en essayant d'y trouver le fin mot de l'énigme. Ce dernier a mentionné plusieurs fois un lieu nommé Winter's Glen, comme étant la principale base de départ de ses expéditions. Quand il atteignait Winter's Glen, il savait où il était. Mais qu'est-ce que Winter's Glen ? À cette époque, les cartes étaient rudimentaires et changeaient perpétuellement. Les endroits étaient souvent renommés à mesure que les explorateurs s'y rendaient. La seule carte trouvée mentionnant Winter's Glen le place dans le sud de la chaîne Petermann, mais l'endroit est manifestement trop éloigné.

En 1979, l'explorateur Herbert Deloraine, cinquante-cinq ans, crée une nouvelle association, disposant d'un budget considérable, pour découvrir le récif d'or. Il avait tenté de s'y rendre vingt ans plus tôt mais le gouvernement lui avait interdit de pénétrer dans cette zone appartenant aux aborigènes.

Il a, cette fois, toutes les autorisations nécessaires et, comme il a passé pratiquement toute sa vie à étudier le problème, il a de fortes chances d'aboutir. Deloraine affirme, notamment, avoir recueilli des informations capitales de la part d'un indigène et d'un chasseur de dingos, qui ont tous les deux rencontré Lasseter. Au dernier moment, il doit pourtant faire face à une concurrence inattendue : le propre fils de Lasseter, Robert, cinquante-quatre ans, se lance, lui aussi, dans l'aventure. Ni l'un ni l'autre n'obtiendront le moindre résultat…

La dernière expédition date de 2008. C'est la dix-septième tentative officielle, sans compter les initiatives individuelles, qui se sont souvent transformées en tragédies. Elle est dirigée par l'homme d'affaire Lutz Frankenfled. Ce dernier prétend avoir découvert la localisation du récif, actuellement recouvert par les sables, mais refuse de la révéler avant d'avoir commencé à creuser. C'est dire la curiosité qui l'entoure quand il se met en campagne. Pourtant, il échouera aussi complètement que les autres…

À ce jour, tous ces échecs n'ont pas mis un terme à la quête du récif d'or. La théorie des sables qui se déplacent, l'existence réelle des pierres de couleur verte contenant de l'or à un taux exceptionnel et celle de John Harding, qui était un scientifique posé, et qui a juré avoir vu le filon des monts Petermann… Tous ces éléments entretiennent le mystère.

*

Depuis le début de la civilisation, l'or a toujours enflammé les esprits. Même s'il relève de l'imaginaire, le rêve de Lasseter est celui de tous les hommes. Et son récif d'or continuera encore longtemps à faire rêver tous les aventuriers…

15.

La tête d'un roi

Cette chasse au trésor d'un type très particulier commence par un prélude en trois actes. Le premier a lieu à une date que tous les écoliers de France connaissent par cœur : le 14 mai 1610.

Ce jour-là, Henri IV a décidé de rendre visite à son Premier ministre Sully qui, légèrement malade, est alité dans son hôtel de l'Arsenal… Il est 16 heures. La matinée a été pluvieuse, mais le soleil vient de faire son apparition et le roi décide de relever les rideaux de cuir de son carrosse. Il choisit également de ne pas se faire accompagner de son escorte. Comme il est très populaire, son passage suscite toujours des attroupements et il préfère se déplacer incognito, pour gagner du temps.

Le véhicule s'ébranle… Henri IV est assis entre le duc d'Épernon, ancien mignon d'Henri III et ancien chef du parti catholique devenu son conseiller, et monsieur de Montbazon. Tandis que le carrosse s'engage dans la rue de la Ferronnerie, il est arrêté par un incident de la circulation. Un chariot de vin et une charrette de foin se sont accrochés devant une auberge portant l'enseigne *Au cœur couronné percé d'une flèche*. C'est là que le destin va basculer.

Depuis son départ, un homme suit le carrosse, un couteau à la main, attendant l'occasion de le rattraper. C'est un grand échalas à la barbe noire et aux cheveux ébouriffés. Il se nomme François Ravaillac et, dans son esprit troublé, il a une idée fixe : tuer le roi.

L'embouteillage lui donne la possibilité d'agir. Il monte sur une borne et frappe le souverain. Ce dernier s'écrie :

— Je suis touché !

En même temps, il a un geste fatal. Il lève le bras et découvre la région du cœur. L'agresseur en profite pour porter un nouveau coup, mortel, celui-ci. Henri IV s'effondre… Tandis que des soldats se sont emparés du meurtrier et le protègent de la fureur de la foule, qui veut le mettre en pièces, le duc d'Épernon lance :

— Ce n'est rien ! Le roi n'est que blessé !

Et il fait faire demi-tour au carrosse, direction le Louvre… Henri IV a perdu connaissance. Le second coup a touché les vaisseaux du cœur et perforé le poumon, provoquant une hémorragie interne foudroyante. Le blessé est conduit dans ses appartements par un escalier dérobé, surnommé « le petit degré ». La reine Marie de Médicis et son fils, le futur Louis XIII, âgé de seulement huit ans, sont appelés à son chevet. Tous deux découvrent un moribond au teint cireux, aux yeux et aux lèvres clos, peut-être déjà un cadavre…

La mort d'Henri IV, roi de France et de Navarre, est annoncée officiellement à 18 heures. Les grands du royaume défilent devant l'illustre disparu. Le 15 mai au soir, certains d'entre eux assistent à son autopsie. Le rapport est rédigé par Jacques Guillemeau, premier médecin du roi. Il confirme le coup mortel au cœur. Concernant l'embaumement, en revanche, les informations sont plus rares. On sait juste que la poitrine est ouverte pour en retirer les organes, notamment le cœur, qui sera donné à des religieux. Mais le compte-rendu ne dit rien de plus.

Le roi est ensuite exposé pendant dix jours au Louvre, dans la salle des Cariatides et inhumé en grande pompe dans la basilique de Saint-Denis, comme tous ses prédécesseurs.

*

Le deuxième acte du prélude a lieu près de deux siècles plus tard, dans une autre période agitée de l'histoire de France... Nous sommes le 12 octobre 1793. La Terreur bat son plein. Les insurrections succèdent aux insurrections et, ce jour-là, le peuple de Paris a décidé de s'en prendre non plus aux vivants, mais aux morts.

Une foule en armes envahit la basilique de Saint-Denis et se rue dans la nécropole où sont inhumés les souverains. La scène est hallucinante. Les tombeaux sont fracassés, les cercueils ouverts et les corps extraits les uns après les autres. Certains ne sont plus que des os, d'autres sont dans un état de décomposition avancée. Il faut tirer des coups de feu en l'air pour couvrir, par l'odeur de poudre, la puanteur qui envahit la basilique.

Parmi ces restes macabres, ceux d'Henri IV se distinguent de manière remarquable. Malgré le temps écoulé, ils sont admirablement conservés. On reconnaît parfaitement sa barbe grise et son profil caractéristique. C'est sans doute pour cela que, tandis que les autres corps sont laissés dans leur cercueil avant d'être jetés à la fosse commune, le sien est exposé contre un pilier.

Durant deux jours, hommes et femmes défilent pour le contempler et, s'il y a quelques manifestations hostiles, ils font majoritairement preuve d'un étonnant respect. Deux raisons expliquent ce comportement. Henri IV a été le plus populaire des rois de France, sinon le seul. Ensuite, dans la mentalité de l'époque, seuls les corps des saints se conservent de cette manière et même les révolutionnaires ne peuvent s'empêcher d'être impressionnés.

Au bout de deux jours, les dépouilles royales sont jetées dans une tranchée, qui a été ouverte près de la basilique. De nouveau, Henri IV a un traitement particulier. Alors que les autres corps sont simplement foulés aux pieds, le sien est systématiquement mutilé. Un témoin dira qu'il a été

« taillé en pièces au sabre ». La foule veut prélever des reliques, soit pour les garder soit pour les vendre. Mais les témoignages s'arrêtent là. Nul ne sait exactement dans quel état a été laissé le reste de son cadavre.

*

Pour assister au troisième acte du prélude, il faut franchir un peu plus d'un siècle et, cette fois, la scène n'a plus rien à voir avec la grande histoire. Le 31 octobre 1919, une vente aux enchères a lieu à l'hôtel Drouot. Il ne s'agit pas d'une de ces manifestations prestigieuses qui font se déplacer les messieurs fortunés et les élégantes, c'est, au contraire, une vente tout ce qu'il y a d'ordinaire, qui n'a attiré que des professionnels et des habitués.

L'huissier procède à un déballage d'objets sans valeur, de rebuts de grenier, devant une assistance indifférente. Parmi elle, Joseph Émile Bourdais, un brocanteur, qui est venu de Montmartre où il tient une modeste échoppe. Le commissaire-priseur déclare soudain :

— Une tête momifiée. Mise à prix cinq cents francs.

L'annonce réveille le public, qui éclate de rire, tout en contemplant le chef parcheminé d'un barbu grisonnant. Mais personne ne fait d'enchère. Le commissaire-priseur s'impatiente :

— Dix francs, alors…

Le silence persiste.

— Toujours rien ? Décidez-vous. Qu'on en finisse avec ces saletés !

Joseph Émile Bourdais lève alors le doigt et lance :

— Trois francs !

Le maillet s'abat.

— Trois francs… Adjugé à monsieur !

Et le brocanteur rentre chez lui avec un objet qu'il n'aurait certainement jamais pensé acquérir et dont il se demande ce qu'il va bien pouvoir en faire. Sa seule consolation est que, s'il n'arrive pas à le vendre, ce ne sera pas la ruine. Car, même en 1919, trois francs, ce n'est pas grand-chose, cela représente tout juste un peu plus de trois euros…

*

Fin du prélude. Nous sommes en 2008 et deux journalistes de télévision, Pierre Belet et Stéphane Gabet, préparent une émission sur les quatre cents ans de la mort d'Henri IV. Pour cela, ils sont d'abord venus rendre visite à celui qui fait autorité en la matière, le principal biographe du « bon roi », l'historien Jean-Pierre Babelon.

Ce dernier leur fait part de l'état de ses connaissances et, au moment où l'entretien allait se terminer, ajoute, d'un ton amusé :

— J'ai oublié de vous parler d'une anecdote folklorique : la tête d'Henri IV.

Les deux journalistes dressent l'oreille.

— De quoi s'agit-il ?

— C'est une histoire bien connue de tous les spécialistes. D'abord, sans que ce soit certain, il semblerait qu'elle ait été coupée par les révolutionnaires, quand ils ont exhumé les corps des rois de France. Ensuite, il y a eu cette vente à l'hôtel Drouot, en 1919…

Et Jean-Pierre Babelon raconte la suite… En rentrant chez lui, Joseph Émile Bourdais examine attentivement la tête momifiée et est frappé par sa ressemblance avec le plus populaire des monarques français. La barbe grise, le nez allongé, caractéristique des Bourbons, tout correspond. Immédiatement, sa conviction est faite : il s'agit de la tête d'Henri IV !

À partir de ce moment, toute sa vie s'organise autour d'elle. Il est persuadé d'avoir en sa possession un des témoignages les plus importants de l'histoire de France. Il propose sa relique au musée du Louvre, qui la refuse. Il se démène tant qu'il peut, en parle à toutes les personnes qu'il rencontre, écrit des articles pour les revues qui veulent bien les publier. Mais rien n'y fait. Personne ne prend au sérieux les déclarations de ce brocanteur sans instruction. On le considère comme un original, voire un illuminé. Dans les années 1930, il quitte Paris pour Dinard. Il meurt en 1946 sans que l'on sache ce qu'est devenue son acquisition si particulière…

Tel est le récit que fait l'historien Jean-Pierre Babelon à Pierre Belet et Stéphane Gabet. Ceux-ci décident immédiatement de changer le sujet de leur émission. Peut-être, l'histoire est-elle folklorique, comme l'a dit leur interlocuteur, mais si elle est vraie, elle est absolument extraordinaire !

*

Le jeu de piste commence… Les deux hommes se rendent à la basilique Saint-Denis. Il y a, dans la crypte, juste à côté du cercueil de Marie-Antoinette et de Louis XVI, une caisse remplie d'ossements volés durant la Révolution, sur laquelle figure un nom : Alexandre Lenoir. Il ne leur est pas permis de l'ouvrir, mais ils apprennent qu'elle contient uniquement des os, à l'exclusion de tout reste momifié. Chacun d'eux est étiqueté avec le nom de son propriétaire : Hugues Capet, Philippe Le Bel, Catherine de Médicis, Charles IX, etc. Mais on leur certifie qu'aucun d'eux n'appartient à Henri IV… Il faut chercher ailleurs.

Les journalistes se rendent ensuite aux Archives nationales. Là, ils tombent sur un document officiel datant du début de la Restauration, selon lequel des fouilles ont été réalisées au retour de la monarchie, afin de récupérer les ossements royaux et de leur redonner une sépulture. D'après le procès-verbal, trois des dépouilles ont été retrouvées sans leur tête. Il ne précise pas lesquelles, mais c'est une découverte encourageante.

Les deux journalistes décident alors d'en revenir à leur première piste, celle du brocanteur. L'acte de vente de l'hôtel Drouot a été conservé et confirme bien que, le 31 octobre

1919, une tête momifiée a été acquise par Joseph Émile Bourdais, pour la somme de trois francs. Il indique aussi qui était le propriétaire précédent : une certaine Emma Nallet-Poussin.

L'information pourrait s'avérer capitale. S'ils parvenaient à savoir de qui la dame tenait l'objet, par exemple d'un des émeutiers de 1793 ou de sa famille, ce serait un élément décisif. Malheureusement, les deux hommes ont beau faire, ils n'aboutissent à aucun résultat.

Dans l'impasse, ils reviennent à leur recherche sur le brocanteur. L'adresse de son échoppe à Montmartre est à présent un terrain vague et personne, dans le quartier, n'a gardé le moindre souvenir de lui… Mais Joseph Émile Bourdais aurait également vécu à Dinard. Les journalistes s'y rendent sans attendre, espérant en apprendre davantage.

Ils sont reçus par Henri Fermin, historien de la ville, qui a beaucoup de choses à leur dire.

— Effectivement, Bourdais est venu ici dans les années 1930. Et il a réussi, en peu de temps, à devenir une célébrité locale.

— À cause de sa marotte ?

— Il ne s'intéressait qu'à cela, il en parlait à tout le monde. D'ailleurs, on l'avait surnommé « Henri IV ».

— Il est resté longtemps ?

— Il était encore là en 1940. Il a dû partir pendant la guerre. Après, on perd sa trace.

Henri Fermin précise que, du temps où il était à Dinard, Joseph Émile Bourdais a publié un petit livre, résumant ses années de recherches incessantes. Et, dans cet opuscule, il affirme ni plus ni moins que c'est le duc d'Épernon, celui qui se trouvait à côté du roi dans le carrosse, qui a tué Henri IV.

La thèse est absurde. Certains historiens n'excluent pas que le duc d'Épernon, peut-être en compagnie de la reine Marie de Médicis elle-même, ait participé à un complot visant à assassiner le souverain, mais dire que c'est lui-même qui a tenu le poignard, alors que tout le monde a vu Ravaillac, est une contrevérité évidente... L'historien de Dinard conclut :

— C'est ce livre qui a définitivement discrédité Bourdais. Après, il pouvait dire n'importe quoi, on ne pouvait plus le croire...

Le portrait du brocanteur se précise. Mais les deux journalistes ne savent toujours rien au sujet de la tête d'Henri IV. À force d'acharnement, ils parviennent cependant à mettre la main sur un dernier indice, un article paru en 1955. Son auteur, Maurice Colinon, aurait retrouvé la relique chez la sœur de Bourdais, qui habitait, elle aussi, Montmartre. La vieille dame la gardait sous son lit et ne la sortait que « les jours de grand nettoyage. »

Qu'est devenue la tête embaumée lorsque la sœur est morte à son tour ? C'est le mystère absolu. Les héritiers l'ont peut-être purement et simplement jetée à la poubelle... Pierre Belet et Stéphane Gabet n'ont aucun moyen de le savoir. Ils ont épuisé toutes leurs pistes et doivent à présent renoncer à leur sujet...

Ils se sont remis à la préparation de leur émission, telle qu'elle était initialement prévue, s'efforçant d'oublier cette histoire, lorsque Jean-Pierre Babelon, les rappelle.

— Écoutez, j'ai peut-être encore quelque chose pour vous, une lettre que m'a écrite un vieux monsieur. C'était il y a plusieurs années. Je l'ai retrouvée dans des papiers, je ne sais pas si j'y ai répondu.

— Qu'est-ce qu'elle dit, cette lettre ?

— Ce n'est pas très clair. Son auteur se prétend intéressé par la tête d'Henri IV. Voyez avec lui...

Et l'historien donne une adresse et un nom : Jacques Ballanger.

Vérification faite, la personne est toujours en vie et habite encore à l'adresse indiquée. Les journalistes l'appellent. Et là, il se passe quelque chose d'étrange.

— Monsieur Ballanger ? Nous vous appelons au sujet de la tête d'Henri IV.

— Je ne vois pas de quoi vous parlez.

— Mais si, vous avez écrit à ce sujet à Jean-Pierre Babelon.

— Vous croyez ?…

— C'est lui-même qui nous l'a dit. Il a toujours votre lettre.

— Ah bon…

La suite de la conversation est à l'avenant. L'homme semble mal à l'aise. Il se trouble, se contredit… Lorsqu'ils raccrochent, les journalistes ont la même impression :

— Il sait quelque chose, c'est évident !

— Qu'est-ce qu'on fait ?

— On garde le contact. Écrivons-lui. On verra bien. Il finira peut-être par nous parler…

Pierre Belet et Stéphane Gabet se lancent alors dans une longue correspondance avec Jean-Pierre Babelon. Pendant six mois, ils le tiennent au courant de la progression de leur émission, tout en se disant intéressés par d'éventuelles informations sur la tête d'Henri IV… Un jour, Jacques Ballanger finit par les rappeler.

— J'ai beaucoup réfléchi. Je me suis décidé…

— Vous savez quelque chose sur la tête d'Henri IV ?

— C'est moi qui l'ai…

Il y a un grand silence. Les journalistes demandent :

— On peut la voir ?

— Quand vous voulez.

Rendez-vous est pris pour le 22 janvier 2010… Il y a plus d'un an que Pierre Belet et Stéphane Gabet ont commencé leurs recherches et, elles semblent enfin progresser !

*

Le jour dit, Jacques Ballanger, quatre-vingt-quatre ans, les accueille dans son modeste pavillon de province. Il les fait monter dans son grenier, encombré de meubles et de souvenirs, et leur montre une armoire.

— Voilà !

— Il y a longtemps qu'elle est là ?

— Cinquante ans. À part ma femme, personne n'était au courant, pas même nos enfants.

Et Jacques Ballanger ajoute, en introduisant la clé.

— Ce n'est pas facile d'avoir chez soi une tête humaine…

La clé ne fonctionne plus. Il faut faire venir un serrurier. Et c'est seulement quelques heures plus tard que le grand moment peut avoir lieu. Avec de grandes précautions, l'homme ouvre un coffret ouvragé. À l'intérieur se trouve un linge datant visiblement du XVIIe siècle, qu'il déplie avec autant de précautions. Petit à petit, la momie apparaît, filmée en gros plan par la caméra. La ressemblance avec Henri IV est frappante !

Jacques Ballanger raconte alors aux journalistes comment il en a fait l'acquisition.

— C'était en 1955. J'étais un jeune fonctionnaire passionné d'histoire. Je suis tombé par hasard sur l'article racontant l'achat fait par Bourdais et dont sa sœur avait hérité. J'ai ressenti tout de suite un choc. Il me fallait cette tête, j'étais sûr qu'elle était authentique. Je suis monté à Paris.

— Vous avez retrouvé sans mal la sœur ?

— Sans aucune difficulté. Elle s'appelait Madame Gaillard. Elle habitait un taudis à Montmartre. Seulement, elle n'a pas voulu me vendre la relique. Elle disait que c'était un souvenir de son frère, elle ne voulait pas s'en séparer.

— Vous avez quand même réussi à la convaincre…

— À force d'insister. Je voyais bien que ce n'était pas une affaire d'argent, mais une question sentimentale. J'ai essayé de la persuader que je voulais poursuivre les recherches de son frère, que, si elle voulait être fidèle à sa mémoire, elle devait me la céder.

Le retraité a un sourire.

— La troisième visite a été la bonne. Je n'oublierai jamais le jour. C'était le 20 août 1955. J'ai payé la tête cinq mille francs.

— Et depuis ?

— Je l'ai laissée là où elle est aujourd'hui. C'est à peine si, en cinquante ans, je l'ai manipulée trois ou quatre fois.

— Et vos recherches ?

— Elles n'ont abouti à rien. Ce n'est pourtant pas faute de m'être donné du mal ! J'ai arpenté les musées, les châteaux et les salles d'archives, pour trouver des indices. Malheureusement, sans résultat.

Les deux journalistes posent alors la question cruciale :

— Est-ce que vous acceptez de nous la confier, pour que nous prenions le relais ?

Le retraité n'hésite pas. Il a eu tout le temps de réfléchir et de se décider.

— Vous m'auriez demandé cela dix ans plus tôt, je vous aurais répondu « non ». Mais maintenant, je sais que je n'y arriverai pas moi-même. Je vous passe le flambeau.

C'est ainsi que, ce 22 janvier 2010, Pierre Belet et Stéphane Gabet quittent un pavillon de province avec une tête momifiée. Leur enquête entre dans une nouvelle phase : après la recherche, voici venue l'heure de l'authentification.

*

Une autre aventure commence. L'étude scientifique est réalisée par dix-neuf savants, rassemblés autour du docteur Philippe Charlier. C'est incontestablement l'homme de la situation. Ce médecin légiste de l'hôpital de Garches s'est spécialisé dans l'étude des restes humains anciens. Il a obtenu des résultats si spectaculaires qu'on l'a surnommé l'« Indiana Jones des cimetières ».

C'est lui qui a révélé l'assassinat d'Agnès Sorel, la favorite du roi Charles VII, qu'on pensait jusque-là décédée de mort naturelle. À la suite de ses travaux, on sait de manière certaine qu'elle a été empoisonnée au mercure par le médecin qui la soignait, l'instigateur du meurtre étant vraisemblablement le Dauphin, le futur Louis XI

Le docteur Philippe Charlier est naturellement passionné par ce nouveau cas concernant un personnage illustre de l'histoire de France… Un premier examen à l'œil nu, a lieu à l'hôpital Lariboisière. Le médecin examine la tête sous tous les angles.

— C'était un individu mature, pour ne pas dire sénile. La plupart de ses dents sont tombées avant le décès.

Cela peut correspondre… Henri IV a été assassiné à cinquante-sept ans, ce qui était à l'époque un âge avancé. D'autre part, il n'avait pas une bonne santé et a toujours souffert de problèmes dentaires.

Le docteur Philippe Charlier considère le cou. Ses constatations cadrent tout à fait avec une décapitation.

— La tête a été sectionnée de manière violente et maladroite, certainement après la mort.

Le patricien palpe le crâne, car, s'il a été embaumé, celui-ci a été scié pour retirer le cerveau avant d'être recousue. Mais l'examen ne donne rien. Il conclut :

— C'est le scanner qui nous renseignera.

Enfin, il fait une curieuse constatation.

— L'oreille droite est percée. L'individu devait porter une boucle d'oreille.

Henri IV avec une boucle d'oreille ? La chose aurait été naturelle de la part de son prédécesseur Henri III, célèbre pour ses mœurs particulières et ses mignons, mais on n'imagine guère ce genre de coquetterie de la part du Vert Galant.

C'est d'autant plus contrariant que l'examen au scanner montre, que non seulement le crâne n'a pas été scié, mais que le cerveau est toujours à l'intérieur. Avec le temps, il s'est desséché et il a considérablement réduit – il ne fait guère plus de 2 cm d'épaisseur – mais il est intact. Or, les embaumeurs retiraient le cerveau et comblaient l'espace avec de l'étoupe, des épices ou des aromates... Le docteur Philippe Charlier conclut :

— J'ai peur que ce ne soit la tête d'un petit marquis de province ou le cobaye d'un apprenti embaumeur, voire un individu lambda momifié accidentellement.

*

Pour les journalistes, c'est une terrible déception. Cependant, il s'agit toujours d'une découverte historique intéressante et les recherches doivent se poursuivre. Rien n'est définitivement perdu.

Durant les jours qui suivent, Philippe Charlier procède à une fibroscopie et à un examen en règle du système ORL. Encore une fois, ce dernier indique une santé médiocre : l'individu souffrait de rhinite chronique. Mais il n'y a aucune trace d'épices dans sa boîte crânienne.

Pierre Belet et Stéphane Gabet ont alors une idée. Si les épices ont disparu, peut-être leur odeur s'est-elle imprégnée à même la peau ? Ils font appel à deux « nez » réputés opérant en parfumerie : Jean-Michel Duriez et Sylvaine Delacourte. À l'époque d'Henri IV, chaque embaumeur avait sa propre recette. La liste des ingrédients figure toujours dans de vieux manuscrits.

Les deux « nez » se livrent donc à cet examen inédit. Ils se penchent sur la momie, la reniflent en tous sens et livrent leurs conclusions :

— Cela sent le vieux cuir, les vieux livres.

— La poussière aussi...

— Rien d'autre ?

— Rien d'autre.

C'est un nouvel échec. Au bout de quatre siècles, les odeurs ont complètement disparu.

Les journalistes ne se découragent pourtant pas et les analyses scientifiques se poursuivent. Le détecteur de particules cherche, toujours en vain, des résidus d'aromates, mais la loupe binoculaire apporte des résultats intéressants.

Il y a, à la base du cou, une sorte de tatouage, qui pourrait être la marque d'un embaumeur. On distingue aussi sur le visage des traces blanchâtres, qui ressemblent à des résidus de plâtre ; or, plusieurs masques mortuaires d'Henri IV ont été faits. Le roi avait également une cicatrice à la bouche toujours visible, résultat d'un attentat manqué quinze ans plus tôt. Enfin, tous les tableaux le représentent avec un grain de beauté à la base du nez et cet endroit présente bien des traces de pigmentation plus foncée.

*

On passe alors à l'examen crucial entre tous, le seul qui puisse se révéler décisif dans un sens ou dans un autre : la recherche de l'ADN qui permettra d'identifier et de dater la relique. Le docteur Charlier procède à quelques prélèvements de tissus sur la tête momifiée. Le prince Louis de Bourbon, descendant du roi de France et de Navarre, est contacté afin qu'il donne sa caution morale. Il offre son soutien sans difficulté.

Maintenant, il faut chercher des éléments de comparaison. Ils ne manquent pas. Après la profanation qui a eu lieu durant la Terreur, de nombreux fragments du corps d'Henri IV ont été éparpillés dans toute la France et beaucoup sont conservés dans des musées.

Le premier sollicité est celui de Pontoise, dans le Val-d'Oise. À sa mort, une veuve de la commune a légué un étrange héritage à la ville : trois boîtes contenant des restes royaux, que son mari aurait volés en 1793, à Saint-Denis. Parmi eux, se trouveraient des poils de barbe, un doigt et une dent ayant appartenu à Henri IV. Châteauroux conserve aussi des poils de barbe passant pour lui appartenir. Quant au château de Pau, lieu de naissance du souverain, qui y a passé son enfance, il possède tout un musée qui lui est consacré.

Tout ce qui est exploitable est envoyé à Paris pour analyse. L'attente des résultats commence et le verdict tombe trois semaines plus tard. C'est une nouvelle déception : il est impossible de se prononcer, la tête momifiée est passée entre trop de mains, qui y ont laissé leur propre empreinte génétique, rendant l'ADN d'origine illisible.

Mais la situation est pourtant loin d'être négative. Si l'ADN n'a pu être analysé, la datation au carbone 14 a indiqué une période entre 1450 et 1640. Toujours convaincus, les deux journalistes s'intéressent alors de nouveau à Alexandre Lenoir dont le nom figurait sur une caisse d'ossements conservée dans la crypte de Saint-Denis.

Alexandre Lenoir était un curieux personnage. Nommé par les autorités révolutionnaires conservateur du Patrimoine national, il assiste au pillage des tombeaux royaux, qu'il désapprouve, et subtilise une partie des restes, qu'il restituera par la suite. Mais on le soupçonne d'avoir gardé certaines pièces pour lui-même, afin d'en faire le trafic.

Or, Pierre Belet et Stéphane Gabet parviennent à établir que son petit-fils Alfred était contemporain d'Emma Nallet-Poussin, la première détentrice de la tête momifiée. Ils habitaient le même quartier, étaient tous deux artistes – elle peintre, lui sculpteur – et exposaient dans la même galerie. Ils se sont forcément rencontrés ! C'est le premier lien possible et même probable entre la tête volée durant la Révolution et celle qui est actuellement soumise aux expertises…

*

Et c'est le tournant. À la suite de cette découverte, les succès ne vont cesser de s'accumuler… La ressemblance entre la tête momifiée et le roi de France et de Navarre avait entraîné la conviction de Bourdais. À leur tour, le docteur Philippe Charlier et son équipe vont confirmer cette similitude. Mais ils vont le faire scientifiquement.

Ils choisissent les portraits les plus fidèles d'Henri IV, ainsi que l'un des masques mortuaires en plâtre, celui qui appartient au musée Sainte-Geneviève, à Paris. Quatre-vingt-dix ans après Bourdais, les scientifiques vont se livrer au même jeu de juxtaposition des images, avec la technique et la rigueur en plus.

Deux méthodes sont utilisées : d'une part, le docteur Charlier superpose les images du crâne avec celles du masque mortuaire et d'autres portraits d'Henri IV ; d'autre part, un docteur en anthropologie, Jean-Noël Vignal, reconstitue un portrait-robot à partir de l'image du crâne délivrée par le scanner. Le docteur Vignal est un ancien membre de l'Institut de recherche criminelle de la gendarmerie nationale. Il travaille sur un logiciel qu'il a lui-même conçu et utilisé dans de grandes affaires criminelles, internationalement reconnu pour son efficacité.

Peu après, tous deux viennent livrer leurs conclusions devant la caméra. Ils sont aussi catégoriques l'un que l'autre. Philippe Charlier déclare :

— Tout est impeccable ! Quand on a ce type de superposition, ce ne peut pas être le fruit du hasard. Même l'implantation de l'œil est parfaite.

Jean-Noël Vignal, quant à lui, a trouvé de nombreux points de correspondance entre le portrait-robot qu'il a réalisé à partir de la tête momifiée et les portraits d'Henri IV : un nez assez prolongé et étroit, un front relativement haut, une face étroite, un menton large et il conclut :

— Si ce n'est pas Henri IV, c'est forcément un sosie !

Dans le même temps, un autre obstacle se lève. Nicole Garnier, la conservatrice du musée Condé de Chantilly, prend contact avec l'équipe, pour l'informer qu'elle a trouvé, dans les réserves du château, une gravure rangée parmi d'autres portraits, sur laquelle Henri IV porte une boucle à l'oreille droite !

*

Tout est-il gagné ? Peut-on désormais affirmer avec certitude que la tête achetée par Joseph Émile Bourdais est bien celle du Vert Galant ? Pas encore, car il reste une dernière objection de taille : l'embaumement. Contrairement à ce qu'on sait de tous les rois de France, le crâne n'a pas été ouvert, le cerveau est toujours là et on ne trouve pas trace des aromates traditionnellement utilisés.

Comment faire pour balayer les incertitudes qui subsistent ? Lamartine va mettre les deux journalistes sur la voie. Ils découvrent, en effet, dans son ouvrage *Histoire des Girondins*, datant de 1847, qu'Henri IV a été « embaumé avec l'art des Italiens ». La chose n'aurait rien d'étonnant, son épouse Marie de Médicis était devenue régente à sa mort et prenait toutes les décisions. Pourquoi n'aurait-elle pas fait appel à ses compatriotes pour l'embaumement ?

Pierre Belet et Stéphane Gabet n'hésitent pas à se rendre à Florence, patrie des Médicis. Ils y rencontrent Rosa Boano, une des meilleures spécialistes italiennes des questions d'embaumement. Dès les premiers mots de celle-ci, ils savent qu'ils touchent enfin au but.

— La méthode d'embaumement des Médicis était la même que celle des Italiens de l'époque. Ils pratiquaient l'éviscération des organes dans les cavités thoraciques et abdominales, mais sans sciage du crâne.

— Ils n'enlevaient pas le cerveau ? Ils n'utilisaient pas d'aromates ?

— Non. Ils appliquaient contre une partie du visage des os d'animaux calcinés, pour absorber les fluides et les gaz de la putréfaction.

Les deux journalistes comprennent alors la signification du tatouage trouvé à la base du cou, qu'ils avaient pris pour la marque d'un embaumeur. C'était là qu'avait été déposé le fameux mélange charbonneux…

Après avoir terminé ses explications, Rosa Boano montre à ses visiteurs des photographies des crânes embaumés des Médicis : aucun d'eux n'a été scié, ils sont tous intacts, comme la tête momifiée de Bourdais.

Elle leur donne aussi le nom de l'embaumeur vraisemblable du souverain. Même si, sur ordre de la régente, il a utilisé l'art italien, il était français. Il s'agit d'un des médecins de la cour, Pierre Pigray. Né en 1532 et mort en 1613, il est mentionné dans un ouvrage de l'époque comme ayant participé aux embaumements de Charles IX, Henri III et Henri IV.

Tout est maintenant résolu. De retour à Paris, Pierre Belet et Stéphane Gabet demandent à l'équipe scientifique de faire l'analyse du tatouage à la base du cou. La réponse arrive quelques jours plus tard : il s'agit d'os calcinés d'animaux. Et le docteur Philippe Charlier peut conclure :

— Il s'agit de la tête d'Henri IV, avec une probabilité de 99,9 %.

Un scientifique ne dit jamais 100 %…

*

Joseph Émile Bourdais avait donc vu juste. Le brocanteur inculte avait eu raison contre l'avis de tous les spécialistes de son époque ! Et c'est, en définitive, grâce à lui que cette victoire a pu avoir lieu. Car sans son obstination, la précieuse relique aurait depuis longtemps disparu.

Afin de lui rendre hommage, Pierre Belet et Stéphane Gabet décident de se recueillir sur sa tombe. Et là, ils ont une dernière surprise : sur la pierre tombale figurent deux portraits se faisant face, le sien et celui du roi de France et de Navarre.

Quant à la tête momifiée, Jacques Ballanger, son propriétaire légal, l'avait promis : si son authenticité était prouvée, il la restituerait à son descendant, le prince Louis de Bourbon. Ce dernier a décidé à son tour de la rendre à la France, pour qu'elle soit à nouveau inhumée à Saint-Denis.

16.

Un rêve d'enfance

Nous sommes en 1831, dans le petit village d'Ankershagen, au nord-est de l'Allemagne. Une belle journée de juin se termine. Un petit garçon et une petite fille de neuf ans se promènent main dans la main. Lui, c'est Heinrich Schliemann, le fils du pasteur, elle, c'est Minna Meincke, la fille de paysans aisés. Il est aussi brun qu'elle est blonde, il a l'air aussi décidé qu'elle semble sage et réservée. Il s'exprime d'une voix passionnée.

— Minna, je vais découvrir un trésor et je te le donnerai !

La petite fille ouvre de grands yeux.

— Celui de la châtelaine à la coupe d'argent ?

— Non, beaucoup mieux que cela !

— Alors, celui du petit garçon dans son berceau d'or ?

La châtelaine à la coupe d'argent et l'enfant au berceau d'or font partie des légendes régionales qu'on se transmet de génération en génération. On dit qu'une noble dame habite un château englouti dans les eaux du lac et qu'elle sort parfois de l'eau, à minuit, tenant une coupe d'argent à la main. On dit aussi que, non loin du moulin en ruines, un chevalier-brigand a enterré son fils dans un berceau d'or…

Le petit Heinrich Schliemann secoue la tête.

— Non, Minna, mon trésor n'est pas ici, il est loin, très loin…

— Raconte-moi !

Et Heinrich lui raconte ou plutôt, lui rapporte ce que son père lui a narré la veille : l'histoire de Pompéi et d'Herculanum... Cela se passait au sud de l'Italie, il y a près de deux mille ans. Des gens vivaient au-dessous d'un volcan. Une éruption les a tous recouverts de lave et on vient de les retrouver, conservés dans la cendre, avec leur ville, leurs maisons et tout ce qui leur appartenait.

La jeune Minna a écouté avec attention, mais il y a quelque chose qu'elle ne comprend pas.

— Tu ne peux pas découvrir ce trésor, puisque d'autres gens l'ont déjà fait.

— Je sais. Mais cela m'a donné l'idée de découvrir une autre ville : Troie. Les Grecs l'ont prise, l'ont brûlée et on ne l'a jamais retrouvée. Eh bien, moi, je le ferai !

— Ce n'est pas possible, Heinrich. L'histoire de Troie n'est pas vraie, elle est inventée.

— Non, je suis sûr que cela s'est réellement passé. J'irai à Troie, je découvrirai son trésor et il sera pour toi !

Cette perspective fait taire les objections de la petite fille. Elle demande, émerveillée :

— Avec les bijoux de la belle Hélène ?

— Tu les auras et tu les porteras...

C'est ainsi que débute une histoire si étonnante qu'elle semble inventée. Freud, qui s'est beaucoup intéressé à la vie d'Heinrich Schliemann, y a vu une illustration de sa théorie du bonheur, qui consiste, selon lui, dans la réalisation tardive d'un désir infantile. Il aurait pu ajouter que, dans le cas de Schliemann, cette réalisation n'a pas seulement été tardive, elle a aussi été particulièrement compliquée. Car il en a fallu des tours et des détours pour que son rêve se réalise !

*

Le premier coup de théâtre de la vie d'Heinrich survient seulement quelques semaines après cette conversation.

Enceinte de son septième enfant, sa mère meurt après avoir mis au monde son dernier fils.

À l'époque, la mortalité en couches est un drame fréquent. Pour Heinrich, c'est le premier d'une longue série… Son père, Ernst Schliemann, a toujours été un personnage détestable, violent, emporté et surtout coureur de jupons. Dès la mort de sa femme, il épouse sa maîtresse et l'installe dans sa maison.

Les larmes et les cris de ses enfants, en particulier ceux d'Heinrich, n'y font rien. La nouvelle venue prend place dans le lit conjugal. Heinrich Schliemann en restera marqué toute sa vie. Il écrira plus tard : « Mon père était un chien enragé, un tyran aussi cruel que Néron. La seule pensée d'être le fils d'un tel homme me rend fou furieux ! » Le jugement est certainement justifié, même s'il doit à son père sa forte personnalité et son énergie, sans compter cette évocation d'Herculanum et Pompéi, qui a déterminé son destin.

Hélas, pour lui et pour ses frères et sœurs, ce n'est que le début de leurs malheurs. L'autorité ecclésiastique s'émeut du scandale provoqué par l'inconduite d'Ernst Schliemann et le suspend de ses fonctions. Obligé de quitter le presbytère sans ressource, l'ancien pasteur confie ses enfants à d'autres membres de sa famille.

Heinrich se retrouve chez un oncle, pasteur lui aussi, auprès de qui il trouve, malgré sa séparation avec ses frères et sœurs et, surtout, avec Minna, un réel réconfort. Il le nourrit, lui montre de l'affection et lui fait faire de bonnes études, pour devenir pasteur à son tour.

Malheureusement, cela ne dure pas. Au bout de trois ans, son oncle lui déclare :

— Heinrich, je ne peux plus continuer à payer tes études. Elles me coûtent trop cher. Il va falloir que tu travailles. Je me suis arrangé avec l'épicier. Il veut bien te prendre.

Heinrich Schliemann devient alors commis d'épicerie. Il a juste treize ans et s'attelle dix heures par jour à des tâches ingrates : il balaye la boutique, vend du sel, du beurre, de l'eau-de-vie et du hareng, des kilos et des kilos de harengs, qui constituent la nourriture de base de la région.

Mais ces dures conditions de vie ne lui ont pas fait oublier son rêve. Grâce à l'aide d'un de ses clients, ancien étudiant en lettres, il se familiarise avec les œuvres d'Homère. Quand il est ivre, cet ouvrier meunier déclame sans relâche les vers du poète grec devant le gamin qui n'en perd pas une miette.

— C'est vraiment d'Homère ?

— Aussi vrai que je te vois, fiston ! Cela fait partie de *L'Iliade*. Notre professeur nous la faisait apprendre par cœur et j'ai bonne mémoire.

— Continuez !

— Je n'ai pas que ça à faire.

— Continuez. Je vous donnerai ce que vous voudrez !

— De l'eau-de-vie ?

— Oui, de l'eau-de-vie…

Le jeune Heinrich n'est pas bien riche. L'épicier ne lui donne que quelques pièces en échange de son travail harassant. Pourtant, il met de côté ce qu'il peut pour acheter de l'eau-de-vie et court retrouver l'ouvrier meunier dès qu'il a un instant. Il reste immobile, l'écoutant prononcer, d'une voix avinée, ces mots qu'il ne comprend pas, mais dont la musique le bouleverse. Il ferme les yeux et voit Achille et Hector se battre, avec leurs grands boucliers, leurs casques à aigrette, leurs lances étincelantes. Le vieux roi Priam et la belle Hélène les regardent depuis les remparts, tandis que, caché quelque part derrière les murailles, dort le trésor, le fabuleux trésor de Troie…

*

Motivé et plein d'initiatives, Heinrich Schliemann ne veut pas rester commis toute sa vie. Durant son bref passage à l'école, il a manifesté de réelles dispositions pour les mathématiques et il propose à son patron de l'aider dans sa comptabilité. L'épicier accepte, sans diminuer son travail de vendeur ni le payer un centime de plus. L'adolescent multiplie les heures supplémentaires bénévoles, mais il ne s'en plaint pas, il adore les chiffres et a l'impression d'apprendre un métier.

Malgré ses efforts, le sort continue à s'acharner contre lui... Peu de temps après, il se blesse au bras en déplaçant une barrique. Il est désormais incapable de soulever des charges lourdes et donc de faire son travail. Il tente pourtant de plaider sa cause auprès de son patron.

— Je pourrais rester pour m'occuper des comptes et faire ce que je peux avec mon bras.

Mais ce dernier ne veut rien entendre.

— J'ai besoin de quelqu'un qui m'aide vraiment. Je ne peux pas te garder. Pour les comptes, je me débrouillerai !

Et Heinrich Schliemann se retrouve sans emploi. Il ne sait que faire et son oncle ne peut pas l'aider. Alors, il prend une grande décision. Puisqu'il en est ainsi, il va profiter de sa déveine pour chercher fortune à l'autre bout du monde ! Il se rend à Hambourg et se fait engager comme mousse sur un bateau en partance pour l'Amérique du Sud.

Mais il est dit que son existence ressemblera jusqu'au bout à un roman d'aventures. Quelques jours plus tard, au large des côtes de la Hollande, le bateau est pris dans une tempête et coule en quelques minutes. Il fait partie des rares rescapés. Il a eu de la chance mais doit revenir à terre, plus désœuvré que jamais...

Doit-il repartir ? Tenter de nouveau l'aventure aux Amériques ? Il y renonce. Il est dégoûté de la mer, du moins pour le moment. Il se rend à Amsterdam, proche du lieu où il a été débarqué. En passant devant les établissements Bernard Schröder, une importante maison d'import-export, il remarque une pancarte demandant un comptable. Faisant preuve d'une grande assurance, pour ne pas dire d'un grand culot, il se présente au patron qui le reçoit en personne.

— Que faisiez-vous avant ?

— J'étais comptable dans une maison de Hambourg. Nous commercions avec le monde entier.

— Vous avez des certificats ?

— Malheureusement, j'ai fait naufrage. Ils ont disparu dans le bateau.

Bernard Schröder est au courant de la catastrophe, dont on a beaucoup parlé à Amsterdam. Il décide de lui faire confiance.

— Je vous prends à l'essai. Vous commencez demain.

La comptabilité de la maison Schröder est d'une tout autre complexité que celle de l'épicerie, mais Heinrich Schliemann est doué. Non seulement il est engagé au bout de l'essai, mais il s'acquitte si bien de sa tâche qu'il ne tarde pas à obtenir une promotion…

Il n'y a pas que les chiffres et les mathématiques pour lesquels il est doué, il l'est tout autant, et même plus encore, pour les langues. Il met à profit ses moments de loisirs pour apprendre le français, l'anglais, le portugais et l'italien. Avec les dispositions qui sont les siennes, il lui aurait été facile d'apprendre le grec ancien. S'il ne l'a pas fait, ce n'est pas par hasard. Il n'a pas oublié son rêve mais l'a remis à plus tard. Fouiller sur le site de Troie demande des moyens : pour cela, il doit réussir dans le commerce et la connaissance des langues vivantes fait partie du bagage indispensable. Le moment n'est pas encore venu d'apprendre la langue d'Homère !

Sa méthode d'apprentissage est déconcertante. Il se procure un livre, apprend par cœur des passages entiers sans les comprendre, fait de petits exercices de traduction et, au bout de quelques mois, se met à parler couramment.

Plusieurs années passent… En 1846, Heinrich Schliemann a vingt-cinq ans et est devenu l'homme de confiance de Bernard Schröder. Un jour, celui-ci l'entend répondre à un client français qui lui demande un renseignement.

— Vous parlez le français ?

— Le français, l'anglais, le portugais et l'italien.

— Je ne vous savais pas ces talents ! Il est dommage que vous ne parliez pas le russe, car je vais ouvrir une succursale à Saint-Pétersbourg. Si cela avait été le cas, je vous l'aurais confiée.

— Qu'à cela ne tienne, je vais apprendre.

— C'est que je compte le faire dans trois mois.

— Je saurai le russe d'ici là. Ce n'est pas un problème…

Schliemann se remet à son apprentissage si particulier et, au bout de trois mois, il se présente devant son patron en parlant parfaitement la langue. Ce dernier, subjugué, lui confie son bureau de Saint-Pétersbourg. C'est une page qui se tourne pour le jeune homme, qui, après des débuts pour le moins mouvementés, peut enfin espérer une vie aisée, qui lui permettra de se rapprocher de son rêve.

*

Dans la capitale russe, Heinrich Schliemann montre toute l'étendue de ses qualités commerciales : la succursale des établissements Bernard Schröder devient vite une des affaires les plus actives et les plus prospères de la ville. Au bout de cinq ans, il franchit un nouveau pas. Il veut devenir patron et fonde sa propre entreprise.

Il a remarqué les goûts de luxe des gens de la haute société, en particulier ceux de la Cour. Ils se font construire à grands frais des hôtels particuliers et, pour leur décoration, font une énorme consommation de poudre d'or et d'indigo. Il importe donc les deux précieuses denrées qu'il revend ensuite à ses prestigieux clients. Le résultat est immédiat : en un an à peine, il fait fortune.

Mais sa nouvelle richesse et sa nouvelle respectabilité ne comblent pas sa solitude qui lui pèse de plus en plus. Minna a toujours été son seul amour, celui de son enfance. Aussi, persuadé de pouvoir enfin vivre avec elle, il retourne à Ankershagen pour demander sa main… Quand il arrive dans son village natal, c'est elle qu'il rencontre en premier. Il est ébloui. Il avait quitté une fillette, il découvre une femme resplendissante.

Minna semble heureuse de le revoir. Pourtant, elle est aussi terriblement gênée.

— Heinrich ! Tu es revenu ?

Heinrich lui tend la bague qu'il lui a achetée.

— C'est pour toi, Minna. Veux-tu m'épouser ?

— C'est trop tard, Heinrich. Tu aurais dû venir avant. Je suis mariée. J'ai même des enfants...

Heinrich est abasourdi. Il n'avait jamais pensé qu'elle ne l'attendrait pas. Cachant sa déception, il lui pose des questions sur sa famille. Pendant quelques minutes, ils se remémorent avec nostalgie leur enfance passée. À la fin, Minna lui demande :

— Et ton trésor, tu y penses toujours ?

— Toujours. Je m'étais juré de te le donner. Je ne sais plus que faire, maintenant...

— Tu le trouveras, Heinrich et tu le donneras à ta nouvelle femme. Promets-le-moi.

Heinrich Schliemann promet et la quitte sur ces mots... Revenu, à Saint-Pétersbourg, peut-être sous le coup de la déception, il décide de se marier sans attendre. Il porte son choix sur une jeune femme du meilleur milieu, Ekaterina Lyschin. Il l'épouse rapidement et devient bientôt père de deux enfants, Nadejda et Serguei. Mais leur union n'est pas heureuse.

D'ailleurs, il la quitte presque tout de suite pour un voyage au bout du monde... Un de ses frères, parti tenter l'aventure en Californie, n'a plus donné de nouvelles depuis des mois et il veut aller à sa recherche. Cette fois, son bateau ne fait pas naufrage, Heinrich arrive à bon port et découvre là-bas un spectacle impressionnant.

C'est la pleine période de Ruée vers l'or, des bataillons de chercheurs ont investi les régions de prospection. Des agglomérations entières sortent de terre en quelques jours. Il règne partout une activité de fourmilière.

Heinrich Schliemann ne tarde pas à apprendre que son frère est mort de la fièvre après avoir acheté une concession, sur laquelle il n'a rien trouvé. Il va se recueillir sur sa tombe, mais ne repart pas immédiatement pour la Russie. Il n'est pas attiré par l'or. Il n'existe qu'un seul trésor à ses yeux, celui de Troie. Ces quelques grammes de métal précieux qu'on extrait en remuant la boue pendant des semaines ne l'intéressent pas. Il a, en revanche, compris qu'il avait la possibilité de s'enrichir très rapidement d'une autre manière.

Les prospecteurs ont de gros besoins. Ils ont souvent accouru en Californie sans rien emporter. Le matériel coûte cher, il leur faut acheter tous les objets de la vie courante et, comme ils sont sûrs de faire fortune, ils sont prêts à emprunter à n'importe quel prix. Schliemann se fait envoyer de l'argent de Saint-Pétersbourg et se transforme en banquier, avançant des fonds au taux exorbitant de 12 % par mois. Il reste sur place deux ans avant de rentrer avec, dans ses bagages, une véritable fortune : des centaines et des centaines de milliers de dollars.

La chance continue à lui sourire de manière insolente. En 1854 éclate la guerre de Crimée entre la Russie, d'une part, la France et l'Angleterre, de l'autrc. Soumise à un blocus très strict, notamment à cause de la marine britannique, la Russie a besoin d'armes, de poudre et de munitions pour son effort de guerre. Schliemann en importe à grande échelle et continue de s'enrichir comme marchand de canons...

*

Deux ans plus tard, il est plus riche que jamais. La fin des hostilités lui donne alors l'occasion de tourner une nouvelle page. Il n'a plus besoin de travailler et veut désormais faire ce qu'il lui plaît. Et il a envie de deux choses : premièrement, quitter sa femme, avec laquelle il n'a plus rien en commun depuis longtemps, deuxièmement, voyager. Il n'ira pas en Asie Mineure, là où se trouve Troie, il ne se sent pas encore tout à fait prêt. Il va commencer par d'autres horizons, plus lointains.

Il se rend en Chine et au Japon, ce qui, à l'époque, est une véritable expédition. Il s'émerveille devant la Grande Muraille, les montagnes de l'Himalaya, les palais de Pékin et de Tokyo et il rentre par l'Inde et l'Égypte. Là aussi, il est ébloui, mais il fait preuve en même temps du sens de l'économie auquel il doit sa réussite commerciale : le millionnaire qu'il est voyage en seconde classe et marchande le prix de ses chambres d'hôtel !

À son retour, il publie un livre sur ses voyages, *La Chine et le Japon au temps présent*, à Paris où il s'installe en 1866. Ce n'est pas un hasard. L'école française d'Athènes est alors la plus prestigieuse et la plus avancée et les cours que donne Renan à la Sorbonne sur la Grèce ancienne sont renommés dans l'Europe entière. Schliemann s'y inscrit et s'achète un hôtel particulier non loin, place Saint-Michel. Il se met alors enfin à l'étude du grec ancien. Bientôt, il lit *L'Iliade* couramment et ne tarde pas à la connaître par cœur, comme l'ouvrier meunier de sa jeunesse.

Avant de se rendre à Troie, il fait un dernier voyage en Italie. C'est avec émotion qu'il visite Rome, le Forum et le Colisée. Émotion qui n'est dépassée que lorsqu'il découvre Herculanum et Pompéi. Son père n'avait pas menti, c'est bien un fabuleux trésor qui est enfoui sous les laves du Vésuve, non pas tant un trésor matériel, car les objets précieux ne sont pas nombreux, mais un trésor artistique et historique.

Heinrich Schliemann est maintenant tout près de réaliser son rêve. Il revient à Paris, pour préparer son voyage décisif en Asie Mineure. On ne chasse pourtant pas le naturel aussi facilement. Ses grands projets grecs ne l'ont pas détourné des réalités concrètes. Le Paris d'alors est en pleine transformation, avec les travaux du baron Hausmann, et il en profite pour faire des opérations immobilières, qui l'enrichissent plus encore.

*

Il débarque en Grèce en 1868, mais ne va pas tout de suite à Troie. D'ailleurs, Troie n'est pas en Grèce, mais en Turquie, de l'autre côté de la mer Égée. Il choisit, pour son premier contact avec la terre hellène, l'île d'Ithaque, la patrie d'Ulysse, dont il est question dans l'autre livre d'Homère, *L'Odyssée.*

Là, il met en application sa théorie : chercher sur place, en fonction des textes littéraires. Il se rend à l'endroit où, selon lui, Homère a situé le palais de son héros, mais c'est un échec. Il a beau arpenter les lieux, remuer la terre en plusieurs endroits, il ne découvre absolument rien.

Cette première déception ne le décourage pas. Il décide au contraire de ne plus attendre davantage et se rend enfin à Troie… Il n'est pas le seul à considérer que les textes d'Homère s'inspirent d'une réalité historique. Les spécialistes de l'époque ont placé le site de Troie à Bournabaschi, non loin de la côte turque. Ils s'appuient pour l'affirmer sur deux vers du poème : « La ville se dresse là où jaillissent les deux fontaines du Skamandros tourbillonnant, dont l'une coule tiède et l'autre file froide comme la neige. » Or, Bournabaschi est le seul endroit de la région où deux sources coulent côte à côte.

Schliemann arrive sur place avec l'émotion qu'on peut imaginer. Mais il éprouve presque aussitôt une nouvelle déception. Les archéologues ont interprété les textes de manière bien trop hâtive. À part les deux sources, rien ne colle. Il est dit, ailleurs dans *L'Iliade*, que les soldats grecs avaient amarré leurs bateaux à la côte et qu'ils faisaient plusieurs fois par jour le trajet entre eux et les remparts. Or, Bournabaschi est à trois heures de marche de la mer. D'autre part, lors de son combat avec Hector, Achille « le poursuit trois fois autour de la ville de ses pieds rapides » : la chose est impossible à Bournabaschi où la topographie trop escarpée permet à peine de progresser debout. D'ailleurs, depuis que les spécialistes ont fait cette localisation, absolument rien n'a été trouvé, la terre est vierge de tout objet.

Cette fois, Heinrich Schliemann ne peut résister au découragement. Il quitte Bournabaschi totalement abattu. Car, que peut-il faire ? Il ne va tout de même pas parcourir l'Asie Mineure, en recherchant un endroit qui ressemble au texte d'Homère ! Il reste pourtant dans la région, ne pouvant se résoudre à quitter ces cieux où se situe son rêve. C'est alors qu'un miracle se produit. Comme il fait part de son amertume à un compatriote de rencontre, il s'entend répondre :

— Vous devriez aller voir Frank Calvert, le consul américain aux Dardanelles. Lui, il est sûr de savoir où est Troie. Il paraît même qu'il a acheté le terrain !

— C'est extraordinaire ! Où peut-on le trouver ?

— À Constantinople…

Heinrich Schliemann s'y précipite. Arrivé chez Frank Calvert, il découvre un homme un peu plus jeune que lui, à l'allure dynamique et sympathique. Il lui pose immédiatement la question :

— Où est Troie ?

— À Hissarlik, j'en suis certain ! Tout correspond avec les textes.

— Même les deux sources ?

— Non, il n'y a pas de source, mais je me suis renseigné auprès d'un spécialiste : dans un terrain volcanique, les sources peuvent disparaître et réapparaître plus loin. Elles n'y sont plus maintenant, mais elles existaient à l'époque d'Homère.

— C'est vrai que vous avez acheté le terrain ?

— Je l'ai eu pour une bouchée de pain. C'est une terre aride où presque rien ne pousse, mais il y a des vestiges antiques, il y en a partout. En fait, il s'agit d'une colline artificielle, faite de ruines accumulées. J'ai fait quelques fouilles moi-même, mais n'ai pas pu aller bien loin. Je n'ai pas assez de moyens.

— Moi, je les ai. Si vous voulez bien, je me charge de tout !...

Les deux hommes se rendent alors sur la colline se dressant face à la mer. Schliemann est immédiatement convaincu. Cette fois, tout concorde : la distance avec la côte, qu'on peut facilement parcourir trois fois par jour, le sol entourant le site, qui est parfaitement plat et qui correspond aux circonstances du combat entre Achille et Hector. Sur la butte, se dressent les ruines très bien conservées d'un joli palais hellénistique datant des Romains. Mais Schliemann ne le voit que comme un obstacle. Troie, la vraie Troie est en dessous, il faudra raser l'édifice et creuser.

Pour cela, il faut des autorisations. Des fouilles d'une telle importance ne peuvent se faire sans le consentement des autorités turques. Heinrich Schliemann entreprend les démarches nécessaires et, en attendant la réponse, relate toutes ses découvertes dans un petit ouvrage, qu'il publie à Paris : *Troie et Ithaque.*

Il n'a pas le retentissement qu'il espérait. L'École française d'Athènes ne se montre pas convaincue. Mais la bonne surprise vient de ses compatriotes. La petite université de Rostock, à l'est de l'Allemagne, près du lieu de sa naissance, s'enthousiasme pour sa thèse et décide de l'accueillir parmi ses membres, avec le titre de docteur.

Pour Heinrich, c'est un honneur inestimable. Bien sûr, il a réussi dans les affaires et est riche à millions, mais c'est de reconnaissance intellectuelle qu'il a besoin. Les spécialistes de l'Antiquité qu'il rencontrait jusque-là avaient du mal à lui cacher leur mépris. Pour eux, il n'était qu'un parvenu se mêlant de choses qui le dépassaient.

À présent, il est leur égal, ou presque, lui, le pauvre fils de pasteur, qui a quitté l'école à treize ans, lui, le gamin déshérité, qui a commencé dans la vie en vendant du hareng !... Et il est prêt à réaliser son rêve. Mais auparavant, il lui reste encore une dernière chose à accomplir.

*

Ce n'est certainement pas un hasard si Heinrich Schliemann se met à songer à ce moment à sa situation matrimoniale. Il y a bien longtemps qu'il ne pense plus à la pauvre Ekaterina, épousée dans la précipitation, il y a près de vingt ans. Il n'a cessé, depuis, de parcourir le monde sans elle. Ils ne sont liés ensemble que par un lien purement juridique.

Mais justement, ce lien, Heinrich veut y mettre un terme. Quelque part en lui-même, il sait que le rêve de Troie n'appartient pas à lui seul. Cette grande découverte, qui est celle de sa vie, il doit la partager avec celle qui sera à ses côtés. Ce ne peut pas être Minna mais ce ne peut pas non plus être Ekaterina.

Il décide donc de se séparer d'elle, ce qui est possible, car la religion orthodoxe, dans laquelle ils se sont mariés, admet le divorce. Mais comme souvent chez lui, les plus nobles aspirations se mêlent à des considérations terre à terre. Pour divorcer le plus avantageusement possible, il se rend aux États-Unis, dont il demande la nationalité, et plus précisément à Indianapolis où la législation sur le divorce est la plus favorable.

Redevenu célibataire, il rentre à Athènes. La compagne avec laquelle il va découvrir Troie ne peut être que grecque et il a demandé à l'une de ses connaissances, l'évêque de Mantinée Théoklétos Vimpos, de lui faire une sélection de prétendantes.

Il examine soigneusement leurs photos et porte son choix sur Sophia Kastromenos, une jeune Athénienne, dont les parents sont marchands d'étoffes. Elle a le physique grec parfait : des cheveux et des yeux d'un noir profond, un profil de statue... Elle est la réincarnation d'Hélène. Leur union a lieu sans attendre. Elle a dix-sept ans, il en a quarante-sept, mais qu'importe ! Ils partent pour un incroyable voyage de noces, qui se termine à Hissarlik et peut-être à Troie !

*

Les fouilles sont plus compliquées et plus difficiles que prévu. Tout d'abord, les autorités turques tardent à donner leur autorisation. Ce n'est qu'en 1871 que Schliemann peut, en compagnie de Frank Calvert, commencer à creuser sur le site. Mais les moyens dont il dispose sont insuffisants. Les ouvriers ne sont pas assez nombreux ni assez bien équipés.

Hissarlik est littéralement encombré de vestiges antiques, qui ne présentent aux yeux de Schliemann aucun intérêt, mais qui lui imposent un travail de déblaiement considérable. Car sa conception de l'archéologie, une discipline qui en est encore à ses balbutiements, est pour le moins personnelle et ferait hurler les archéologues d'aujourd'hui, qui utilisent des gants, des pincettes et des pinceaux.

Il a résumé sa méthode dans une consigne qu'il transmet à son équipe en arrivant sur les lieux : « Pour ne pas perdre un temps et un argent infinis, on doit aller le plus vite possible au fond. » Tout le reste est donc purement et simplement éliminé, à commencer par le joli palais hellénistique, dont Schliemann ne laisse pas une pierre. Il conserve néanmoins les objets qui s'y trouvaient : des vases, des parures et des ustensiles divers…

Les niveaux inférieurs sont également déblayés à coups de pelle et de pioche, cassés à coups de masse, même si, là encore, les objets sont conservés. Car le site présumé de Troie se révèle un empilement invraisemblable de villes bâties les unes sur les autres. Schliemann et Calvert s'interrogent sur la raison de ces destructions et constructions successives. Il s'agit peut-être du résultat de guerres et de sièges, comme celui que décrit *L'Iliade*, mais plus vraisemblablement de tremblements de terre, fréquents dans la région.

Quand la campagne de fouilles de 1871 s'achève, ils en sont à la septième Troie et ce n'est pas fini. Il y en a d'autres en dessous, dont la bonne, l'unique Troie, qui les attend, avec son trésor !

*

La seconde campagne de fouilles débute en avril 1872 et, cette fois, les moyens ne sont plus les mêmes. Heinrich Schliemann a fait venir d'Angleterre le matériel le plus performant et s'est attaché les services d'Adolphe Laurent, ingénieur français qui est en train de construire les chemins de fer grecs.

L'exploration du site recommence selon les méthodes employées l'année précédente, c'est-à-dire avec pour unique objectif d'arriver au fond le plus vite possible. De grandes tranchées sont ouvertes, sur quarante mètres de long et quinze de profondeur, à l'intérieur desquelles les objets découverts sont conservés. Mais tout le reste est évacué comme de vulgaires gravats.

Et Dieu sait s'il y en a des objets ! Toujours selon leur conception personnelle de l'archéologie, Heinrich Schliemann et Frank Calvert ont décidé que tout ce qu'ils trouveraient resterait leur propriété. Ils se sont simplement divisé le site en deux parties, chacune d'elle allant à l'un d'eux. Mais Schliemann est d'une mesquinerie confinant à la malhonnêteté. Découvrant dans la zone attribuée à son collègue un bas-relief de toute beauté représentant le Soleil sur son char, il essaie de le garder pour lui. Il s'ensuit une violente querelle avec Calvert, au terme de laquelle, il consent à lui remettre douze cents francs de compensation. Il vendra plus tard l'œuvre d'art cent mille francs et l'affaire laissera entre les deux hommes des traces irréparables.

Pour ce qui est de Troie, c'est au cours de cette campagne que les ouvriers atteignent enfin le fond. Il y avait neuf villes superposées sur le site d'Hissarlik ! Mais la Troie de *L'Iliade* est-elle la plus profonde ? Après avoir depuis le début considéré que la chose allait de soi, Heinrich Schliemann n'en est plus convaincu. Il n'y a là que des poteries grossières sans la moindre décoration, un mobilier rudimentaire et des armes primitives. Tout cela est d'un niveau de civilisation inférieur à celui que décrit Homère. Mais alors, si ce n'est pas la première, quelle est la bonne Troie ? La deuxième, la troisième ? Il faut revenir aux niveaux supérieurs et se livrer à un examen plus attentif. Ce n'est qu'à ce prix qu'on aura la chance de découvrir le trésor.

Ce sera, en tout cas, pour l'année suivante, car la campagne 1872 se termine sur ces interrogations.

*

En 1873, lorsque démarre la troisième campagne, Heinrich Schliemann sent que le moment qu'il a attendu toute sa vie est enfin arrivé. Il ne se trompe pas…

Il découvre d'abord, dans la deuxième Troie, construite tout de suite après la Troie primitive, des traces d'incendie. Pour lui, pas de doute, c'est celui allumé par les Grecs après avoir pris la ville. D'ailleurs, les objets enfouis à ce niveau, correspondent avec l'époque homérique. Excité et impatient, il se met à chercher fébrilement le trésor dans les décombres. Et, au bout de quelques jours, il finit enfin par le trouver !

Comment a-t-il découvert ce qu'il a appelé « le trésor de Priam » ? On ne le saura jamais. Dans ses Mémoires, il a donné une version très romanesque de l'événement. Il l'aurait découvert par hasard en se promenant sur le chantier, en compagnie de Sophia. Il aurait alors donné congé aux ouvriers, pour qu'ils ne s'emparent pas de ces richesses, et les aurait extraites de leur cachette avec sa femme.

Ce n'est pas possible, Sophia Schliemann n'étant pas à Hissarlik à ce moment-là. Mais quoi qu'il en soit, le rêve du petit Heinrich vient de s'accomplir au-delà de toutes ses espérances. Et c'est une découverte fabuleuse. Il y a en tout deux cent cinquante objets d'or, principalement des bijoux de femme. Les deux plus belles pièces sont un diadème, formé d'un large bandeau d'or recouvrant le front, d'où pendent soixante-dix chaînes d'or encadrant les deux côtés du visage, et un immense collier, qui couvre toute la poitrine. Ce dernier est constitué de mille sept cents éléments d'or qu'il a fallu remonter un par un.

Il fait don des pièces se trouvant dans sa partie du terrain à Sophia. La presse du monde entier montrera la photo de la jeune Grecque au visage de statue, parée et couronnée des joyaux de la belle Hélène.

Il y a pourtant deux restrictions à apporter à cette euphorie internationale. La première, Schliemann ne l'apprendra que beaucoup plus tard. Il s'est trompé dans ses datations : ces objets d'or ne sont pas de l'époque homérique ! Ils sont beaucoup plus anciens, au moins un millénaire, et remontent vraisemblablement à environ 2250 av. J.-C. Priam et Hélène n'ont rien à voir avec ces parures. Alors, d'où viennent-elles ? Qui était capable de réaliser ces merveilles à une époque aussi reculée ? On ne le sait toujours pas avec certitude aujourd'hui. Quant à la véritable Troie, ce n'était pas la deuxième, comme le croyait Schliemann, mais la sixième.

L'autre restriction, en revanche, se manifeste sans attendre… Même si, s'agissant d'archéologie, les lois ne sont pas encore nettement fixées, le gouvernement turc est scandalisé. Il ne peut admettre qu'un particulier s'approprie des objets trouvés dans son sol. Sur le point d'être arrêté et emprisonné, Schliemann ne s'en sort qu'en offrant un dédommagement de dix mille francs en or, plus quarante mille francs pour le musée de Constantinople. Après quoi, il quitte définitivement Troie pour la Grèce où il est accueilli en héros.

*

Devenu une célébrité, Heinrich Schliemann doit cependant affronter l'hostilité des spécialistes de la Grèce ancienne, qui mettent en doute la datation de son trésor, voire son authenticité. Il n'y a qu'en Angleterre que sa découverte reçoit un accueil favorable. Il y est invité par plusieurs associations savantes et reçu par William Gladstone, Premier ministre de la reine Victoria. Le « Trésor de Priam » est exposé à Londres avec un succès considérable et Heinrich est nommé membre honoraire de la Société archéologique de Grande-Bretagne. Sophia, qui vient de mettre au monde un petit Agamemnon, après lui avoir donné une Andromaque sept ans plus tôt, se voit décerner le même honneur…

Ce n'est pas un hasard, si Heinrich Schliemann a choisi ce prénom pour son fils. La réalisation de son rêve d'enfant n'a pas mis fin à son désir de découvertes. Il se tourne maintenant vers un autre personnage homérique, le roi des rois, le chef de l'expédition contre Troie : Agamemnon.

Ce dernier avait son palais à Mycènes, dans le Péloponnèse, au sud d'Athènes. C'est là que, selon le mythe, il a été tué à son retour de la guerre, par son épouse Clytemnestre et l'amant de celle-ci, Égisthe. Schliemann se rend sur place et, encore une fois, le succès est au rendez-vous, de manière peut-être encore plus éclatante qu'à Troie !

Il dégage les ruines d'une demeure magnifique, dont la porte des Lionnes est le plus bel ornement, et surtout un ensemble de tombeaux, contenant des objets d'un luxe inouï : des masques mortuaires en or pur, dont celui d'un homme barbu qui ne peut être qu'Agamemnon, des vases, des coffrets, des épées au manche représentant des scènes de chasse également en or…

Rempli de fierté, Heinrich Schliemann tient à l'apprendre au roi de Grèce Georges Ier, par une lettre qu'il lui fait porter aussitôt : « Avec une extrême joie, j'annonce à Votre Majesté que j'ai découvert les tombeaux que la tradition désigne comme les sépulcres d'Agamemnon, de Cassandra, d'Eurymédon et de leurs camarades, tous tués, pendant le repas, par Clytemnestre et son amant Égisthe [...] J'ai trouvé dans les sépulcres des trésors immenses en or pur. Ces trésors suffisent à eux seuls à remplir un grand musée, qui sera le plus merveilleux du monde et qui, pendant les siècles à venir, attirera en Grèce les visiteurs du monde entier. »

Sur ce point, Schliemann a parfaitement raison. Le trésor de Mycènes reste, aujourd'hui encore, unique et constitue le plus bel ornement du Musée archéologique d'Athènes où les touristes viennent le voir par millions. Mais encore une fois, il se trompe sur la datation. Ce mobilier funéraire n'est pas contemporain d'Homère ; il ne remonte pas aux alentours de 1250 av. J.-C., mais au XVIe siècle avant notre ère. Les textes, ses chers textes, auraient pourtant dû l'alerter, car, du temps de la guerre de Troie, les morts étaient brûlés sur un bûcher et non pas inhumés, comme à Mycènes...

Schliemann tentera de renouveler ces exploits à Olympie, à Ithaque et dans d'autres sites de la Grèce antique. Mais le succès ne sera plus au rendez-vous. Il meurt subitement à Rome, le jour de Noël 1890, à l'âge de soixante-neuf ans, alors qu'il envisageait une expédition pour retrouver le tombeau d'Alexandre.

Ainsi s'est terminée la vie exceptionnelle de cet homme, qui, avec ses qualités et ses défauts, restera le pionnier de l'archéologie, et qui a surtout su, à force d'obstination et de courage, aller jusqu'au bout de son rêve.

17.

L'Invincible Armada

Le capitaine Diego Duarte est songeur. Il ne s'attendait pas à cela quand il est parti de La Corogne, au nord de l'Espagne, un beau matin de juillet 1588. Quel spectacle c'était de voir appareiller en même temps ces cent trente navires, emmenant trente mille marins et soldats ! La plus grande flotte jamais réunie allait à la conquête de l'Angleterre. Son succès était certain. D'ailleurs, le roi d'Espagne Philippe II lui avait donné un surnom qui voulait tout dire : l'Invincible Armada.

Au début, tout s'est merveilleusement passé. Le temps était radieux, un vent léger mais constant poussait les voiles vers le nord. Et puis, le sort est subitement devenu contraire. Le 6 août, l'affrontement avec les Anglais, au large de Gravelines, a entraîné de nombreuses pertes. Mais rien n'était encore compromis. Tout s'est joué après…

Le temps s'est subitement rafraîchi. Alors que les Anglais ont eu la sagesse de se réfugier dans leurs ports, les Espagnols ont continué et ont été surpris par la tempête. En quelques heures, un cinquième de l'Invincible Armada a coulé. Depuis, harcelés par un adversaire supérieur en nombre et séparés les uns des autres, les navires espagnols tentent comme ils peuvent de rentrer chez eux. Pas question de repasser par la Manche où ils sont attendus. Ils sont obligés de faire un long détour par le nord, en contournant l'Écosse.

*

En ce jour frisquet de septembre 1588, le navire du capitaine Diego Duarte dérive vers l'île écossaise de Mull et le port de Tobermory. Il décide de s'y arrêter et d'y demander de l'aide. Il manque de vivres et plusieurs parties du bateau doivent être réparées de toute urgence.

Son idée n'est pas absurde. L'Écosse est alors indépendante et, sans être formellement l'alliée de l'Espagne, elle a plus de sympathie pour elle que pour l'Angleterre... Le capitaine Duarte n'entre pas dans le port, dont la profondeur est insuffisante pour son navire ; il met l'ancre un peu plus loin et descend à bord d'une chaloupe.

La vision de ce bâtiment de quatorze cents tonneaux, armé de quatre-vingts canons et emportant huit cents soldats, plus les hommes d'équipage, fait sensation dans la population. Il bat pavillon espagnol et, a priori, n'est pas hostile, mais les habitants courent tout de même prévenir le châtelain local, le comte d'Argyll.

Lorsque le capitaine débarque, en compagnie de quelques marins, ils lui demandent d'attendre leur seigneur, qui ne tarde pas à faire son apparition. Angus d'Argyll est un homme dans la force de l'âge, à l'incontestable prestance. Il déteste les Anglais et éprouve une empathie instinctive pour leurs ennemis espagnols. C'est pourquoi, il salue courtoisement l'officier de l'Armada.

— Que puis-je pour votre service, capitaine ?

Diego Duarte lui expose ses besoins : avoir suffisamment de nourriture pour regagner l'Espagne et réparer sa voilure abîmée. Il termine en le priant de ne pas demander une somme excessive. Le comte est un peu surpris de ce sens de l'économie, qu'on attribue plutôt à son peuple, mais trouve le trait de caractère sympathique. D'autant qu'une idée lui est venue.

— Je suis prêt à vous accorder ce que vous me demandez pour rien du tout, si vous consentez à me rendre un service. De combien d'hommes disposez-vous ?

— Huit cents.

— Ils sont aguerris ?

— Ce sont des soldats d'élite. Ils avaient été spécialement entraînés pour conquérir l'Angleterre.

— J'ai un différend avec un seigneur voisin. Prêtez-moi vos hommes pour aller lui donner une bonne leçon et, pendant ce temps, nous réparerons vos voiles.

Diego Duarte est enchanté. À la différence des marins, les soldats n'en pouvaient plus d'être en mer. Ils ne demandent qu'une chose : débarquer. De plus, l'inaction leur pèse et un peu d'exercice sera le bienvenu.

— Toute ma troupe et moi-même sommes à vos ordres. Mais j'aimerais, à mon tour, vous demander une faveur. Pourriez-vous accorder l'hospitalité à ma femme durant cette période ?

— Votre femme est avec vous ?

— C'est autorisé sur nos navires. Uniquement pour l'épouse du capitaine, bien entendu.

— Elle sera logée au château. Faites-la venir.

*

L'accord est conclu et, peu après, les occupants du galion débarquent à Tobermory, y compris l'épouse du capitaine, qui prend le chemin du château… Consuela Duarte est beaucoup plus jeune que son mari. Cette éblouissante beauté méditerranéenne de vingt-cinq ans, brune au teint mat, est admirablement faite. En allant lui souhaiter la bienvenue, Angus d'Argyll en a le souffle coupé. D'autant que la jeune femme se montre fort aimable. Elle parle même quelques mots d'anglais avec un accent charmant.

— J'ai entendu que vous alliez partir, sire comte...

— C'est-à-dire, je dois mener à bien une affaire militaire. Mais si vous le voulez, je peux me faire remplacer par le capitaine de ma garde. Il est tout à fait capable de diriger cette opération.

La dame, sans oser le demander formellement, fait comprendre au châtelain que cette éventualité ne lui déplairait pas et les Espagnols partent guerroyer contre le voisin d'Angus, en l'absence du principal intéressé. Diego Duarte se doute bien que son honneur risque d'en souffrir, mais il estime que le salut de son navire vaut ce sacrifice et s'en va sans faire de commentaire...

Au château des comtes d'Argyll ce qui devait arriver arrive. La belle Consuela tombe dans les bras du châtelain et les tours assez sinistres de la demeure abritent leur idylle durant les six semaines que dure l'expédition. Celle-ci est un plein succès et, quand la petite armée revient, tout semble s'être passé au mieux pour tout le monde. Angus d'Argyll a connu une aventure merveilleuse, son arrogant voisin a reçu une leçon dont il ne se remettra pas de sitôt, les voiles du galion espagnol sont réparées, les provisions vont être livrées à bord, et le navire va pouvoir reprendre le chemin de l'Espagne.

*

Pourtant, tout le monde a oublié une circonstance qui va se révéler fatale. Angus est marié et Lady Rowena d'Argyll, son épouse, n'a pas du tout apprécié sa liaison avec la femme du capitaine. D'un naturel doux et effacé, Rowena cache, sous ses airs tranquilles, une profonde jalousie et veut se venger.

Pour cela, elle n'hésite pas à s'adresser à l'ennemi héréditaire de son peuple : les Anglais. D'ailleurs, elle a des Anglais dans ses ancêtres et ne partage pas la haine de ses concitoyens à leur égard. Et elle sait où en trouver. Depuis que le galion espagnol a fait escale, ceux-ci ont envoyé sur place des espions et l'un d'eux, se prétendant marchand, a pris discrètement contact avec elle. Si, sur le moment, elle s'est montrée intraitable, elle décide à présent de renouer le contact avec lui et va le retrouver.

— La femme du capitaine espagnol a ensorcelé mon mari. Je veux me débarrasser d'elle.

— Rien de plus facile. Si vous acceptez de collaborer avec nous, elle sautera avec le reste du bateau.

— C'est que je ne veux pas la mort des autres.

— Nous, si. La femme ne nous intéresse pas, c'est le galion de l'Armada qui doit disparaître. Alors, votre réponse, Milady ?

— Puisqu'il n'y a pas moyen de faire autrement…

*

Quelques jours plus tard, le prétendu marchand livre au château un baril, qui va prendre place auprès de ceux qu'on a déjà réunis pour approvisionner le navire.

— Il y a une machine infernale à l'intérieur. La puissance est suffisante pour détruire tout le galion.

Lady Rowena manifeste son inquiétude.

— Vous êtes sûr qu'elle ne va pas exploser ici ? Les tonneaux ne seront embarqués que demain.

— Il n'y a pas de danger. Le mécanisme à retardement est réglé à deux jours. Ils seront loin quand la mise à feu aura lieu…

Le lendemain, la châtelaine dissimule un sourire perfide en voyant son mari et l'Espagnole se faire des adieux émus. De son côté, le capitaine Diego Duarte affiche une mine renfrognée. Il a visiblement compris ce qui s'était passé et se promet d'adresser les reproches qui s'imposent à l'infidèle.

Il n'en aura pas le loisir. Alors que le transbordement de la marchandise est sur le point de se terminer, une déflagration phénoménale secoue le port de Tobermory. Quand la fumée se dissipe, il ne reste plus rien du galion espagnol, à part quelques débris en flammes, que la mer se charge d'éteindre. Visiblement, le retardement avait été mal calculé, mais cela ne change rien au résultat. Les Anglais ont réussi leur opération et Lady Rowena d'Argyll a accompli sa vengeance.

Ils ne savent pas qu'ils viennent de donner à Tobermory une célébrité qui va durer quatre siècles...

*

Cinquante ans ont passé... Les habitants de Tobermory se sont habitués à la présence de l'épave, située à vingt mètres de fond, non loin de l'entrée de leur port. Ils ont simplement posé des bouées à la surface de l'eau pour éviter que leurs bateaux heurtent les débris et ont appelé ce lieu « le trésor de l'Espagnol ».

Car, dans leur esprit, il n'y a aucun doute : les flancs du navire englouti renferment des milliers de lingots et de pièces d'or. Des récits ont circulé sur l'Invincible Armada : ses navires avaient emporté des sommes considérables pour acheter des complicités, une fois débarqués en Angleterre. Le capitaine Diego Duarte n'en a jamais fait mention, mais il s'agissait probablement de fonds secrets.

Toutefois, les gens de Tobermory n'ont rien fait pour s'emparer de cette fortune à portée de main. Ils ne sont pas équipés pour cette opération : ce ne sont que des pêcheurs même si, depuis quelque temps, ils se sont lancés dans la production de whisky. De plus, cette épave ne leur appartient pas. Le comte d'Argyll a affirmé haut et fort qu'elle était sa propriété.

Car Archibald, septième comte d'Argyll, a décidé que le trésor de l'Espagnol serait à lui. Si son grand-père Angus, pour qui l'endroit était la tombe de sa bien-aimée, n'a jamais voulu s'approcher de ces lieux maudits, et si son père y était indifférent, lui, il a réuni une équipe de plongeurs qui se sont illustrés sur d'autres épaves aux Amériques. Vingt mètres de fond, ce n'est pas grand-chose pour eux et il est sûr de réussir.

Malheureusement, il se heurte à un obstacle juridique. En apprenant ses intentions, les Stuarts, la famille royale écossaise, interviennent : ce qui se trouve sous les eaux du pays n'appartient pas au seigneur local, mais aux souverains.

L'affaire se termine devant le tribunal de Glasgow, qui, après des années de procédure, donne raison au comte. Les Stuart font appel et vingt ans se sont écoulés lorsque la justice tranche définitivement en faveur de la famille d'Argyll.

Archibald peut enfin se lancer à l'assaut du trésor. Mais le temps d'attente s'est avéré fatal. Si on remonte des canons et quelques objets qui se trouvaient sur le pont, la coque est désormais enrobée d'une concrétion impénétrable. L'or du galion est aussi inaccessible que s'il était dans un coffre-fort dont personne n'a la clef.

Et Tobermory devient aussi connu en Écosse pour son trésor imprenable que pour son fameux whisky…

*

La situation reste bloquée jusqu'en 1729. Cette année-là, un homme se présente au château d'Argyll. C'est un petit individu aux allures modestes, nommé Jacob Rowe. Lorsqu'il s'est annoncé, le majordome a été tenté de l'éconduire, mais il n'en a rien fait quand son interlocuteur lui a dit qu'il se faisait fort de rapporter le trésor de Tobermory.

Il est donc reçu par le douzième comte d'Argyll, prénommé Angus comme son ancêtre. Le châtelain affiche son scepticisme.

— Qu'est-ce qui vous permet d'être aussi sûr de vous, monsieur Rowe ?

— Je suis inventeur, monsieur le comte, ce qui m'a permis de retrouver un trésor non loin d'ici, aux Shetland. Il y avait une fortune en lingots.

— Et quelle est cette invention miraculeuse ?

— Un appareil de plongée, avec lequel on descend facilement à vingt mètres.

— Ici, cela ne servirait à rien. La coque est devenue dure comme un mur de pierre.

— Je sais, monsieur le comte. Mais j'ai aussi inventé un explosif capable d'agir sous l'eau.

Instantanément, les yeux du châtelain s'éclairent.

— Comment cela peut-il fonctionner ?

— La poudre est enfermée dans un réceptacle étanche et un dispositif à retardement y met le feu. Cela marche très bien...

Après une discussion sur le pourcentage à attribuer à chacun digne de deux vrais Écossais, Jacob Rowe se met à l'ouvrage... Il n'avait pas menti : dès la première tentative, son engin éventre le bateau. Ensuite, il n'a plus qu'à faire explorer l'intérieur par des plongeurs ayant pris place dans son appareil.

Mais rien ne se passe comme prévu. Rowe a beau multiplier les explorations, il ne remonte rien qui soit digne d'intérêt : juste le matériel qu'on trouve ordinairement sur un bateau... Sous la pression d'Angus d'Argyll, il poursuit ses recherches pendant un an. Passé ce délai, il finit par renoncer.

— Je suis désolé, monsieur le comte. Je ne peux pas continuer, cela me coûte trop cher.

— C'est parce que vous n'avez pas atteint la chambre forte. Elle doit être à l'endroit le plus profond de la cale. C'est là que sont les lingots.

— Peut-être, mais je préfère arrêter là. J'ai reçu une sollicitation pour une épave qui me semble plus prometteuse.

*

Cet échec met pour longtemps un terme aux recherches. Pourtant, la célébrité du trésor de Tobermory s'accroît. Il devient une véritable légende, non seulement en Écosse, mais aussi dans toute l'Angleterre.

Ce n'est qu'au début du XXe siècle, en 1903, qu'a lieu, avec les progrès de la mécanisation, une nouvelle tentative. Elle n'émane plus des comtes d'Argyll, mais d'une association de particuliers, le West Scotland Syndicate, qui finance une opération utilisant des moyens lourds, comme des pompes suceuses et des dragues.

Le résultat est tout aussi décevant que par le passé. Les explorateurs remontent un compas de marine, de la vaisselle ordinaire, des ustensiles de cuisine et un chandelier d'argent, le premier objet précieux depuis le début des investigations, mais dont la valeur n'a, malgré tout, rien d'exceptionnel. En désespoir de cause, le syndicat, qui veut absolument rentrer dans ses frais, fait appel à un voyant… qui ne voit rien du tout !

Un étonnant personnage fait alors son apparition : le colonel Foss. Doté d'un culot et d'un bagout à toute épreuve, il persuade les membres de l'association de lui céder la présidence, leur affirmant :

— Les recherches vont continuer. Avec moi, l'argent n'est pas un problème.

Et le colonel Foss tient parfaitement parole ! Il parcourt l'Angleterre et les États-Unis, va à la rencontre des milliardaires et les convainc d'investir dans le trésor de Tobermory, avec la promesse de réaliser un profit fabuleux.

Les dragues et engins les plus perfectionnés de l'époque recommencent à démolir l'épave et, pour la première fois depuis plusieurs années, ils retrouvent une dizaine de pièces d'argent. Il s'agit, selon toute vraisemblance, du contenu de la bourse d'un officier, peut-être celle du capitaine Duarte, mais ce résultat, claironné par le colonel Foss, lui permet de continuer sa campagne d'appel de fonds, qui commençait à s'essouffler.

Tout a pourtant une fin. Au début des années 1930, les investisseurs se retournent contre Foss, le traînant en justice pour fraude et corruption. Celui-ci n'est pourtant pas un escroc. Le trésor, il y croit sincèrement. Devant le tribunal, il clame sa certitude :

— Un mètre de plus ! Laissez-moi draguer un mètre de plus et je vous rapporte l'or de l'Espagnol !

Cela ne l'empêche pas d'être condamné et de se retrouver en prison…

*

La Seconde Guerre mondiale arrive et les Écossais, comme les autres, ont d'autres préoccupations. En 1943, Cousteau et Gagnan inventent le premier scaphandre autonome à débit automatique. Et, lorsque la paix est signée, Tobermory revient sur le devant de la scène.

Lionel Crabb, un plongeur, héros du conflit qui vient de se terminer, se voit confier la direction des opérations. Mais les scaphandriers munis de leurs bouteilles explorent l'épave en tous sens, avec aussi peu de réussite qu'auparavant.

Les années passent encore… Régulièrement, des tentatives sont faites… en pure perte. Et l'or de l'Espagnol fait toujours rêver. Du moins jusqu'en 1988.

Cette année-là, rédigeant un article sur le quatrième centenaire du naufrage, un journaliste fait ce que tout le monde aurait dû faire depuis longtemps : il consulte les archives espagnoles.

L'expédition de l'Invincible Armada avait été minutieusement préparée, tout avait été consigné. Le journaliste découvre ainsi que le navire du capitaine Duarte s'appelait le *San Juan de Sicilia.* Il était armé de quatre-vingts canons et emportait huit cents soldats, plus les hommes d'équipage. L'inventaire ne mentionne rien d'autre.

Les navires de l'Invincible Armada n'avaient rien à voir avec les galions rapportant l'or des Amériques. C'étaient des bateaux de guerre, avec, dans leurs cales, de la poudre et des boulets, pas des lingots et des doublons. Certes, plusieurs d'entre eux convoyaient des fonds secrets, destinés à acheter des complicités. C'était le cas du navire amiral et de quelques autres. Le fait est inscrit noir sur blanc dans les archives, avec, pour chaque bateau, la somme exacte emportée. Mais le *San Juan de Sicilia* n'en faisait pas partie.

Cette fois, le beau rêve était bel et bien terminé. Aujourd'hui, Tobermory est toujours renommée… mais seulement pour son whisky.

18.

LE ROI ET L'AVENTURIER

Les colons anglais qui s'établissent en Amérique sont des gens remplis de vitalité, possédant toutes les qualités pour donner vie au Nouveau Monde. Comme la famille Phips...

John Phips, un pauvre armurier de Bristol, décide de tenter l'aventure au début du XVIIe siècle. Il traverse l'Atlantique et s'installe dans le Maine, près de l'embouchure de la rivière Kennebec.

Il s'établit comme forgeron, se marie et n'a pas moins de vingt et un enfants, dont le dernier, William, naît le 2 février 1651. John Phips meurt presque tout de suite après. Madame Phips se remarie et aura encore cinq garçons et filles, ce qui fait en tout vingt-six enfants, qui atteindront sans exception l'âge adulte et se montreront de constitution particulièrement robuste !

William Phips ne dépare pas de l'ensemble, puisqu'à l'âge de dix-huit ans, il atteint la taille colossale de 1,95 m. Ce véritable hercule garde les moutons dans les prés salés qui font la richesse de la région. Sa mère et son beau-père n'ont pas jugé bon de lui apprendre à lire. Ils n'avaient pas les moyens de l'envoyer à l'école et, de toute manière, c'est inutile pour devenir berger.

Mais William ne l'entend pas ainsi. Les prés où il garde ses moutons dominent la mer et c'est elle qui l'attire depuis qu'il est enfant. Il veut être marin. Il pourrait s'enfuir de chez lui et se faire engager comme mousse sur le premier bateau venu, mais comme il est bien élevé, il préfère demander la permission à son beau-père, un agriculteur qui n'a que mépris pour les choses maritimes.

— Marin, c'est un métier de bon à rien ! Mais il est vrai que, costaud comme tu l'es, tu peux faire mieux que berger. Si tu aimes la mer, fais-toi engager comme ouvrier dans un chantier naval. Ce n'est pas cela qui manque ici.

William Phips trouve le conseil excellent. Il se présente à l'embauche dans le port le plus proche et, avec le physique qui est le sien, est tout de suite pris. Au patron qui lui pose quelques questions sur ses projets, il confie son rêve : être capitaine d'un navire. Ce dernier a un sourire.

— Tu sais lire et écrire, mon garçon ?

— Non. Je n'ai pas été à l'école. On est trop nombreux à la maison.

— Alors, tu ne seras jamais capitaine. Pour être officier, il faut avoir de l'instruction.

William Phips saisit tout de suite l'importance de ces paroles. Il n'y a pas que la mer qui compte pour lui. C'est un ambitieux, il veut aller le plus loin possible. Alors, il se prive à la fois d'argent et de sommeil pour suivre des cours du soir et organise sa nouvelle vie entre son travail et ses études.

*

Au chantier naval, il est en contact avec des gens de la mer et entend des histoires extraordinaires. Il y est question d'expéditions autour du monde, de peuples sauvages aux mœurs sanguinaires, de monstres sortis des profondeurs et de bateaux fantômes. Plus que toutes les autres légendes, le récit sur la flotte de l'or exerce sur lui une véritable fascination.

Les faits sont tout récents, puisqu'ils datent de 1643, huit ans avant sa naissance… Si l'Amérique du Nord, colonisée par les Anglais et les Français, est un pays rude où on exploite les ressources de la terre au prix d'un dur labeur, l'Amérique centrale et du Sud, domaine des Espagnols, regorge de mines d'or et d'argent. À tel point qu'ils l'ont surnommée Eldorado, le « Pays doré ».

Régulièrement, les Espagnols rapportent ces richesses dans leur pays. Pour ne pas être la proie des corsaires et des pirates, qui grouillent dans la région, ils se groupent en flottes puissamment armées : ce sont les flottes de l'or, qui sont de véritables fortunes flottantes…

Au printemps 1643, seize galions quittent ainsi le Nouveau Monde sous les ordres de l'amiral Villavicencio. Le montant des lingots d'or et d'argent dont ils sont chargés est estimé à vingt millions de livres…

Les corsaires et les flibustiers ne sont pas les seuls adversaires que doivent affronter les navires espagnols. La mer reste leur ennemi le plus redoutable, surtout dans les Caraïbes où les conditions météorologiques sont particulièrement imprévisibles. À la hauteur d'Hispaniola, l'actuelle Haïti, la flotte de l'or rencontre un ouragan. Tous les bateaux coulent à pic, à l'exception de la *Nuestra Señora*, le navire amiral, qui, plus gros et plus solide que les autres, parvient à échapper à la tempête.

Il n'est pas indemne, loin de là. Des voiles ont été arrachées et il y a une voie d'eau dans la cale. Il doit impérativement être réparé dans le premier port, qui devrait être Porto Rico. Le bâtiment fait donc route comme il peut, tandis que les matelots se relaient jour et nuit pour écoper.

Malheureusement, il rencontre une zone de hauts-fonds et s'échoue sur un récif… Selon le règlement maritime espagnol, en cas de naufrage, chacun peut décider librement de son sort. Des radeaux sont construits. Les uns partent vers le sud, avec l'amiral, qui estime se trouver au nord d'Hispaniola. Il ne se trompe pas : les naufragés qui ont décidé de venir avec lui aborderont l'île et seront tous sauvés.

D'autres vont à l'est, préférant écouter le pilote. Ils ont tort : ils se perdront tous en mer. Une trentaine d'hommes, enfin, choisissent de rester sur l'écueil, en espérant qu'un navire viendra les secourir. Ils épuiseront les vivres de l'épave puis tenteront leur chance sur un radeau. Seul, un Indien en réchappera.

Le naufrage de la flotte de l'or a un énorme retentissement. Jamais une telle fortune n'a été perdue dans l'océan. Bien entendu, c'est en Espagne que l'événement fait le plus de bruit. L'amiral Villavicencio est rappelé à Madrid et passe en jugement, au cours d'un procès à sensation. Mais aucune faute n'est retenue contre lui ; il a été victime de ce qu'on appelle une « fortune de mer ».

Acquitté, il revient à Hispaniola, avec une nouvelle mission : retrouver le trésor. Si les quinze navires coulés en pleine mer lors de la tempête doivent être considérés comme perdus corps et biens, il n'en est pas de même de la *Nuestra Señora*. Le navire amiral s'est échoué sur des récifs, une partie de sa coque affleure sur l'eau. De plus, c'est lui qui convoyait la partie la plus précieuse de la cargaison, estimée à un dixième du total, soit près de deux millions de livres.

Au moment du naufrage, l'amiral Villavicencio avait identifié les hauts-fonds sur lesquels il se trouvait comme le Banc d'Argent. Il sait donc dans quelle direction orienter ses recherches. Le problème, c'est qu'il n'est pas le seul. Dans les mois et les années qui suivent, les galions espagnols interceptent des pirates et des corsaires ayant à bord des lingots portant l'estampille de la *Nuestra Señora*. L'amiral, quant à lui, met sur pied plusieurs expéditions pour retrouver son trésor, mais toutes échouent. Et il finit par renoncer…

Un peu moins de trente ans après le naufrage, la *Nuestra Señora* attend toujours, sur le Banc d'Argent, les audacieux qui voudront tenter l'aventure. Une partie de sa cargaison a sans doute été pillée, mais ce qui reste est certainement suffisant pour faire la fortune de celui qui s'en emparera...

*

Cette histoire, William Phips ne cesse d'y penser, tandis qu'il travaille sur son chantier naval et qu'il suit ses cours du soir. Désormais, ses ambitions ont pris une nouvelle direction. Elles ont un nom : la *Nuestra Señora.* Il sera celui qui mettra la main sur leur trésor. Comment ? Il n'en a pas encore la moindre idée, mais il est sûr de lui. Son enthousiasme n'a d'égal que son optimisme...

Avec ses professeurs, il ne se contente pas d'apprendre à lire et à écrire. Il montre de réelles dispositions pour plusieurs disciplines, notamment les mathématiques. Tant et si bien qu'il s'initie au métier de constructeur de navires et réussit à se faire engager sur un chantier de Boston.

Son ascension ne va pas s'arrêter là. Sa rencontre avec Margaret Hull va bouleverser son destin. Fille d'un armateur qui a commandé un bateau aux ateliers où travaille William, Margaret est charmante et, malgré son jeune âge, déjà veuve d'un riche marchand.

En la voyant, William a le coup de foudre. Malgré la différence de classe sociale, il lui fait une cour passionnée. Surprise par son audace, mais aussi impressionnée par son physique et son intelligence, elle cède, petit à petit. Jamais elle n'aurait cru qu'un tel entrain et qu'une telle confiance en l'avenir soient possibles.

— Nous serons heureux ensemble, Margaret ! Je vous ferai construire sur Green Lane une maison avec des colonnes.

Green Lane est la plus belle artère de Boston, celle où habite l'aristocratie. La jolie veuve hausse ses épaules.

— Avec quel argent ? Vous n'avez rien.

— Avec celui de la flotte espagnole. Je le remonterai de la mer pour vous !

Cette fois, Margaret se récrie.

— Comme les corsaires et les pirates ? C'est cela votre ambition ?

Pour ne pas avoir l'air d'un flibustier aux yeux de sa belle, William trouve alors l'idée de sa vie.

— Non, j'agirai pour le compte du roi. Je commanderai un de ses bateaux.

— Pourquoi commanderiez-vous un des bateaux du roi ?

— Parce que je le lui demanderai. J'irai le voir à Londres.

La jeune femme a un petit rire.

— Et vous croyez qu'il dira « oui » ?

— Si vous me dites « oui », il me le dira aussi ! Dites-moi « oui », Margaret !...

Et Margaret dit « oui » ! La fille de l'armateur devient la femme du fils de forgeron, aux vingt-cinq frères et sœurs. Dans une ville aussi conservatrice que Boston, où les classes sociales sont particulièrement fermées, c'est un événement. Ce serait peut-être un scandale, si William Phips ne savait se faire accepter de son nouveau milieu, comme il a su se faire accepter de son épouse.

La bourgeoisie bostonienne est à son tour conquise par son énergie. Sa belle-famille et d'autres armateurs lui prêtent même de l'argent pour créer un chantier naval dans sa campagne natale où les grands arbres abondent et, de nouveau, William Phips fait merveille. En quelques années, son entreprise devient prospère.

Il n'a pourtant pas oublié son rêve. Il a fait une promesse à Margaret et il tiendra parole. Indépendamment des bateaux qu'il bâtit pour ses clients, il s'en est construit un pour lui. Il est amarré à un quai, en état de marche, prêt à partir quand le moment sera venu. Mais ce n'est pas avec lui qu'il se rendra sur le Banc d'Argent. Il n'a pas changé d'avis : il ira comme capitaine du roi. Son bateau lui servira à traverser l'Atlantique, pour se rendre à Londres...

Les circonstances vont d'abord lui réserver un autre usage. Une nuit, les Peaux-Rouges attaquent par surprise le chantier et brûlent tout. Se transformant en nouveau Noé, William Phips fait monter à bord de son navire sa famille et tous les habitants du village voisin, les sauvant ainsi d'une mort certaine.

Il arrive peu après à Boston où il est accueilli en héros. Certes, il a tout perdu dans l'aventure, mais les capitaux affluent pour qu'il construise à Boston même un nouveau chantier plus important que le précédent. Il est à présent un homme riche et considéré, faisant partie des notables de la ville. Mais, si un autre que lui estimerait avoir atteint la consécration, William Phips juge, au contraire, que le moment est venu de réaliser le projet de sa vie : il va partir pour Londres.

Son épouse essaie de l'en dissuader.

— William, n'y va pas ! Je n'ai pas besoin de l'or des Espagnols. Nous sommes assez riches comme cela.

— Je te l'ai promis, Margaret.

— Je te délie de ta promesse. Tu ne vas pas courir tous ces dangers, traverser l'océan. Pense à nos enfants, pense à moi !

Mais rien n'y fait et, un beau jour de septembre 1682, William quitte Boston, tandis que Margaret, en larmes, agite son mouchoir sur le quai. Il a juste un peu plus de trente ans. Il est temps pour lui de se lancer dans la grande aventure.

*

William Phips est un bon constructeur de navires. Celui qu'il s'est fait pour lui-même traverse vaillamment l'Atlantique… En chemin, il met au point le discours qu'il va tenir au roi. Car, il ne vient pas les mains vides. Depuis des années, il n'a cessé de se documenter sur le Banc d'Argent. Il a des cartes détaillées des hauts-fonds et sait exactement quel type de navire est le plus à même de s'y déplacer. Il a également réuni tous les éléments qu'il pouvait sur l'importance et la nature du trésor se trouvant dans les cales de la *Nuestra Señora.*

À Londres, tout l'impressionne, tout l'intimide. Issu de la campagne, il n'a jamais vu une ville pareille, et s'imaginait que Boston était ce qu'on pouvait faire de plus grand. Il est aussi dérouté par l'étiquette et les multiples conventions de la Cour. Voir le roi n'est pas aussi simple qu'il le pensait. Il faut franchir toutes sortes de barrages et quémander les appuis indispensables. Sans doute, pourrait-il jouer d'audace, voir le souverain sans rien demander à personne, mais il indisposerait son royal interlocuteur et ce ne serait assurément pas la meilleure manière d'arriver à ses fins.

William Phips parcourt donc la capitale, sollicitant l'aide des courtisans. Tout cela dure des mois et finit par lui coûter une fortune en costumes, en perruques, en logement, en réceptions qu'il faut donner en l'honneur des uns et des autres. Il est obligé de vendre son bateau pour payer les frais. Il n'a théoriquement plus de moyen pour rentrer à Boston, mais l'incorrigible optimiste qu'il est s'en moque : pourquoi s'inquiéter, puisqu'il reviendra sur un navire du roi ?

Enfin, le jour de l'entrevue tant attendue arrive… William Phips a de la chance : Charles II d'Angleterre est certainement, de tous les souverains, celui qui est le plus à même de l'écouter. C'est un anticonformiste, ami des arts et des plaisirs, et toujours à court d'argent. C'est aussi un esprit ouvert, ne dédaignant pas de se lancer dans des aventures téméraires. Il a, en outre, une certaine amitié pour les colons d'Amérique, qu'il considère comme des gens débrouillards et sympathiques. Aussi, aborde-t-il son interlocuteur de manière détendue.

— Alors, monsieur Phips, de quoi voulez-vous me parler ?

— De l'or des Espagnols, Sire. Je suis en mesure de vous le rapporter.

Le mot « or » a toujours eu un effet magique sur le souverain.

— Racontez-moi cela…

Le constructeur naval déplie les cartes qu'il a apportées.

— Regardez, Sire. Voici le Banc d'Argent. C'est ici que la *Nuestra Señora* a fait naufrage, avec deux millions de livres, en lingots d'or et d'argent.

— Deux millions !

— Tout ne s'y trouve plus. Les corsaires et les pirates sont déjà venus se servir. Mais il en reste. À condition, de faire vite…

— Que vous faut-il ?

— Un navire pas trop gros, pour pouvoir aller sur les hauts-fonds, mais assez solide pour traverser l'Atlantique et bien armé, pour se défendre des forbans.

Le roi Charles II se tourne vers le Premier Lord de l'Amirauté, le ministre de la Marine, qui assiste à l'entretien.

— N'avons-nous pas pris récemment un navire de ce genre aux barbaresques ?

— *La Rose d'Alger*, Sire, mais…

— Il est à vous, monsieur Phips. En échange, je demande un quart des prises. Êtes-vous d'accord ?

— Je suis éperdu de reconnaissance, Sire…

— Alors, ne perdez pas de temps. Je veux vous voir de retour au plus tard dans deux ans avec les lingots !

Une fois William Phips parti, le Premier Lord de l'Amirauté s'adresse au roi, la mine contrariée.

— Avec votre permission, Sire, vous venez de commettre une erreur.

— Vous ne croyez pas qu'il trouvera le trésor ?

— Je crois que c'est possible. Ce que je ne crois pas, en revanche, c'est qu'il nous le rapportera !

— Jouez-vous aux cartes, monsieur le Premier Lord ?

— Non, Sire.

— Moi, si. Et cela m'a appris quand il fallait ou non prendre des risques. Je peux me tromper, mais je jurerais que cet homme trouvera l'or des Espagnols et qu'il reviendra avec !

*

Si William Phips a réussi à convaincre Charles II, il n'est cependant pas au bout de ses peines. Le Premier Lord de l'Amirauté, chargé par le roi de mettre à exécution sa décision, fait preuve de toute la mauvaise volonté possible. Il lui remet *La Rose d'Alger*, une fringante goélette de dix-huit canons, rapide et maniable, amarrée dans le port de Londres, et établit le contrat partageant le trésor. Un commissaire royal, John Knepp, embarquera à bord, pour veiller à la répartition. Mais c'est tout... William Phips s'étonne.

— Et l'équipage ?

— C'est à vous de le recruter. Vous êtes le capitaine.

— Avec quoi ? Je n'ai plus d'argent.

— Cela ne me regarde pas. Le roi m'a chargé de vous remettre un navire, vous l'avez. Le reste vous concerne...

Phips comprend qu'il doit enrôler des matelots sans leur donner de salaire ! Il hante le port et finit par convaincre une centaine d'hommes de n'être payés qu'en arrivant à Boston. Mais pour cela, il doit leur promettre une partie du trésor. En tout, l'équipage percevra la moitié des gains. Avec ce qui revient au roi, sa propre part n'atteint plus que le quart.

Restent les vivres et les équipements indispensables, comme la poudre, par exemple, car il n'y a plus rien sur *La Rose d'Alger*. Pour financer ses achats, Phips va trouver les banquiers de la City. Sa qualité d'officier du roi lui permet d'emprunter les sommes nécessaires, mais à un taux exorbitant. Ce sera autant de moins sur ses futurs bénéfices...

En mer, les choses ne s'arrangent pas. Les conditions particulières dans lesquelles l'équipage a été recruté, qui font de lui l'associé du capitaine, nuisent à la discipline. William Phips écrira plus tard : « Comment se faire obéir d'hommes qu'on n'a pas payés ? » Les matelots n'en font qu'à leur tête, protestent contre les ordres les plus légitimes. Ainsi, alors qu'on approche des côtes d'Amérique, les hommes, pour fêter l'événement, se livrent à une gigantesque beuverie et plusieurs vont fumer la pipe dans la réserve de poudre. Un soir, le commissaire royal John Knepp vient réveiller William Phips, affolé, pour lui demander quoi faire. Ce dernier ne peut que lui répliquer :

— Recommandez-leur d'être prudents.

La poudre ne saute pas et, le 27 octobre 1683, *La Rose d'Alger* arrive à Boston. Ses concitoyens lui réservent un véritable triomphe, quant à Margaret, elle est éperdue de bonheur. Mais quelques jours plus tard, un obstacle imprévu surgit : un concurrent se manifeste.

Il s'agit d'un industriel de la ville, Angus Warren, assez riche pour ne pas avoir été quémander un navire à Londres et ne craignant pas de passer pour un flibustier aux yeux de qui que ce soit. Phips essaie de l'intimider de toutes les manières possibles. Mettant en avant la mission royale, il demande même au gouverneur d'exiger que le navire de son rival reste à quai. Mais ce dernier refuse d'intervenir. Alors, un arrangement finit par être conclu : on fera trois parts, une pour le roi et une pour chacun des deux capitaines. Celle de Phips se voit donc ramenée à un huitième.

*

Le 15 janvier 1684, après avoir recruté, dans son village natal, des plongeurs indiens, *La Rose d'Alger* part pour le Banc d'Argent, étroitement suivie par le navire de Warren.

Ayant bien étudié les cartes, Phips y arrive sans coup férir. Pourtant, deux problèmes se profilent à l'horizon. D'abord, il n'y a rien à l'endroit où aurait dû se trouver la *Nuestra Señora.* Le navire amiral ne dépasse plus des flots ; les vagues ont sans doute fini par l'envoyer par le fond.

Ensuite, les lieux sont occupés par un bateau corsaire français, *La Résolution.*

Celui-ci porte bien mal son nom, et, au premier coup de semonce, déguerpit sans demander son reste. *La Rose d'Alger* se met aussitôt au travail, imité par le navire de Warren. Les plongeurs indiens font d'incessantes allées et venues entre le fond et la surface, mais ne rapportent que quelques pièces d'argent. Les jours passent et William commence à se dire que le Français n'était pas si timoré que cela : s'il a choisi de disparaître, c'est qu'il avait déjà tout pris !

Mais à la différence de son rival, qui préfère faire demi-tour, Phips continue de s'obstiner. Il n'est pas du genre à renoncer aussi rapidement. Peut-être la *Nuestra Señora* a-t-elle été poussée plus loin par les courants ? Il entreprend donc une navigation périlleuse, au milieu de récifs tranchants comme des rasoirs.

Pendant des mois, les plongeurs s'usent les poumons dans de vaines immersions et les matelots se fatiguent les yeux à scruter les flots transparents. Sous le soleil des tropiques, les mirages sont quotidiens. Des coquillages étincelants, des poissons dorés ou argentés arrachent à l'équipage des cris de joie, suivis de cris de déception. À la tombée de la nuit, les algues phosphorescentes créent la même illusion.

Tout cela finit par agir sur le moral des hommes. Il y a des complots, des tentatives de mutinerie. Un jour l'équipage propose ni plus ni moins à son capitaine de se faire pirate avec lui. Pour toute réponse, Phips rosse deux ou trois hommes et plus personne n'ose évoquer cette idée. Mais l'atmosphère devient tendue.

Las de cette ambiance néfaste, William Phips décide de cesser, du moins provisoirement, les recherches. La situation peut dégénérer à tout moment, il ne peut pas prendre ce risque. Et puis, le roi avait dit de revenir avant deux ans et le délai va bientôt expirer. Même bredouille, il doit se présenter à lui, ne serait-ce que pour lui prouver qu'il n'a pas trouvé le trésor et qu'il ne s'est pas enfui avec.

*

La mort dans l'âme, William Phips quitte le Banc d'Argent et met le cap sur Londres. Quand il arrive dans la capitale anglaise, en août 1685, il apprend que le roi Charles II vient de mourir. Son successeur, Jacques II, est tout le contraire de lui. Il ne s'intéresse qu'aux choses de la religion. Il n'est pas question d'attendre une aide de sa part, ni même d'espérer le rencontrer.

Le Premier Lord de l'Amirauté, lui, n'a pas changé. Lorsque William Phips se présente à lui, il ne lui fait pas bon accueil.

— J'avoue que je ne pensais pas vous revoir, monsieur Phips. Où est *La Rose d'Alger* ?

— Dans le port, bien entendu.

— J'en prends possession au nom de Sa Majesté.

— Mais le bateau est à moi. Le roi Charles II me l'a donné.

— Il vous l'a seulement prêté. Nous craignons une attaque des Hollandais. Je le réquisitionne.

William Phips a beau insister, argumenter, rien n'y fait. Le contrat disait bel et bien que le bateau était à lui, mais peut-il faire un procès à la Couronne ?… Il quitte le ministre de la Marine dépité et furieux.

Il n'est pourtant pas homme à se laisser abattre. Son énergie est intacte et sa débrouillardise est toujours la même. Il ne va pas s'en aller de Londres sans avoir tenté sa chance… Son premier séjour le sert. Il s'est fait des connaissances parmi les courtisans et les gens de la bonne société et va les solliciter.

Il expose son intention de retourner sur les lieux du naufrage de la *Nuestra Señora* à ceux qu'il rencontre. Plusieurs se montrent intéressés. Non seulement il connaît très bien la question, mais le fait qu'il soit revenu prouve son honnêteté. Il est capable de trouver le trésor et il le rapportera : ces deux qualités conjuguées décident de son succès.

Pour financer l'expédition, il crée la Société des gentilshommes aventuriers, réunissant des aristocrates et des banquiers. Sa réussite est telle que le roi Jacques II, à qui la nouvelle parvient, décide de s'y associer. Deux navires seront placés sous le commandement de Phips : le *James and Mary* et le *Henry of London*. Dans le nouveau contrat, sa part est modeste – elle est seulement d'un seizième – mais ce n'est pas ce qui compte le plus pour lui. L'argent est passé au second plan ; il veut à présent réussir l'entreprise de sa vie et sortir de la mer l'or des Espagnols, même si d'autres en profiteront plus que lui.

*

C'est, de nouveau, le départ pour les Caraïbes, avec, cette fois, un équipage normalement payé, qui obéit aux ordres et qui n'a pas envie de se faire pirate… Les deux bateaux arrivent dans la zone du naufrage en janvier 1686 et tout recommence comme un an auparavant : les matelots scrutent les flots transparents, frustrés par les reflets trompeurs des poissons et des coquillages, tandis que les plongeurs indiens s'épuisent dans de vaines explorations.

Pendant un an, rien ne se passe. La délivrance a lieu en janvier 1687. Un soir, alors que l'équipage se prépare à passer une nouvelle nuit, déçu de n'avoir toujours rien trouvé, un officier voit un très bel éventail de mer ou gorgone, une jolie fleur marine aux teintes de corail, et demande à Franko, un des plongeurs indiens, d'aller le cueillir.

Celui-ci s'exécute et revient bouleversé. La gorgone a poussé sur un long objet, dont la forme n'est pas naturelle. Une nouvelle plongée est effectuée et Franko revient avec l'objet en question. Prévenu, William Phips, le prend en main et tombe à genoux, remerciant le ciel. C'est un lingot d'argent ! De plus, l'Indien ajoute :

— Il y a des canons, beaucoup de canons à côté ! Je crois qu'il y a tout un bateau.

La *Nuestra Señora*, vient enfin d'être retrouvée ! L'épave est là, à sept brasses de la surface (environ 12,80 m), coincée entre deux roches. Les jours qui suivent, le *James and Mary* et le *Henry of London* ramènent sur leur pont des dizaines et des dizaines de sacs durs, pétrifiés, incrustés de calcaire et recouverts de petits coquillages. Des lingots d'or et d'argent, et des milliers de doublons en jaillissent, quand ce ne sont pas des bijoux, des perles ou des objets d'art ciselés.

Le 19 avril 1687, William Phips décide d'arrêter et de mettre le cap sur Londres. Les plongeurs ont remonté plus de dix tonnes de lingots et quinze tonnes de pièces et objets précieux. Leur valeur sera estimée à plus de trois cent mille livres sterling. C'est, à l'époque, le plus fabuleux trésor retiré des flots. Et la *Nuestra Señora* n'a pas encore rendu toute sa fortune…

Pourtant, Phips a jugé qu'il n'était pas raisonnable de continuer. Les vivres commencent à manquer et les matelots deviennent de plus en plus nerveux devant ces richesses étalées sous leurs yeux. L'or a toujours rendu les hommes fous, il ne faut pas les exposer à la tentation trop longtemps.

Et il n'y a pas que l'équipage ! Toute la flibuste des Caraïbes sait que le navire amiral espagnol s'est échoué sur le Banc d'Argent. Durant les recherches du *James and Mary* et du *Henry of London*, des bateaux sont régulièrement apparus au loin, observant leurs agissements. Ils n'ont pas bougé, tant qu'ils les voyaient aller et venir entre les récifs. Mais, depuis plusieurs mois qu'ils sont à l'ancre côte à côte, ils savent qu'ils ont trouvé le trésor et se préparent certainement à agir.

C'est un véritable miracle qu'ils n'aient pas encore été attaqués. Il faut espérer qu'il ne le soit pas en route… Malheureusement, à peine sorti des Caraïbes, le *James and*

Mary, dans lequel a été entassé tout le trésor, est pris en chasse par un corsaire français, *La Gloire*. Durant deux jours, l'équipage vit une course-poursuite épique, où William Phips se révèle un marin remarquable. Jusqu'à ce qu'une tempête survienne et sépare poursuivants et poursuivis. Dans l'aventure, Phips a perdu de vue son second bateau, le *Henry of London*. A-t-il coulé ? C'est hélas possible. Mais, en trop grand danger lui-même, il ne peut s'attarder à se mettre à sa recherche, et doit gagner Londres au plus vite.

*

C'est chose faite, le 6 juin 1687. La nouvelle s'est propagée comme une traînée de poudre et il remonte la Tamise au milieu d'une foule enthousiaste. Sa réussite fait sensation. Partout, on ne parle que de lui et de son incroyable trésor.

Pendant plusieurs jours, Phips n'a pourtant pas le cœur à savourer sa victoire. Il ne peut s'empêcher de penser au sort du *Henry of London*, de son commandant Francis Rogers, qui était devenu son ami, et de tous ses matelots, avec lesquels il avait partagé cette extraordinaire aventure. Heureusement, au bout d'une semaine, le *Henry of London* remonte à son tour la Tamise. S'il est en piteux état, tout le monde est sain et sauf.

Commence alors le moment des comptes et des récompenses… Le trésor est pesé jusqu'à la dernière once et réparti comme il en avait été convenu par contrat. William Phips ne se voit attribuer que dix-huit mille livres. Mais ce n'est pas ce qui compte le plus pour lui. Le roi Jacques II donne en son honneur une grande réception au château de Windsor et l'anoblit, en présence de toute la Cour. Il remet ensuite à Sir William Phips, une coupe d'or d'une grande valeur, une des plus belles pièces appartenant à la Couronne, « pour le remercier de son honnêteté ».

Deux médailles sont frappées en commémoration de l'événement. Sur la première figure, côté face, les visages du roi et de la reine et, côté pile, le *James and Mary*. L'autre médaille présente, d'une part, le profil du duc d'Albermale, le président des gentilshommes aventuriers, initiateurs de l'expédition et, de l'autre, Neptune au premier plan et deux bateaux au loin. Il y est inscrit l'adage : *Ex aqua omnia*, « Toutes les choses sortent de la mer ».

*

Dans l'euphorie de la réussite, les gentilshommes aventuriers décident de lancer une autre expédition. Sir William Phips se rend donc pour la troisième fois sur le Banc d'Argent. Le duc d'Albermale est du voyage, accompagné de la duchesse. Nommé gouverneur de la Jamaïque, il rejoint, par la même occasion, son nouveau poste.

C'est une flotte de cinq navires qui part en septembre 1687. Cette fois, Phips n'en a pas le commandement ; étant donné son importance, elle est sous les ordres d'un amiral... En arrivant sur les lieux, il découvre ce qui était prévisible : plusieurs bateaux sont déjà à l'œuvre. Il doit donner du canon pour qu'ils déguerpissent. Mais n'est-il pas trop tard ?

Si ! Il n'y a pratiquement plus rien à récupérer. Une partie de la coque reste intacte et recèle sans doute le reste du trésor. Toutefois, malgré des mois et des mois d'efforts, il est impossible de la percer. Les moyens de l'époque sont dérisoires. Les plongeurs n'ont qu'un pic à leur disposition et travaillent en apnée. La récolte se borne aux derniers objets qui chargent les ponts supérieurs et dont la valeur ne dépasse pas douze mille livres.

*

Il faut se résoudre à rentrer... Quatre des navires retournent à Londres. Le dernier prend la direction l'Amérique du Nord. Et, au mois d'août 1688, le fils du pauvre forgeron, vingt-et-unième de vingt-six enfants, devenu Sir William

Phips, revient à Boston, six ans après l'avoir quittée, auréolée de fortune et de gloire ! Il peut offrir à Margaret la maison avec colonnade, sur Green Lane. Il est la personnalité la plus célèbre de la ville et peut-être de toute la colonie d'Amérique. Il est fêté et adulé de toutes parts. Les titres et les honneurs s'accumulent sur sa personne et vont, paradoxalement, entraîner sa chute…

Nommé gouverneur du Massachusetts et capitaine général du Maine et de la Nouvelle-Écosse, il doit, sous les ordres du roi, partir en guerre contre la France, afin de lui prendre ses possessions du Canada.

Chargé d'organiser les campagnes terrestres contre les Français, Phips remporte, dans un premier temps, de grands succès : il prend l'Acadie à monsieur de Meneval et au chevalier de Villebon. Pour s'attaquer ensuite au Québec, il frappe Boston d'une contribution extraordinaire et engage tout son or pour financer les opérations. Mais la campagne échoue et, dans l'affaire, il est personnellement ruiné.

Poursuivi par ses créanciers, il se rend à Londres, espérant plaider sa cause auprès du roi et des riches protecteurs des gentilshommes aventuriers. Peu soutenu, il se retrouve emprisonné pour dettes au pénitencier de Fleet. Victime d'un mauvais refroidissement il y meurt, le 18 février 1695, à seulement quarante-quatre ans, serrant entre ses mains son lingot d'argent fétiche, celui sur lequel avait poussé la belle gorgone aux couleurs de corail.

Ce lingot permet de payer son enterrement et d'ériger une stèle à sa mémoire, dans l'église Sainte-Marie-Woolnoth, à Londres… Sa veuve Margaret en a rédigé l'épitaphe :

« Ici est enterré Sir William Phips, chevalier, qui, en l'an 1687, découvrit par sa grande activité, parmi les rochers au nord d'Hispaniola, un galion espagnol demeuré quarante-quatre ans sous l'eau, en retira 300 000 livres d'or et d'argent et, avec une fidélité égale à sa bravoure, porta jusqu'à Londres tout ce trésor, qu'il partagea avec ses compagnons d'aventure.

Pour ce grand service, il fut fait chevalier par Sa Majesté régnante Jacques II et, à la Nouvelle Angleterre, accepta le gouvernement du Massachusetts, qu'il conserva jusqu'à sa mort. Il se montra digne de cette confiance par son zèle pour les intérêts du pays et par un tel désintéressement qu'il obtint, à juste titre, à la fois l'estime et l'affection des meilleurs et des plus nombreux habitants de cette colonie. »

La tombe et la stèle existent toujours et William Phips, qui n'a pas été oublié, reste, dans son pays, le plus célèbre chasseur de trésor.

19.

LE TRÉSOR DE LA RUE MOUFFETARD

Il règne une joyeuse animation, ce 28 mai 1938, sur le chantier du 51 de la rue Mouffetard, dans le Ve arrondissement de Paris. Il est 16 h 25 et la journée de travail se termine à 16 h 30. Or, le lendemain, c'est l'Ascension, jour férié. Encore quelques coups de pioche à donner et, dans cinq minutes, ce sera le départ pour un repos bien mérité !

Ils sont neuf ouvriers, pour la plupart des immigrés italiens habitant la banlieue est, à travailler sur ce chantier. Ils ont commencé il y a une semaine la démolition de cet immeuble, que la ville de Paris a décidé de détruire pour insalubrité.

Flaminio Maures est en train d'attaquer un mur du premier étage lorsqu'il constate que des débris étranges tombent en même temps que les moellons. Il repose son outil et va voir ce que c'est… Il s'agit de plusieurs boudins faits d'étoffe grossière, qui semblent renfermer des corps durs. Il se saisit du canif qu'il a dans sa poche et éventre l'un d'eux. Il s'en échappe alors des sortes de jetons jaunes. Il appelle ses collègues :

— Venez voir, ce que j'ai trouvé, les gars ! On dirait des médailles en cuivre ou en laiton.

Les autres s'approchent et partagent son point de vue : tout cela est sans valeur. Flaminio conclut :

— Je vais quand même en rapporter un paquet pour mes gamins.

Ses collègues décident de l'imiter. Chacun prend ce qu'il veut et, la journée terminée, ils se séparent en se disant non pas « À demain ! », mais à « À après-demain » !

*

Flaminio Maures rentre dans le petit appartement de Montreuil qu'il habite avec sa femme et ses enfants. Le soir, une surprise l'attend. Ils ont invité un couple d'amis à dîner et, voyant les enfants jouer avec les « jetons jaunes », le mari dit brusquement à Flaminio :

— Tu es sûr que ce ne sont pas des pièces d'or ?

Aussi étonnant que cela puisse paraître, Flaminio n'y avait pas pensé un instant. Son ami en prend une dans sa main.

— D'un côté, il y a une tête qui pourrait bien être celle d'un roi, de l'autre, il y a des fleurs de lys. Je serais toi, j'irais les montrer à un bijoutier…

Ébranlé, Flaminio Maures récupère tous les « jetons » et, le lendemain, il se met en quête d'un bijoutier. Il a la chance d'en trouver un ouvert, en ce jour de congé. Le commerçant est affirmatif et admiratif.

— Il n'y a aucun doute : ce sont des louis d'or et de très belle facture !

L'ouvrier italien est un homme honnête. Il a en sa possession 328 pièces. Il sait qu'il ne peut pas toutes les garder, la découverte ne va pas tarder à être connue et il serait accusé de vol. Mais il pourrait en mettre discrètement quelques-unes de côté. Leur valeur serait suffisante pour améliorer de manière appréciable son modeste ordinaire. Mais il a des principes. Il a 328 pièces, il en rendra 328 !

Flaminio va donc au commissariat, dépose son paquet sur la table et raconte toute son histoire. Il précise même :

— Il y a un autre louis dans le distributeur de bonbons

de la station Robespierre. J'en ai mis un dans la fente pour voir si ça marchait. Mais la machine l'a gardé…

Une fois sa stupeur passée, le policier de service juge la chose suffisamment importante pour prévenir le commissaire. Ce dernier ne tarde pas à arriver et appelle immédiatement le commissaire Duhaut, son collègue du Ve arrondissement.

Duhaut ne perd pas une minute. Le jour même, il prend contact avec les ouvriers qui s'étaient partagé les pièces. Il était temps ! Celles-ci étaient éparpillées un peu partout. Ils les avaient montrées à des amis, qui les avaient gardées, et leurs enfants les avaient échangées avec leurs camarades. Les policiers parviennent quand même à mettre la main sur la totalité du trésor. Ils n'oublient pas d'ouvrir le distributeur automatique de la station Robespierre et récupèrent le louis d'or à l'effigie de Louis XV, qui trônait, majestueux, au milieu des pièces de vingt sous.

Le lendemain, les travaux reprennent, au 51 de la rue Mouffetard. L'équipe de démolition est là, au grand complet. Mais cette fois Flaminio et ses camarades ne sont pas seuls. Le commissaire Duhaut a tenu à être présent avec un huissier.

Sur l'ordre du policier, Flaminio Maures donne un premier coup de pioche. Les résultats sont prodigieux. Lorsque les travaux s'arrêtent, à 16 h 30, les ouvriers ont retiré des débris 1 824 louis, répartis dans 91 paquets. C'est, d'ores et déjà, un des plus importants trésors retrouvés en France.

Et ce n'est pas tout. Ils découvrent quelque chose de plus rare, sinon de plus précieux. Il y avait, enfouie dans le mur au milieu des pièces, une lettre cachetée. L'huissier l'ouvre et en fait la lecture. Elle commence par : « Ceci est mon testament » et poursuit :

« Je soussigné, Louis Nivelle, écuyer, conseiller, secrétaire du roi, audiencier en la chancellerie du Palais de justice de Paris, cède et lègue à ma fille Anne-Louise Claude Nivelle les louis d'or ci-inclus… »

Le texte se poursuit d'une manière assez étrange :

« Je lui cède mon bien pleinement et consciemment. En cas de rétractation de ma part, de quelque manière qu'elle soit exprimée, je la révoque formellement. Fait à Paris, le 16 novembre 1756. Nivelle. »

Les journaux font leur une sur cet événement insolite. Le trésor de la rue Mouffetard rejette en pages intérieures une actualité pourtant bien fournie, en ces temps troublés. *Le Petit Parisien* montre la photo du commissaire Duhaut rayonnant, devant une pile de pièces d'or. Dans le quartier, on ne parle plus que de « la rue au magot ». Sur la palissade des lieux gardés par la police, un plaisantin a même écrit « Mine d'or ».

L'ancienne locataire, madame Tessier, veuve d'un ouvrier, est interrogée. Avant d'être expulsée par la ville de Paris et d'être relogée rue de la Montagne-Sainte-Geneviève, elle habitait au premier étage de la rue de Mouffetard.

La pauvre femme, usée par l'existence, a la cinquantaine, mais en paraît soixante-dix. Elle est visiblement affectée par l'irruption des policiers dans son quotidien. Elle a un cri du cœur :

— Quand je pense que, mon mari et moi, on avait notre lit contre ce mur. Il nous aurait suffi de tendre le bras !

Et, elle demande, un peu naïvement :

— Vous croyez qu'on me donnera quelque chose ? Cinq cents francs me suffiraient.

Comme ses interlocuteurs lui répondent, gênés, que c'est peu vraisemblable, elle conclut avec amertume :

— De toute façon, l'ouvrier ne meurt jamais riche.

*

En tant que locataire, madame Tessier n'a effectivement aucun droit sur la découverte. Mais si elle avait elle-même trouvé les louis d'or, elle n'aurait probablement rien eu non plus. Car la présence du testament fait entrer le magot de la rue Mouffetard dans un cadre juridique particulier.

Ce n'est pas un trésor au sens légal du terme. Un trésor est ce qui appartenait à un propriétaire inconnu ou qui vivait à une époque si lointaine qu'on ne lui connaît pas de descendant. Dans ce cas, selon la loi française, il est partagé pour moitié entre son découvreur, qu'on appelle juridiquement « inventeur », et le propriétaire du terrain ou de la maison.

Mais la lettre de Nivelle change tout : elle désigne clairement le possesseur des pièces et indique tout aussi clairement leur destinataire. Il ne s'agit plus d'un trésor, mais d'un legs qui doit intégralement revenir aux héritiers du destinataire.

Dans les jours qui suivent, les journalistes se renseignent sur Louis Nivelle. Ils n'ont aucun mal à retrouver sa trace. L'homme, qui a exercé des fonctions importantes, est parfaitement connu : il est né en 1690 et mort en 1757, et Anne-Louise Nivelle était bien sa fille. Quant aux héritiers de cette dernière, ils sont tout aussi faciles à découvrir et les journaux en dressent la liste quelques jours plus tard.

Celle-ci est accompagnée de commentaires désabusés. Les chiens ne faisant pas des chats, les descendants du « secrétaire du roi, audiencier en la chancellerie de Paris » appartiennent aux plus hautes sphères de la société. Ils habitent de luxueux appartements ou des châteaux. L'un d'eux, Monsieur de Boissanger, est même sous-gouverneur de la Banque de France.

Ce pactole, qui aurait bouleversé l'existence de gens modestes, ne sera qu'un petit ajout à leur fortune. Mais qu'y faire ? Il en est toujours ainsi ou presque : l'argent va à l'argent. Comme l'a dit l'infortunée madame Tessier : « l'ouvrier ne meurt jamais riche. »

*

Après plusieurs jours d'interruption, les travaux reprennent rue Mouffetard. Tandis qu'un cordon d'agents écarte les curieux, les journalistes interrogent Flaminio Maures. Il fait toujours preuve de la même placidité.

— Vous ne vous étiez pas douté que c'étaient des louis d'or ?

— Pas un instant ! Vous savez, des pièces d'or, je n'en avais jamais vu, je n'avais pas le moyen de comparer.

— Vous pensez que vous allez en retrouver d'autres dans la maison ?

— Sûrement. Il y en a plein les murs, j'en suis certain.

— Vous savez que le trésor ira aux descendants d'Anne-Louise Nivelle ?

— On me l'a dit…

— Cela ne vous gêne pas de sortir toute cette fortune pour eux ?

Le maçon italien a un haussement d'épaules fataliste.

— C'est comme ça !

Et il va rejoindre ses collègues sur le chantier… Celui-ci est extraordinairement productif. C'est une véritable « fontaine d'or », pour reprendre la formule des journaux : 3 210 louis, 258 doubles louis et 87 demi-louis. Les années de frappe s'échelonnent entre 1726 et 1756, certaines pièces sont particulièrement rares et leur valeur numismatique s'ajoute à celle de l'or.

Les descendants de Nivelle vont pouvoir augmenter leur patrimoine déjà considérable. Pourtant, l'héritage ne leur reviendra pas immédiatement. Tous les ouvriers n'ont pas la placidité de Flaminio. Ses collègues décident de tenter de toucher leur part du trésor. Ils prennent un avocat et assignent en justice le préfet de la Seine, représentant la Ville de Paris, tandis que la famille de Louis Nivelle organise sa défense.

Le 5 avril 1939, une première vente publique a lieu, pour payer les frais de justice. 205 monnaies, estimées à 80 000 francs, sont mises aux enchères. La vente en rapporte 210 000. La fascination entourant la découverte des pièces a sans doute contribué à faire monter leur prix.

Un procès doit normalement se tenir peu après, mais, en septembre 1939, la guerre éclate et la procédure est suspendue. En 1940, après l'invasion et la défaite, le trésor est transféré dans la Banque de France de Montpellier, pour éviter qu'il ne tombe aux mains des Allemands. L'affaire sera jugée après la fin des hostilités…

*

Durant l'Occupation, le trésor de la rue Mouffetard ne disparaît pas de l'actualité. Les journaux continuent régulièrement d'en parler. Ils s'intéressent à la personnalité de leur propriétaire et aux circonstances dans lesquelles il a caché son magot.

C'est une histoire étrange… Louis Nivelle n'habitait pas rue Mouffetard. Ce personnage riche et considéré vivait bourgeoisement dans un hôtel particulier de la rue de la Coutellerie, près du Louvre. Alors, pourquoi est-il venu dans cette pauvre maison d'un quartier populaire de Paris ? Et il n'a pas fait qu'y venir, sinon ce n'est pas là qu'il aurait caché sa fortune. Il devait s'y rendre régulièrement et secrètement. Peut-être avait-il même une double vie…

*

Avant de se pencher sur sa vie, les journalistes recherchent les circonstances exactes de sa mort. Son acte de décès porte la date du 10 septembre 1757. Mais il n'est pas certain qu'il soit mort ce jour-là. C'est la date où son épouse a appris sa disparition, dans des circonstances tout à fait surprenantes.

Son mari étant introuvable depuis plusieurs semaines, elle avait prévenu les autorités et une enquête était en cours. C'est alors qu'un petit mendiant s'est présenté dans son hôtel particulier. Le gamin a insisté auprès des domestiques pour lui parler personnellement et lui a déclaré :

— Monsieur Nivelle est mort.

Comme la malheureuse femme lui demandait dans quelles circonstances et comment il le savait, il lui a répondu :

— Je ne sais pas. C'est un homme qui m'a donné une pièce pour que je vous le dise.

Par la suite, le gamin, qui vivait de mendicité dans le quartier du Louvre, a été interrogé par la police. Mais il n'en savait pas plus. Un homme qui dissimulait son visage avec un foulard lui a donné un sol pour qu'il aille annoncer cette nouvelle à la maîtresse des lieux, rue de la Coutellerie.

Sans indice probant, l'enquête a fini par être close. Louis Nivelle a été déclaré officiellement mort et la date du 10 septembre 1757 a été portée sur son acte de décès, mais on n'a jamais retrouvé son corps ; aucune tombe ne porte son nom.

Que s'est-il réellement passé ? Louis Nivelle se sentait en danger, comme le montre clairement son testament. S'il prend soin de dire : « En cas de rétractation de ma part, de quelque manière qu'elle soit exprimée, je la révoque formellement », c'est qu'il envisage qu'on lui fasse signer sous la contrainte, voire sous la torture, un document instituant un autre bénéficiaire.

Il a certainement été assassiné rue Mouffetard ou ailleurs. Et, pour comprendre comment cela a pu se produire, il faut reprendre depuis le début le récit de sa vie.

*

Louis Nivelle naît en 1690. Son père, qui porte également le prénom de Louis, est avocat au Parlement de Paris. C'est une célébrité très appréciée. On l'a même surnommé « le grand Nivelle » et il a été, entre autres, le défenseur de la marquise de Brinvilliers.

Louis, son fils, se marie en 1728, avec Marie de la Hogue, qui appartient à la noblesse de robe. Il fait d'excellentes études de droit, devient avocat et, sans avoir la renommée de son père, est très bien considéré. Bon mari, il est pieux, et élève sa fille, Anne-Louise, dans les principes les plus stricts. Rien ne semble le prédisposer à avoir une double vie. Pourtant, il ne va pas tarder à entrer dans le plus sombre des univers, mêlant religion, érotisme et délinquance…

Le mouvement janséniste, apparu au siècle précédent, prêchait un catholicisme intransigeant et austère. Il a connu un grand succès et a su attirer à lui des personnalités aussi prestigieuses que Pascal et Racine jusqu'à ce qu'il s'en prenne aux jésuites, et finisse par déplaire au roi et au pape, qui le condamne en 1713.

À la suite de cette décision, la plupart des jansénistes sont rentrés dans le rang. Seule une minorité, parmi laquelle figurait Gabriel-Nicolas Nivelle, le demi-frère de Louis, continue à suivre leurs préceptes.

Gabriel-Nicolas convainc Louis de rejoindre leur groupe. Ensemble, ils font la connaissance d'un prêtre janséniste, François Pâris, diacre de l'église Saint-Médard. Considéré comme un saint par tous ses paroissiens, il mène une vie d'ascèse rigoureuse, multipliant les privations, dont il meurt, au cours de l'année 1727.

Une foule immense suit ses obsèques au cimetière Saint-Médard, qui jouxte l'église. Dès le lendemain, des « miracles » se produisent sur sa tombe. Des malades, appelés les convulsionnaires de Saint-Médard en raison des manifestations bruyantes qui accompagnent leurs prières, s'y rendent, implorent son aide et, souvent, se déclarent guéris. Louis Nivelle et son demi-frère en font partie.

Les convulsionnaires de Saint-Médard deviennent vite une attraction. Le cimetière est envahi de badauds venus de tout Paris. Des gens de la Cour risquent même le déplacement. Leur intérêt n'a pas grand-chose à voir avec la religion. Le rapport d'un officier de police est explicite : « Ce qu'il y a de plus scandaleux, c'est de voir des jeunes filles jolies et bien faites entre les bras des hommes, qui, en les secourant, peuvent contenter certaines passions. Car elles sont deux ou trois heures la gorge et les seins découverts, les jupes basses, les jambes en l'air… »

Le pouvoir décide de mettre fin à ces débordements : Louis XV ordonne la fermeture du cimetière. À la suite de quoi, deux vers ironiques circulent dans Paris :

« De par le roi, défense à Dieu
De faire miracle en ce lieu. »

Chassés de l'église, les convulsionnaires se réunissent dans des lieux privés. Leurs séances se déroulent désormais devant un public restreint, formé de partisans convaincus. Elles changent également de signification : il ne s'agit plus de chercher la guérison, mais de proclamer, par toutes sortes de manifestations corporelles, l'intensité de sa foi. Membre zélé du mouvement, Louis Nivelle achète la maison de la rue Mouffetard, à côté de l'église Saint-Médard. Il y organise probablement des réunions…

Le pouvoir sévit de nouveau. Une vague d'arrestations s'abat sur ces nouveaux convulsionnaires. Gabriel-Nicolas Nivelle est embastillé six mois pour « activités subversives ». Mais cette répression conforte les intéressés dans leur idée qu'ils sont un petit nombre d'élus, persécutés parce qu'ils défendent la vérité. Ils se comparent aux chrétiens des débuts de l'Église.

Dans le même temps, les pratiques auxquelles ils se livrent prennent un tour de plus en plus violent. Les dames subissent des sévices, le plus souvent nues, affirment ne rien sentir et être heureuses de livrer leur corps à la gloire de Dieu. Un indicateur de police infiltré dans un des groupes a fait une classification de ces mauvais traitements :

« — Première classe : coups de poing et de pieds, piétinement du corps, étirement de membres ;

— Deuxième classe : pressions violentes, étouffement ;

— Troisième classe : coups de bûches ;

— Quatrième classe : coups d'épées perçantes et non perçantes, clous enfoncés dans les diverses parties du corps à coups de marteau ;

— Cinquième classe : crucifixion. »

S'il n'y a eu aucun décès consécutif à ces crucifixions, ces pratiques se rapprochent de celles du fameux marquis de Sade, qui commencera ses activités une vingtaine d'années plus tard.

Leurs dérives ouvrent également la porte à des individus dangereux : des pervers voulant satisfaire leurs instincts et des membres de la pègre, attirés par la fortune de certains adeptes. La présence de ces derniers finit par alerter Louis Nivelle. De plus en plus inquiet, il cache son or et écrit les phrases figurant dans son testament.

Lui-même est certainement de bonne foi. Le bon avocat, bon père et bon mari qu'il est ne quitte pas la rue de la Coutellerie pour la rue Mouffetard dans le but de s'encanailler. En assistant à ces séances, il croit sincèrement faire preuve de piété et apporter son soutien à la cause janséniste. Il paye de sa vie cet aveuglement. A-t-il été torturé avant d'avoir été assassiné ? On ne le saura jamais. En tout cas, il n'a pas parlé et, deux cents ans plus tard, on retrouve son trésor intact.

*

Telle a été l'étonnante existence de Louis Nivelle. Celle de sa fille Anne-Louise n'est pas moins déroutante... Elle naît en 1737. Elle a vingt ans à la mort de son père. Après sa disparition, sa mère et elle font ce qu'elles peuvent pour retrouver l'argent disparu. Mais elles ne connaissent pas l'existence de la rue Mouffetard et elles échouent dans leurs recherches.

En 1768, Anne-Louise croit renouer avec la fortune. Elle fait un brillant mariage avec Jean-Louis Jariel des Forges, chancelier du roi de Pologne. L'homme est très riche, mais il est « connu dans le monde, pour ses bizarreries et singularités ». Bizarre, c'est le moins qu'on puisse dire. Car, lorsqu'il meurt brusquement, en 1788, et que l'on ouvre son testament, on trouve la phrase suivante :

« J'ai enterré vingt barres d'or et cent cinquante mille livres en louis d'or. »

C'est tout. Il ne dit pas où ! La pauvre Anne-Louise fait creuser dans les caves, les cours et les jardins des diverses propriétés de son mari, sans parvenir à trouver la cachette. Un peu plus tard, sous la Terreur, elle est emprisonnée et condamnée à mort. Mais la chance lui sourit enfin : elle est sauvée par la mort de Robespierre, la veille de son exécution. Elle mourra dans son lit en 1810, après avoir connu l'étonnante destinée de passer à côté de deux trésors...

*

La Seconde Guerre mondiale finit par se terminer et les affaires judiciaires qui étaient suspendues peuvent trouver leur conclusion. Parmi elles, celle du trésor de la rue Mouffetard.

Le tribunal civil de la Seine rend son jugement le 1er juin 1949. Le verdict surprend tout le monde. Sans doute pour des raisons morales, pour que tout n'aille pas à des nantis et que les plus modestes aient aussi leur part, les magistrats ont opéré une distinction subtile.

Les 2 812 pièces provenant du mur où se trouvait le testament doivent être considérées comme un legs et iront aux héritiers. Mais les 539 qui ont été récupérées dans d'autres endroits constituent bel et bien un trésor. Elles seront réparties également entre la Ville de Paris, propriétaire de l'immeuble, d'une part, et les neuf ouvriers inventeurs, d'autre part.

La vente aux enchères des héritiers, qui a eu lieu en mai 1952, est un vif succès. Elle rapporte quatorze millions de francs de l'époque, soit environ un million six cent mille euros. La vente des ouvriers, qui se déroule peu après, connaît un succès tout aussi vif et rapporte quatre millions de francs, un peu moins de trois cent mille euros. Divisé par le nombre de bénéficiaires, ce n'est certes pas la fortune, mais cela constitue un joli souvenir d'une aventure peu banale.

20.

Les petits cailloux blancs

La scène ressemble à un western. Une longue colonne de chariots bâchés s'avance en cahotant, au milieu de prairies à la maigre végétation. Dans les véhicules, les familles ont entassé comme elles le pouvaient l'essentiel de leurs biens. Les femmes et les enfants sont installés à l'intérieur, tandis que les hommes surveillent les alentours, le fusil à la main, craignant une attaque des indigènes…

Pourtant, nous ne sommes pas au Far West, mais en Afrique du Sud, et les migrants ne parlent pas anglais mais néerlandais… En cette année 1836, il y a plus de cent cinquante ans que la Compagnie des Indes hollandaises a fondé la colonie du Cap. Celle-ci est vite devenue prospère, quand les Anglais s'y sont installés à leur tour, à la fin du XVIIIe siècle. Ils y ont développé une politique de colonisation intensive, qui a obligé les premiers occupants à partir, pour trouver un endroit où ils seraient vraiment chez eux.

Par milliers, les Hollandais, appelés les Boers, quittent donc la riante vallée du Cap, avec ses rivières, ses vergers et ses vignes, pour des contrées beaucoup moins favorisées, au sol couvert d'épineux et habitées par des populations sauvages.

Une partie de ces pionniers choisit de s'installer à 900 km du Cap, au sud du Botswana actuel, entre les fleuves Orange et Vaal. Ils chassent ou soumettent les habitants du lieu, les

Griquas, et fondent un nouveau pays, l'État libre d'Orange. Ils bâtissent leurs fermes et se mettent au travail. Les conditions de vie sont loin d'être aussi favorables qu'au Cap. La terre est loin d'être aussi fertile. Une curieuse terre, d'ailleurs, de couleur jaune, avec, par-ci par-là, des petits cailloux blancs…

*

Les Boers ne sont pas les premiers Européens à s'être installés dans l'État d'Orange. Quelques missionnaires de nationalité allemande les ont précédés. Ils ont converti un certain nombre de Griquas et vivent en bonne intelligence avec eux.

Ils se sont implantés à Pniel, une bourgade sur la rivière Vaal… On y trouve une église, une infirmerie rudimentaire, une grange qui peut servir d'école, les bâtiments d'habitation de la mission et quelques cases.

C'est là qu'au printemps 1859, un jeune Griqua demande à rencontrer le père supérieur. Il vient d'être soigné à la mission et, en témoignage de reconnaissance, apporte au prêtre un petit caillou blanc.

— C'est pour vous, mon père.

Le religieux le prend en main et le fait miroiter dans le soleil. Jamais il n'a vu un scintillement pareil.

— Où as-tu trouvé cela ?

— Au bord de la rivière.

— Près d'ici ?

— Non assez loin…

— Je vais te donner quelque chose.

Le gamin se récrie.

— C'est un cadeau et puis, cela n'a pas de valeur. C'est joli, c'est tout.

Mais le missionnaire ne veut rien entendre et lui donne un billet de cinq livres. Cinq livres, c'est une petite somme pour un colon, mais pour un indigène, c'est une fortune. Le gamin, éberlué, s'en va avec son trésor et le père supérieur charge un de ses moines de vendre le diamant au Cap – car c'en est un, sans nul doute ! La somme apportera des ressources inespérées à la mission. Quant à trouver le gisement, ses moines et lui ne sont pas là pour cela. Ce sera l'affaire des prospecteurs, que la nouvelle va certainement attirer par milliers…

Le missionnaire s'acquitte sans problème de sa tâche. Parvenu au Cap, il vend, pour une somme rondelette, la pierre, qui s'avère effectivement être un diamant. Au négociant, qui lui en demande la provenance, il ne cache rien.

— C'est un indigène qui l'a trouvée près de la rivière Vaal. Il y en a sûrement beaucoup d'autres.

Le commerçant répercute l'information auprès de ses confrères. On pourrait s'attendre à ce qu'elle provoque l'effervescence générale. Mais, inexplicablement, il n'en est rien. Les petits cailloux blancs de l'État d'Orange n'intéressent personne.

*

Et les années s'écoulent sans que rien ne se passe. Les colons Boers qui se sont installés entre les rivières Orange et Vaal continuent l'exploitation de leurs fermes. Ils retournent la terre jaune pour y planter des céréales ou y font pousser de l'herbe pour faire paître leurs bêtes. Ils ne semblent pas remarquer les fragments brillants, qui saupoudrent certains endroits du sol, comme des morceaux de sucre.

Il n'y a que les enfants qui sont attirés par eux. Quand ils en voient un, ils le gardent pour jouer aux billes ou aux osselets, sous l'œil indifférent des adultes… Tout cela dure jusqu'au printemps 1867. Ce jour-là, huit ans après la première découverte, le jeune Erasmus Jacobs, fils de paysans installés à Hopetown, non loin de la rivière Orange, est envoyé par ses parents couper des roseaux au bord du cours d'eau.

L'adolescent, âgé de quinze ans, fait ce qu'on lui a demandé et s'apprête à s'en retourner, quand il aperçoit une jolie pierre qui brille dans l'eau. Il en a déjà vu plusieurs de ce genre, mais une aussi grosse, c'est la première fois. Il la met dans sa poche et rentre chez lui.

Peu après, Schalk van Niekerk, un fermier de Hopetown, va rendre visite à ses voisins, les Jacobs. Schalk van Niekerk est encore jeune. Il n'a que vingt-cinq ans, est toujours célibataire et, à la différence des autres colons, qui ne se soucient que de leur exploitation, est curieux de tout ce qui l'entoure : la faune, la flore, les minéraux... Il fait même collection de pierres sortant de l'ordinaire.

En entrant dans la cour, il aperçoit Erasmus en train de jouer aux osselets. Il lui adresse un salut amical et s'apprête à poursuivre son chemin, lorsqu'il est attiré par une vision inhabituelle. Un des cailloux jette un éclat extraordinaire chaque fois qu'il est projeté en l'air. Il s'approche de l'adolescent :

— Tu permets que je voie cette pierre ?

— Bien sûr, monsieur.

Schalk van Niekerk la tourne et la retourne dans sa main. Elle a environ la taille d'une noisette, et est couverte, en certains endroits, d'une couche opaque. Mais là où la couche est absente, elle étincelle d'une manière éblouissante. Le jeune fermier a lu plusieurs livres de minéralogie et cet éclat lui fait penser à un diamant brut.

Il se souvient alors que le diamant, le plus dur des corps existant dans la nature, a la propriété de rayer le verre et qu'il est le seul à pouvoir le faire... Les Jacobs viennent justement récemment de remplacer un carreau et l'ancien est resté posé contre un mur. Il s'en approche et fait glisser la pierre : une longue estafilade apparaît sur toute la longueur !... Par la suite, la vitre, qui a été conservée, sera exposée dans le musée de la ville. Elle s'y trouve toujours et rappelle les débuts de ce qui va faire la fortune du pays.

Mais rien n'est encore joué... Madame Jacobs arrive à ce

moment-là et souhaite la bienvenue à son voisin. Après avoir discuté de choses et d'autres, ce dernier lui demande :

— Cette pierre, vous voulez bien me la vendre ?

— C'est pour votre collection ?

— Oui, c'est cela, pour ma collection.

— Elle est à vous, mais pas question de payer. Cela ne vaut rien et il y en a beaucoup par ici…

Et Schalk van Niekerk repart avec son caillou brillant, sans avoir déboursé un cent.

*

La suite des événements tempère pourtant son enthousiasme. Les personnes qu'il rencontre, des minéralogistes, des spécialistes des pierres précieuses ou prétendus tels, lui assurent que le caillou n'a aucune valeur. Pour eux, il s'agit d'un vulgaire cristal. Pas un ne se montre disposé à l'acheter. Jusqu'à ce que, finalement, van Niekerk rencontre John O'Reilly.

John O'Reilly est un sacré personnage. Explorateur, chasseur de lions, marchand d'ivoire et de plumes d'autruche, il parcourt depuis des années les régions les plus mal connues et les plus hostiles de l'Afrique. Il a failli mourir de soif dans le désert du Kalahari et sa joue est barrée d'une grande estafilade, laissée par la lance d'un Zoulou. En voyant la pierre, il manifeste pour la première fois de l'intérêt, mais ce n'est pas celui qu'espérait le jeune fermier.

— Oui, cela pourrait me servir dans le troc avec les sauvages. Ils aiment tout ce qui est brillant.

— Mais c'est peut-être un diamant…

— Ça un diamant : vous plaisantez ? C'est du cristal. Je vous en donne cinq livres, c'est à prendre ou à laisser !

C'est exactement ce qu'avait donné le missionnaire, pour la pierre du petit Griqua. La somme est dérisoire, mais Schalk van Niekerk en a assez. Cela fait des semaines qu'il essaie d'intéresser quelqu'un à sa trouvaille et il désespère d'y arriver jamais. De guerre lasse, il dit « oui » et retourne dans sa ferme…

Il vient pourtant de rencontrer plus malın que lui. Sous ses dehors d'homme de la brousse pittoresque, John O'Reilly est plus avisé qu'il n'y paraît. Il n'a aucune intention de donner cette pierre à un chef de tribu quelconque. Il sait que c'est un diamant. Pour s'en assurer, il ne va pas faire comme Schalk van Niekerk, qui n'a consulté que des gens de la région. Il va aller au Cap, voir les véritables spécialistes.

Au Cap, il demande l'avis de Guybone W. Aherstone, et le verdict du minéralogiste est sans appel :

— Il s'agit d'un diamant de 21 carats 1/4, du type Brownish Yellow, une pièce exceptionnelle.

Fort de cette expertise, le chasseur de lions va trouver Sir Philip Wodehouse, gouverneur de la colonie du Cap, qui lui achète la pierre cinq cents livres. Il la baptise Eurêka et l'expédie à Londres où le joaillier Hunt and Roskell en tire un brillant de 10,73 carats, qui sera exhibé à l'Exposition universelle de Paris, en 1889. Aujourd'hui, Eurêka existe toujours. La pierre appartient à des propriétaires privés et est montée sur un bracelet, dont elle est la pièce principale. Sa dernière apparition publique remonte en 1959, à Londres.

C'est le premier diamant officiellement trouvé en Afrique du Sud. Cette fois, le déclenchement d'une ruée en direction de l'État d'Orange semble inévitable. Pourtant, l'information ne dépasse toujours pas les milieux spécialisés. Un expert géologue envoyé sur place par un joaillier londonien déclare même :

— La découverte d'un diamant en Afrique du Sud est une imposture !

*

Schalk van Niekerk a, lui, suivi l'histoire du diamant Eurêka. Il enrage de s'être fait berner et jure de prendre sa revanche. Il recrute toute une équipe de gamins d'Hopetown et promet une énorme récompense à celui qui rapportera une pierre aussi grosse que la précédente.

Pendant six mois, les jeunes indigènes parcourent en tous sens les environs du fleuve Orange, sans rien trouver. Mais, un matin de mars 1869, un an tout juste après la découverte d'Eurêka, un petit Griqua arrive en serrant quelque chose dans son poing.

— Regardez, monsieur !

Il ouvre la main et c'est l'éblouissement… Il s'agit d'une pierre aussi brillante mais trois à quatre fois plus grande que celle avec laquelle jouait Erasmus ! Schalk van Niekerk pourrait prendre le diamant et se contenter de donner quelques dizaines de livres au gamin. Le Griqua ne trouverait rien à y redire. Mais il a décidé de faire preuve d'une parfaite honnêteté.

— Mon troupeau est à toi !

Et comme le jeune Griqua reste sans voix, il ajoute :

— Il y a cinq cents moutons. Dis à tes parents de venir les prendre…

L'incroyable événement provoque un choc dans Hopetown et ses environs. Pour la première fois, les colons sortent de leur indifférence. Qu'est-ce que cela veut dire ? De deux choses l'une : ou Schalk van Niekerk est devenu fou ou il est en train de se produire quelque chose de considérable. Et chacun se met à chercher si, sur ses terres, il n'y aurait pas aussi des petits cailloux blancs…

L'intéressé, quant à lui, est déjà loin. Il a pris le chemin du Cap avec sa pierre. Il s'agit d'un diamant de 83,5 carats, qui lui est acheté dix mille livres par le nouveau gouverneur, Sir Richard Southey. Ce dernier le fait apporter au Parlement du Cap et le brandit devant les députés, en déclarant :

— Messieurs, voici le roc sur lequel sera bâtie la richesse de l'Afrique du Sud !

Le brillant tiré de la pierre brute, taillé en forme de poire et d'un poids de 47,75 carats, s'appellera « Étoile de l'Afrique du Sud ». La comtesse de Dudley en fera l'acquisition pour la somme de vingt-cinq mille livres.

*

La ruée tant attendue démarre enfin ! Elle a été inexplicablement tardive, mais prend rapidement des proportions inimaginables. Du jour au lendemain, les paysans abandonnent leurs champs, les éleveurs leurs bêtes. Les commerçants plient boutique et les fonctionnaires quittent leur bureau, pour prendre, avec tous les moyens dont ils disposent, la direction de l'État d'Orange.

Plusieurs navires qui faisaient escale au Cap ne peuvent pas repartir, leur équipage ayant déserté pour aller prospecter. On raconte même que le passager d'un cargo est venu trouver, incrédule, la capitainerie du port.

— Que se passe-t-il ? Il n'y a plus personne dans le bateau. Nous devions appareiller aujourd'hui.

— Les marins ont dû apprendre qu'on avait trouvé des diamants. Tout le monde devient fou.

— Des diamants ? Où ?

— Dans l'État d'Orange.

Et le passager quitte en courant la capitainerie pour se joindre à la ruée…

Dans les mois qui suivent, les étrangers affluent. La nouvelle a fait le tour du monde. En Europe, en Asie et aux Amériques, une partie de la population abandonne tout pour tenter de faire fortune dans l'État d'Orange et le port du Cap voit débarquer quotidiennement un nombre impressionnant de chercheurs de diamants.

Une fois arrivés dans le pays, ces derniers sont loin d'être au bout de leurs peines. Car le chemin est long jusqu'aux gisements. Il est aussi très difficile. Ils doivent traverser des régions montagneuses ou semi-désertiques particulièrement hostiles. Alors, les prospecteurs se regroupent. Ils achètent à plusieurs un chariot et reforment les mêmes convois évoquant le Far West, trente ans auparavant.

Sur place, le succès est bien souvent au rendez-vous. Le pays regorge de diamants. Les nouveaux arrivants envahissent le paisible territoire agricole des Boers. En moins d'un an, ils sont cinquante mille, qui exploitent dix mille concessions, le long du Vaal et de l'Orange.

Si certains finissent par rentrer bredouilles, d'autres font fortune en un temps record. Comme les chanceux qui se retrouvent sur la ferme de la veuve Visser, à Jagersfontein. Au début de l'année 1870, elle découvre, dans le lit d'un ruisseau qui coule sur son domaine, un diamant de 52 carats. Ne se sentant ni l'envie ni l'énergie d'exploiter elle-même le gisement, la veuve autorise ceux qui le désirent à prospecter sur ses terres, contre une petite rétribution mensuelle. En un rien de temps, près de cinq cents personnes envahissent les lieux. Gênée par tout ce remue-ménage, la veuve Visser vend sa propriété deux mille livres, pensant réaliser une bonne affaire. La mine, encore exploitée de nos jours, a livré des pierres par milliers, pour une valeur de plusieurs millions de livres…

Mais le plus extraordinaire a lieu l'année suivante, à Kimberly, située à une centaine de kilomètres de Jagersfontein. Sur le territoire de la commune, les frères De Beers découvrent, courant mai 1871, un gisement fantastique, le plus important qui ait jamais existé au monde.

La nouvelle provoque une seconde ruée. Des milliers de prospecteurs se mettent à creuser. C'est ainsi que naît The Big Hole, « le Grand Trou », un puits de 1,6 km de diamètre. Trente mille personnes y travaillent, sur des parcelles de 100 m^2. Le temps passant, la profondeur s'accroît, pour atteindre une moyenne de 800 m, avec des creux de 1 200 m.

C'est là que vont être trouvés les plus gros diamants du monde. En janvier 1905, on y déterre une pierre brute du poids jamais égalé de 3106 carats, soit plus de 600 g ! La pierre, baptisée le « Cullinan », du nom du propriétaire de la parcelle, est d'une valeur telle qu'aucun particulier ne peut l'acheter, mais le gouvernement sud-africain résout le problème en l'offrant au roi Édouard VII, pour le remercier d'avoir accordé au pays son indépendance.

Pour sa taille, le roi fait appel au joaillier Joseph Asscher. Après avoir fait des essais sur des répliques, celui-ci sépare la pierre en trois. Avec le plus gros morceau, il obtient le plus important diamant du monde, le Cullinan I, une poire de 530,20 carats. Il réalise ensuite le Cullinan II, 317,40 carats, taillé en coussin, puis les Cullinan III à IX et, enfin, quatre-vingt-seize brillants plus petits. On peut admirer les Cullinan I et II avec les bijoux royaux, dans la Tour de Londres.

Aujourd'hui, l'exploitation continue. Kimberley est le centre mondial du diamant et la société De Beers, nommée ainsi en souvenir des propriétaires de la ferme, en a le quasi-monopole.

Le temps est loin où les enfants jouaient avec les petits cailloux blancs !

21.

Le couple des glaces

Erika Simon, cinquante ans, et son mari, Helmut, cinquante-quatre ans, sont des alpinistes confirmés. Ce 19 septembre 1991, ils ont quitté leur domicile de Nuremberg pour faire, comme ils en ont l'habitude, une randonnée en montagne. Cette fois-ci, ils ont choisi le massif de l'Ötztal, dans les Dolomites, à la frontière de l'Italie et de l'Autriche.

Ils se trouvent sur un glacier culminant à 3 200 m d'altitude, lorsque Erika interpelle son époux.

— Regarde là-bas. On dirait qu'il y a quelqu'un !

Effectivement, on distingue, au milieu d'un amoncellement neigeux, une cinquantaine de mètres en contrebas, une tache sombre, semblable à celle d'un corps allongé... Helmut Simon n'hésite pas.

— C'est peut-être un blessé. Il faut aller voir !

Peu après, le couple arrive sur place pour secourir le malheureux... Mais c'est un cadavre qu'ils découvrent. Et sa mort n'est pas récente. Pas besoin d'être médecin pour s'en rendre compte : sa peau est momifiée. L'homme a dû avoir un accident, le glacier a emprisonné son corps et l'a restitué au bout de quelques mois, voire de quelques années.

*

Monsieur et madame Simon regardent plus attentivement le mort, un individu barbu dans la force de l'âge, et ne peuvent s'empêcher d'être surpris. Il n'est pas habillé comme un alpiniste. Il porte des vêtements grossiers, faits de peaux de bêtes et de tissu rapiécé. On dirait un vagabond. Mais qu'est-ce qu'un vagabond irait faire à une altitude pareille ? Était-il en fuite pour une raison quelconque ? Avait-il perdu la raison ?

Les Simon ne sont pas au bout de leurs interrogations. Ils portent leur regard un peu plus loin et découvrent tout un attirail. Il y a là, un arc et des flèches. Leurs pointes ne sont pas en métal : elles sont en pierre, en silex, comme au temps de la préhistoire… Helmut Simon hoche la tête, incrédule :

— Mais qu'est-ce que cela veut dire ?

*

Ce que cela veut dire, il ne va pas tarder à l'apprendre…

Le lendemain, informés de la découverte du couple, les gendarmes se rendent avec eux sur le glacier. Là, ils comprennent immédiatement le caractère exceptionnel, voire unique de ce qu'ils ont sous les yeux. Les vêtements du cadavre et les objets qui l'environnent ne peuvent tromper : il s'agit d'une momie remontant à des milliers d'années. Le brusque réchauffement du glacier, que les spécialistes avaient récemment constaté, a libéré la dépouille, qui a traversé pratiquement intacte des millénaires.

Malheureusement, environ vingt-quatre heures se sont écoulées entre l'intervention des Simon et celle des gendarmes. Entre-temps, d'autres personnes ont parcouru ce chemin de randonnée relativement fréquenté, et elles n'ont pas eu le même respect que les Simon. Helmut n'en revient pas :

— Là, son arc, il est cassé !

Celui-ci est réduit de moitié et ce qu'il en reste a été planté dans la neige comme un vulgaire bâton... Erika Simon fait, à son tour, une autre constatation :

— Dans sa main, il n'y a plus rien ! Je suis sûre qu'il tenait un couteau...

Les policiers prennent note de ces remarques, mais ils savent qu'ils ne peuvent rien faire pour retrouver les voleurs. Ils dégagent aussi délicatement que possible le corps de la neige et ramassent avec les mêmes précautions les objets qui l'entourent. Ils évacuent ensuite l'ensemble par hélicoptère. Dans le transfert à bord de l'appareil, un bras de l'homme, fragilisé par le gel, sera quand même malencontreusement cassé...

*

Le corps est transporté à l'Institut médico-légal d'Innsbruck, pour être expertisé par le professeur Konrad Spindler, préhistorien et professeur d'archéologie. L'homme des neiges est baptisé « Otzi », en hommage au massif de l'Otztal dans lequel il a été retrouvé.

Une enquête aussi passionnante que dans les histoires policières commence... La première question à laquelle Konrad Spindler doit répondre est la datation de la momie. Pour cela, le carbone 14 renseigne de manière formelle. Otzi vivait au tout début de la période historique, vers 3300 av. J.-C. C'est la momie la plus ancienne jamais connue, puisqu'elle est antérieure de plusieurs siècles à la construction des pyramides.

Le professeur s'interroge ensuite sur les caractéristiques de cet homme des glaces. L'examen extérieur montre un individu de sexe masculin, âgé d'environ quarante-cinq ans, porteur d'une barbe, d'une amulette autour du cou et... de poux, qui ont été congelés en même temps que lui. Il était d'une morphologie athlétique, avait les yeux bleus, les cheveux bruns, mesurait 1,60 m, pesait 50 kg et faisait du 38.

L'autopsie pratiquée par le professeur Konrad Spindler apporte de nombreux autres renseignements. L'état de santé général d'Otzi était mauvais. Ses articulations montrent des signes d'usure, ses vaisseaux sanguins sont calcifiés, ses intestins sont infestés de parasites ; du côté gauche, des côtes fracturées sont en voie de consolidation, ses poumons sont très encrassés...

Il n'a aucune carie, mais les incisives supérieures, très usées, montrent qu'il a dû les utiliser pour travailler les peaux. Ses tatouages sont particulièrement intrigants. Ils se présentent sous forme de traits et de croix et se trouvent aux endroits où l'expertise médico-légale a révélé une zone pathologique. Le professeur et d'autres scientifiques ont avancé l'hypothèse d'une sorte d'acupuncture, mais il s'agit plus vraisemblablement d'une pratique magique destinée à faire disparaître le mal.

Les prélèvements effectués sur ses viscères révèlent qu'il a ingéré des céréales et du bouquetin lors de son avant-dernier repas et du cerf lors du dernier. Les restes des végétaux retrouvés dans ses intestins sont de petite taille, ce qui implique que les graines ont été moulues, et des morceaux de carbone indiquent une cuisson directe sur le feu.

Son habillement révèle un degré de civilisation tout à fait remarquable. Il possédait un équipement parfaitement adapté à la vie en montagne. Sa tête était protégée par un bonnet en peau d'ours brun, lui-même maintenu par deux lanières nouées sous le menton. Il portait une cape faite d'herbes des marais des Alpes, d'une longueur d'environ un mètre. Elle constituait une excellente protection contre la neige ou la pluie.

Sous sa cape, il était vêtu d'une jaquette en peau de chèvre et d'un pantalon, également en peau de chèvre, attaché à la ceinture par des sortes de porte-jarretelles. Ses chaussures, en peau de cerf, avaient des semelles en cuir d'ours. Elles avaient aussi d'ingénieuses semelles intérieures, composées d'un filet d'herbes tressées maintenant une couche de foin. Ainsi habillé et chaussé, Otzi était capable d'affronter sans problème les hautes altitudes.

Il avait un grand nombre d'objets sur lui : des ustensiles et des armes. Parmi eux, un petit conteneur cylindrique en écorce de bouleau. La présence de charbon, de cristaux de pyrite et d'un silex, indique qu'il devait servir à transporter des braises. C'était son nécessaire pour allumer le feu. Un sac de veau, destiné à être porté en bandoulière, contenait trois outils en silex : un grattoir, un perçoir et une petite lame très pointue. Il portait une sorte de sac à dos, composé de morceaux de bois ronds et plats et une bourse de cuir. Celle-ci contenait des champignons réduits en poudre, des polypores de bouleau, aux propriétés curatives, ainsi que des huiles toxiques pour les vers intestinaux. C'était sa pharmacie.

Otzi était en possession d'un véritable arsenal. On a retrouvé auprès de son arc quatorze flèches à pointe de silex. Une partie était rangée dans un carquois, les autres éparpillées. Il avait aussi un couteau en silex. Mais le plus remarquable est sa hachette à lame de bronze, d'une technique avancée comparée au reste des armes réalisées en pierre.

Otzi est décédé de mort violente. Il ne s'est pas accidentellement tué lors d'une chute, comme de nombreux alpinistes. Il a été assassiné.

Ses blessures résultent sans contestation possible d'une agression humaine. La main droite porte de profondes écorchures et le poignet est brisé. Quand il a été retrouvé par les Simon, Otzi tenait un couteau, ce qui indique qu'il est mort en se battant.

Il a été tué de plusieurs coups. Il porte des plaies perforantes au niveau du thorax et une pointe de flèche en silex a traversé l'omoplate gauche. Cette dernière, qui s'est fichée près du poumon, a entraîné une hémorragie fatale. Ses agresseurs étaient certainement plusieurs et il a défendu chèrement sa vie.

Mais pourquoi Otzi a-t-il été tué ? Le professeur Konrad Spindler a fait à ce sujet une hypothèse. S'appuyant sur la hache en bronze, qui est d'un niveau technique supérieur à celui des autres armes, il a imaginé qu'Otzi l'avait volée, pour en percer le secret métallurgique ou simplement la garder pour lui. Il aurait été pris en chasse par ses propriétaires, qui l'auraient rattrapé et tué. On ne voit pourtant pas, dans ces conditions, pourquoi ses agresseurs auraient laissé la hache.

Le professeur Spindler pensait sans doute qu'une expérience aussi extraordinaire ne se répéterait pas. Pourtant, seulement quatre ans plus tard, il allait être appelé à l'autre bout de la planète pour étudier une découverte exactement semblable. Après l'homme des glaces, une jeune fille des glaces allait provoquer l'étonnement du monde entier…

*

Le 8 septembre 1995, l'archéologue américain Johan Reinhard entreprend, pour le compte de la revue *National Geographic*, une mission particulièrement périlleuse. Il s'agit de trouver des ruines de la civilisation inca au sommet du mont Ampato, un volcan qui culmine à 6 380 m d'altitude. Le mont Ampato était considéré comme sacré par les Incas et les spécialistes pensent qu'il devait abriter un temple sur ses dernières pentes. Mais rien n'a été trouvé jusqu'à présent. Or, plusieurs éruptions récentes ont pu faire ressurgir des vestiges jusque-là enfouis.

Aidé de son guide, le Péruvien Miguel Zarate, Johan Reinhard parvient près du sommet. Les conditions sont particulièrement éprouvantes. La neige et la glace sont par endroits noires de cendres. Le paysage est effrayant, il a quelque chose de l'enfer. Le froid est intense, mais le cratère envoie des jets de fumée et de débris qui dégagent une vive chaleur.

Johan Reinhard essaie de ne pas penser au risque d'une nouvelle éruption, toujours possible, et se concentre sur ses recherches. C'est alors que la voix de son guide retentit au milieu du fracas des projections volcaniques.

— Là, il y a quelque chose...

L'Américain suit du regard le doigt tendu et aperçoit une tache de couleur dans un amas de neige noirâtre. Ce doit être une statue inca. Il s'y rend aussi vite qu'il le peut, chaque déplacement étant terriblement fatigant. En se rapprochant, il se rend compte que ce n'est pas une statue mais un corps en position fœtale. Il s'agit d'une momie...

Intriguée, Reinhard se penche sur elle. C'est une jeune fille aux beaux cheveux bruns. Elle devait être profondément enfouie dans la glace que la chaleur dégagée par les éruptions a fait fondre. Que faisait-elle à cette altitude ? Elle n'a pas pu s'y rendre toute seule. On l'a amenée ici. Pour quelle raison ?

Pour l'instant, l'heure n'est pas aux questions. Il ne peut pas laisser la momie sur place, le réchauffement est trop rapide. Déjà, son visage a subi des atteintes dues au soleil. Il s'adresse alors au guide.

— Aidez-moi. Il faut la redescendre...

La tâche est extrêmement éprouvante. À cause du poids de la glace, le corps est très lourd. Les deux hommes doivent le porter à bout de bras et affronter des passages extrêmement difficiles, sans le faire tomber ni tomber eux-mêmes.

Après de nombreux efforts, ils parviennent à rejoindre le camp de base. La momie poursuit la descente à dos de mulet, recouverte d'un sac de couchage, pour la protéger de la chaleur de l'animal. Elle gagne ensuite l'université d'Arequipa, la ville la plus proche, et est installée dans une chambre froide. Tout comme l'homme des Alpes, elle reçoit un nom. On l'appelle « Juanita », en hommage à Johan

Reinhard. Et, tout comme avec Otzi, une enquête passionnante commence…

*

Les travaux scientifiques sont placés sous la direction d'une spécialiste, Sonia Guillen. Tout de suite, celle-ci décide de faire appel à Konrad Spindler, dont l'expérience est unique en ce domaine. Le professeur de l'université d'Innsbruck se trouve ainsi en présence d'une seconde momie arrachée aux glaces.

Dès le départ, il constate que le problème est beaucoup plus délicat qu'avec Otzi. Le réchauffement dû à l'activité volcanique a été plus rapide que celui du glacier et le corps se trouve dans un état d'extrême fragilité. Il est impossible de pratiquer une véritable autopsie. L'équipe est donc obligée d'employer la méthode des rayons X tridimensionnels, qui permet quand même une excellente analyse de l'intérieur du corps.

Juanita était plus jeune qu'Otzi : elle avait treize ou quatorze ans. Elle était également plus jeune pour la période où elle a vécu : la datation au carbone 14 situe son décès à un peu moins de cinq cents ans, soit aux alentours de 1500, à la fin de l'Empire Inca, conquis par Francisco Pizarro en 1532.

Son estomac était plein : elle a mangé un plat de légumes environ six heures avant sa mort. Il y était sans doute mêlé de plantes au pouvoir narcotique, car elle était, selon toute vraisemblance, inconsciente au moment de sa mort.

Juanita n'est pas venue au sommet du mont Amato par ses propres moyens : l'examen de la plante de ses pieds prouve formellement le contraire. Elle y a été amenée à dos de lama, peut-être à dos d'homme, lors d'une procession groupant des prêtres et des dignitaires.

Car, comme Otzi, la jeune fille des Andes est décédée de mort violente : elle a été sacrifiée aux dieux de la montagne, peut-être pour apaiser leur colère, parce qu'une éruption avait eu lieu ou menaçait. Elle porte sur le côté droit du visage la trace d'un coup si violent que le cerveau a été déplacé vers la gauche. L'impact correspond avec les massues sacrées, qui sont conservées au musée de Cuzco.

Ce que l'on a appris sur elle est aussi important que les découvertes faites sur Otzi. Les deux momies constituent un véritable trésor pour l'humanité tout entière. Grâce au professeur Spindler et aux avancées de la science, Otzi et Juanita, le couple des glaces, comme on les a parfois nommés, ont donc fini par livrer leur secret : ils ont été victimes de la violence des hommes, qui est aussi vieille que le monde.

22.

LA GROTTE DE LA SIERRA MADRE

Martin Cross et John Collins sont deux archéologues américains réputés. Malgré leur relatif jeune âge – Martin Cross a trente-deux ans et John Collins trente-six –, ils comptent parmi les meilleurs spécialistes des Mixtèques. Ce peuple précolombien, moins célèbre que les Mayas et les Aztèques, dont il était le contemporain, vivait au Mexique et aurait connu une civilisation plus brillante encore.

Associés et amis, Martin et John ont toujours voulu percer son secret. C'est dans cette intention qu'en 1968, ils mettent sur pied une expédition vers la Sierra Madre orientale, principal lieu d'habitation des Mixtèques. Début avril, ils débarquent dans le petit port de Mazatlán, sur la côte pacifique. Ils ne sont pas deux, mais trois. John Collins n'a pas pu se séparer de son épouse Nancy, une splendide blonde, de dix ans sa cadette, qui n'est pas sans rappeler Marilyn Monroe. Ils viennent juste de se marier et il lui a proposé de l'accompagner dans cette aventure. C'est un peu leur voyage de noces…

À Mazatlán, les archéologues n'ont aucun mal à recruter des habitants. Trois Mexicains acceptent de se joindre à eux : Pablo Chupelo et son jeune frère Chico feront office de porteurs, tandis que Javier Rodriguez, qui connaît la région comme sa poche, leur servira de guide.

Leur équipe au complet, les explorateurs partent en

direction des paysages à la fois magnifiques et sauvages de la Sierra Madre orientale. Dix chevaux de selle et de bât les accompagnent. Bien que ce soit encore le printemps, la chaleur est accablante. Un vent desséchant secoue la maigre végétation…

C'est là que, deux millénaires auparavant, s'est développée la civilisation mystérieuse et sans doute cruelle des Mixtèques. C'est là aussi que, beaucoup plus récemment, le bandit et révolutionnaire Pancho Villa a commencé sa carrière. Aucun cadre n'aurait pu mieux convenir à ce qui va suivre.

*

Après quatre jours de chevauchée, la petite expédition parvient dans la montagne. La température a fraîchi, même si le soleil reste toujours aussi éclatant. Les sentiers sont plus arides, les chevaux peinent à monter. Le guide, Javier Rodriguez, prévient :

— Les bêtes ne pourront pas aller beaucoup plus haut. Si vous voulez continuer, il faudra les laisser, avec quelqu'un pour les garder.

Mais Martin Cross, qui était en train de scruter une haute falaise devant eux, secoue la tête.

— On va peut-être s'arrêter ici…

Il va chercher son collègue et lui désigne un point devant eux.

— Regarde là-bas, on ne dirait pas une arche ?

Effectivement, on distingue dans la paroi comme l'ouverture d'une galerie, qui aurait été rebouchée. L'autre Américain acquiesce.

— Ça pourrait avoir été fait par l'homme. Ça vaut le coup d'aller voir !

Peu après, les quatre hommes attaquent l'endroit à coup de pelle et de pioche, tandis que Nancy Collins les observe, s'abritant du soleil sous son chapeau de paille… Enfin, après plusieurs heures d'efforts, de grosses pierres s'effondrent, découvrant quelque chose qui ressemble à un couloir. Le trou est assez large pour laisser le passage à un homme. Martin Cross et John Collins vont chercher leurs lampes et s'y aventurent, sous l'œil des trois Mexicains et de la jeune femme.

Dès qu'ils sont à l'intérieur, ils se rendent compte qu'il s'agit d'un ensemble considérable : une longue galerie s'enfonce à perte de vue dans la montagne. Elle est construite à l'aide de piliers de pierre soutenant des traverses de bois. John Collins a un petit sifflement.

— Impressionnant ! Mais ce n'est pas l'œuvre des Mixtèques, c'est beaucoup plus récent. C'est sans doute une mine d'or des débuts de la colonisation espagnole.

— Ils ont peut-être utilisé un ouvrage mixtèque préexistant : un caveau funéraire ou un temple souterrain.

— Peut-être…

Tout en parlant avec son collègue, John Collins est revenu sur ses pas et examine l'entrée de la galerie. Il pousse un cri.

— Viens voir ! C'est extraordinaire.

Martin Cross le rejoint.

— L'entrée ne s'est pas effondrée, elle a été dynamitée. La pierre est brûlée et le bois est pulvérisé, il n'y a aucun doute !

— Cela veut dire qu'on voulait cacher quelque chose, un secret ou un trésor…

Les deux hommes se concertent. Tout cela ne fait guère penser aux Mixtèques, mais la curiosité est la plus forte. Ils décident d'explorer la mine et demandent aux autres de les rejoindre.

*

Un peu plus tard, après avoir laissé les chevaux près de l'entrée, le petit groupe s'enfonce dans le tunnel. Il emporte des lampes électriques et à pétrole, des pelles, des pioches et quelques vivres. Martin Cross a sur lui le pistolet qui ne le quitte jamais.

La progression se fait facilement. La galerie est vaste et haute, on peut y tenir debout sans difficulté. Quelques minutes se sont écoulées, quand un bruit épouvantable retentit. Tous les cinq se retournent et voient les piliers tomber les uns après les autres à partir de l'entrée. L'ouverture du passage a déstabilisé la structure, qui s'effondre comme une pile de dominos.

Chacun se met à fuir vers le cœur de la montagne, poursuivi par le grondement d'enfer et le nuage de poussière soulevé par l'écroulement. Enfin, les premiers du groupe débouchent dans une salle souterraine, sur laquelle donnait le tunnel. Ils sont sauvés !

Hors d'haleine, ils se tournent vers la galerie qui continue de s'effondrer et perçoivent avec horreur des cris au milieu du fracas des éboulements. Ils se regardent et s'aperçoivent qu'ils ne sont pas tous là. Il y a bien Martin Cross, Nancy Collins, Pablo Chupelo et Javier Rodriguez, mais il manque John Collins et Chico, le jeune frère de Pablo.

L'instant d'après, le bruit infernal cesse en même temps que les cris, tandis qu'un nuage de poussière envahit tout… Lorsqu'il s'est dissipé, les survivants s'approchent des décombres, et découvrent que leurs compagnons sont morts. Par un cruel caprice du sort, ils ont été touchés à un mètre ou deux seulement de la fin du tunnel. Ils ont été totalement ensevelis, écrasés par les pierres.

Sous le choc, les survivants se mettent à explorer les lieux. Ils sont dans une vaste grotte naturelle d'une dizaine de mètres de haut et d'une centaine de mètres carrés qui a visiblement été agrandie par l'homme, peut-être par les Mixtèques.

Ils en font le tour, cherchant une autre issue. Il n'y en a aucune, mais ils trouvent les traces d'une occupation humaine récente. Tout un matériel est éparpillé sur le sol :

une vieille carte d'état-major mexicain, imprimée en 1919, une caisse de cartouches vide, fabriquée en 1917 aux États-Unis, un tonneau de deux cents litres de pétrole et plusieurs boîtes contenant des haricots secs. Elles sont métalliques et recouvertes de paraffine.

Ils pourront voir plus tard s'ils sont encore comestibles ou non. De toute manière, ils ont aussi des vivres dans les musettes qu'ils ont conservées avec eux dans leur fuite. Quant à leur survie, elle semble tout à fait possible : des courants d'air soufflent à travers les fissures du roc et de l'eau suinte le long d'une des parois.

Martin Cross abandonne son exploration et revient vers la galerie.

— Il faut d'abord enterrer les morts. Aidez-moi !

Sans dire un mot, tous se mettent à déblayer les pierres qui recouvrent leurs compagnons, même Nancy Collins, qui s'active avec les trois hommes. Une fois les deux corps dégagés, ils creusent leur tombe dans la terre de la grotte. Lorsque la dernière pelletée est jetée sur eux, Pablo Chupelo murmure quelques prières à l'intention de son frère disparu et Martin Cross adresse un adieu ému à son collègue et ami :

— Je continuerai notre œuvre, John. Je percerai les secrets des Mixtèques pour toi. Je te le promets !

Il s'aperçoit alors que Nancy Collins n'est pas à ses côtés. Elle est allée s'asseoir un peu plus loin, apparemment indifférente. Depuis le drame, elle n'a d'ailleurs pas versé une larme. L'archéologue se dit que c'est le choc.

Il n'a cependant pas le temps de se poser plus de questions. Il appelle les deux Mexicains :

— Reprenez vos pelles, nous allons déblayer la galerie !

Mais ni l'un ni l'autre ne se saisit de ses instruments. Pablo Chupelo désigne les deux tombes qu'ils viennent de creuser.

— Pour quoi faire ? Eux, ils sont déjà dans leur tombe et nous aussi nous y sommes. C'est cette grotte notre tombeau !

Javier Rodriguez approuve d'un hochement de tête sinistre.

— Il a raison. C'est la volonté de Dieu. Il n'y a rien à faire.

— Qu'est-ce que vous racontez ? J'ai calculé que le tunnel faisait environ soixante mètres. Nous sommes trois, nous sommes vigoureux et en bonne santé. Nous pouvons déblayer deux mètres par jour. Cela fait un mois et nous avons des vivres…

Mais les deux Mexicains ne sont pas de son avis. Chez eux, la résignation et le fatalisme l'emportent. Javier Rodriguez objecte :

— Des vivres, ce n'est pas sûr. On n'en a pas assez avec nous. Il faudrait que les haricots qu'on a trouvés soient bons.

— On va voir…

Martin Cross ouvre une des boîtes. Nancy Collins en fait cuire le contenu à l'aide d'une des lampes à pétrole et chacun y goûte. Le résultat est parfaitement satisfaisant : si ce n'est pas de la grande gastronomie, c'est tout à fait consommable. Finalement convaincus, Pablo Chupelo et Javier Rodriguez sont disposés à se mettre au travail.

— D'accord. Quand est-ce qu'on s'y met ?

— Tout de suite. Il n'y a pas de temps à perdre et cela nous évitera de penser à autre chose !

Tous commencent à s'activer… Martin Cross avait vu juste, ils creusent environ deux mètres par jour. Lui-même calcule le temps qui s'écoule, en faisant une encoche dans la paroi chaque fois que sa montre repasse sur le « 12 » ; deux encoches font un jour. De son côté, Nancy Collins prépare les repas, en faisant cuire les haricots avec le pétrole des lampes.

*

L'archéologue avait été perspicace dans ses calculs. Mais il ne pouvait pas tout prévoir. Le onzième jour, pour une raison inconnue, peut-être un brusque orage, l'eau se déverse dans la grotte par tous les interstices disponibles. Elle recouvre le sol et se met à monter.

Pendant des heures, le niveau de l'eau continue d'augmenter, lentement mais sûrement. Les quatre survivants se réfugient sur les quelques pierres dominant le sol, serrant contre eux les vivres et le matériel. Ils vivent de véritables moments d'angoisse. Martin Cross se dit que les deux Mexicains avaient raison. Il n'y avait rien à faire. Ils vont mourir ici, pris au piège comme des rats.

Et puis, soudain, miraculeusement, le déluge s'arrête. L'eau cesse de monter. Ils sont sauvés, mais doivent attendre pour se remettre à creuser, car le niveau dépasse celui de la galerie.

Trois jours passent ainsi, à patienter, en observant la décrue. L'inondation a amené une foule de sangsues, qui grouillent sur le sol. Le moment de dégoût passé, ils décident de les faire cuire. Si leur goût est infect, elles ne les rendent pas malades. Elles complètent les haricots, apportant un supplément énergétique précieux aux trois hommes, qui fournissent un travail harassant.

*

Si Martin Cross ne pouvait pas prévoir l'inondation, il pouvait encore moins imaginer l'événement qui allait suivre et dont les conséquences allaient être autrement plus redoutables.

Alors que la percée du tunnel a repris à un rythme satisfaisant, la vingt-sixième nuit, l'archéologue est réveillé par de profonds soupirs.

C'est Nancy Collins. Sa respiration est précipitée. Elle gémit doucement :

— Martin !...

— Que se passe-t-il ? Vous êtes souffrante ?

— Ce n'est pas cela Martin...

Martin Cross ne peut la voir, dans l'obscurité totale où ils se trouvent. Mais il l'entend s'approcher. Il n'ose comprendre… Il sait bien que la jeune femme a, depuis le début du drame, un comportement déroutant. Non seulement elle n'a pas manifesté le moindre chagrin pour la mort de son mari, mais, depuis plusieurs jours, elle tourne autour de lui, lui adressant des regards et des sourires plus qu'équivoques.

— Nancy, vous ne voulez tout de même pas… ?

Elle ne répond rien. Elle lui prend la main et la pose sur sa poitrine qui se soulève de manière haletante… Martin Cross est un solide gaillard. Célibataire, il aime avoir de nombreuses conquêtes féminines. En d'autres circonstances, il n'aurait pas hésité. Mais là, il ne peut pas ! Il se dégage vivement.

— Voyons ! Vous avez pensé à John ?

— Non, je ne pense pas à lui. Il est mort ! C'est aux vivants qu'il faut penser. C'est à nous !

L'archéologue repousse la jeune femme, qui s'accroche à lui. Il n'y a pas que la présence de son ami, enterré à seulement quelques mètres de là, qui lui interdit de céder à ses avances, il y a aussi celle des Mexicains, qui sont juste à côté d'eux.

— Je regrette, Nancy, c'est hors de question ! Promettez-moi d'oublier tout cela.

La jeune femme s'en va en soupirant et en prononçant quelque chose qui ressemble à un « oui ». Le lendemain, elle affiche une froideur ostensible à son égard. L'archéologue pense que ce pénible incident est terminé et qu'il va parvenir à l'oublier lui-même. Il se trompe…

La nuit suivante, il est de nouveau réveillé par des soupirs et des petits cris féminins, mais cette fois, ils viennent d'un peu plus loin et ils sont accompagnés par une voix masculine. Martin Cross reconnaît celle de Pablo Chupelo. Ainsi donc, elle a recommencé avec le jeune porteur, qui, lui, n'a pas dit non !

Les ébats durent une partie de la nuit. L'archéologue fait semblant de ne pas entendre, de même que Javier Rodriguez, qui est certainement réveillé lui aussi et qui se tait. Le surlendemain, personne ne dit rien non plus. L'Américain et les deux Mexicains creusent en silence, tandis que, dans la grotte, Nancy Collins prépare le repas de sangsues et de haricots. Mais quelque chose a radicalement changé. La présence sensuelle, presque bestiale, de cette femme au milieu de ces trois hommes a d'un seul coup alourdi l'atmosphère. Elle est devenue tendue, électrique. Un drame peut éclater à tout moment.

*

Trente-septième jour... Le travail harassant et monotone de déblaiement se poursuit et, d'après les calculs de Martin Cross, le bout du tunnel ne devrait plus être très loin. Soudain, en attaquant les gravats, le pic de Javier Rodriguez fait un petit bruit métallique. Intrigué, celui-ci continue de creuser et perçoit un éclat dans la pénombre. Il se penche, gratte fébrilement avec les mains et ressort un long objet argenté, faisant environ trente centimètres de long sur dix de large et dix d'épaisseur. Il le contemple... C'est un lingot, un lingot d'argent de dix kilos ! Il se met à hurler :

— J'ai trouvé un trésor !

Martin Cross accourt, accompagné de Pablo Chupelo... Le trésor, pour lequel l'entrée de la galerie avait été dynamitée, il l'avait complètement oublié ! En arrivant devant Javier Rodriguez, il a un mouvement de recul. L'homme a l'air totalement hors de lui. Il a les yeux exorbités et il tremble.

— N'approchez pas ! C'est moi qui l'ai trouvé. C'est à moi ! Personne n'a le droit d'y toucher !

L'archéologue ne se laisse pas impressionner.

— Ce qui est ici est à nous tous. Donnez-moi cela. On doit d'abord voir ce que c'est.

Il lui prend l'objet des mains et retourne dans la grotte pour le laver avec la réserve d'eau. Peu après, les trois hommes et la jeune femme ont sous les yeux une authentique barre de dix kilos d'argent, comme l'atteste le sceau de la République mexicaine, ainsi que son numéro d'ordre. Javier Rodriguez est repris de tremblements. Il tente de s'emparer du lingot.

— C'est à moi ! Je l'ai trouvé ! C'est à moi !

Martin Cross le repousse fermement.

— Il doit y en avoir d'autres. Allons-y !

Oui, il y en a d'autres… Délaissant pour la première fois le déblaiement du tunnel, les trois hommes creusent toute une journée dans le même secteur et déterrent quatre-vingt-dix-sept barres de dix kilos. Il y en avait sans doute cent, mais trois restent introuvables. Peu importe, cela fait près d'une tonne d'argent : une incroyable fortune s'offre à eux !

Quant à l'origine de ce trésor, il ne fait aucun doute : il appartenait aux hommes de Pancho Villa. Les dates retrouvées dans la grotte, 1917, sur la caisse de munitions, et 1919, sur la carte d'état-major, correspondent tout à fait à la période d'activité du bandit révolutionnaire. Pour une raison ou pour une autre, sans doute l'arrivée d'une armée adverse, ses soldats ont caché les lingots dans la galerie et en ont fait sauter l'entrée, prévoyant d'aller les récupérer plus tard.

Les barres d'argent sont stockées dans la grotte, à côté des boîtes de haricots et le travail de creusement du tunnel reprend. Cette fois, tout a définitivement changé. Au malaise suscité par les relations entre Nancy Collins et Pablo Chupelo, s'ajoute la présence de tout cet argent. Martin Cross a fait admettre le principe qu'une fois sauvés, ils le partageront en quatre, mais cela n'empêche pas Javier Rodriguez de le considérer comme sa propriété exclusive. Ses compagnons peuvent l'entendre répéter d'une voix sourde, entre deux coups de pic :

— C'est à moi ! C'est à moi !…

Et, parfois, il leur lance de tels regards qu'ils se demandent s'il n'a pas perdu la raison.

*

Le quarante et unième jour, Martin Cross détache une grosse pierre avec sa pioche et un aveuglant rayon de soleil le frappe en plein visage. Il pousse un cri d'allégresse, auquel fait écho celui de Nancy Collins. Mais les deux Mexicains, qui creusaient derrière lui, gardent le silence. Il les voit s'approcher de lui, brandissant leur pic et leur pelle.

Depuis la découverte du trésor, Martin Cross avait remarqué leur attitude bizarre. Ils ne lui adressaient plus la parole, ne cessant de comploter ensemble à voix basse. Pablo Chupelo s'était d'ailleurs détaché de Nancy Collins et avait cessé ses relations avec elle.

Il comprend à présent qu'ils ont décidé de s'emparer du trésor dès que l'entrée aura été débouchée, de l'éliminer lui et sans doute la jeune femme aussi... Lorsqu'il creuse, l'archéologue ne garde pas son revolver, qu'il cache dans une anfractuosité de la paroi. L'ont-ils découvert et l'ont-ils avec eux ? Si c'est le cas, il est perdu. Sinon, il a encore une petite chance.

Il se lance en avant, évitant de justesse les coups de pelle et de pioche, et court de toutes ses forces vers le fond de la grotte. S'ils n'ont pas tiré, c'est que le revolver y est encore... Oui, il y est ! Il a juste le temps de le saisir et d'appuyer sur la détente. Javier Rodriguez, qui arrivait, le pic levé, s'écroule, foudroyé par une balle en pleine poitrine. Pablo Chupelo jette sa pelle et lève les bras. C'est terminé.

*

Ce n'est pourtant pas la fin de leur aventure. Après avoir quitté la grotte, Pablo Chupelo disparaît. Personne ne le retrouvera jamais. A-t-il, pour une raison inconnue, choisi de se cacher quelque part ? Peut-être, mais il est plus vraisemblable qu'il ait péri dans le milieu hostile qui entoure la Sierra Madre. Pour leur part, Nancy Collins et Martin Cross, parviennent, sans chevaux et au prix de mille difficultés, à rejoindre Mazatlán où ils font le récit des événements à la police.

Suite à leurs indications, celle-ci découvre les cadavres enterrés dans la grotte, plus le corps de Javier Rodriguez, tué avec le revolver de l'archéologue. Elle décide d'emprisonner les deux Américains le temps de mener son enquête. En l'absence d'autre témoignage que le leur, elle les libère peu après, au bénéfice du doute.

Aucun des survivants n'a pu toucher aux lingots. Volés en 1918 à la Banque du Mexique par les hommes de Pancho Villa, ils ont été récupérés par l'État mexicain qui n'a pas offert la moindre récompense à ceux qui les avaient découverts.

Quant à la galerie, elle a été rebouchée. Quelle était cette mine, datant des débuts de la colonisation espagnole ? Y avait-il des vestiges mixtèques ? On ne le saura jamais. La grotte de la Sierra Madre a gardé tous ses secrets et n'a rien rapporté à ceux qui s'y sont aventurés, si ce n'est des déchirements, la souffrance et la mort.

23.

La ruée vers la ruine

Johann August Sutter naît en février 1803, à Kanden, en Allemagne, près de la frontière helvétique. Il est, d'ailleurs, de nationalité suisse, ce dont il sera fier toute sa vie. D'origine extrêmement modeste, il commence comme commis dans une épicerie. En 1826, il se marie et ne tarde pas à se retrouver père de cinq enfants.

Pour nourrir toute cette progéniture, il travaille d'arrache-pied. Il est courageux, débrouillard et finit par ouvrir une petite boutique d'alimentation. Malheureusement, il est allé trop vite, a vu trop grand. En 1834, il fait faillite. Poursuivi par ses créanciers, il risque la prison pour dettes. Il déclare alors à sa femme :

— Je n'ai plus qu'une solution : partir pour l'Amérique. Quand j'aurai fait fortune vous me rejoindrez. D'ici là, je suis sûr que vous vous débrouillerez.

En bonne épouse, madame Sutter lui répond simplement :

— Nous nous débrouillerons…

Et Johann Sutter prend la direction du Havre où il embarque à destination de New York. Là, les choses ne sont pas aussi simples qu'il l'imaginait. Il ne suffit pas d'être en Amérique pour devenir riche. Il y a déjà beaucoup d'ambitieux comme lui à New York, et la concurrence est rude.

Il quitte donc la côte est pour des contrées moins civilisées où il pourra plus facilement réussir… L'entreprise n'est pas sans danger. L'intérieur des États-Unis est un pays mal connu où les routes sont mauvaises, voire inexistantes, et où le danger est partout présent : on y rencontre des Peaux-Rouges et toutes sortes d'aventuriers sans foi ni loi.

Il parvient quand même sans encombre à Saint-Louis, le grand port du Mississippi. Il anglicise son nom en John Sutter et crée plusieurs entreprises commerciales, qui lui permettent de gagner quelque argent. Là encore, la concurrence est trop féroce et il décide d'aller dans des endroits plus reculés.

Il arrive en Alaska, où il fait quelque temps le commerce des peaux, puis, à Vancouver, d'où il embarque pour Hawaï, nommé alors les îles Sandwich. C'est là, après plusieurs nouvelles tentatives commerciales, qui sont des succès en demi-teinte, qu'il entend parler de la Californie.

À cette époque, la Californie appartient au Mexique. C'est une région extrêmement fertile, un peu moins grande que la France, qui n'est pas mise en valeur et peuplée que de quelques milliers de colons et d'Indiens.

Les autorités mexicaines proposent bien des conditions particulièrement avantageuses à ceux qui voudraient s'y installer, mais elle est réputée inaccessible par l'intérieur des États-Unis ; ses déserts, en particulier, sont considérés comme infranchissables. Le seul moyen de s'y rendre, pour un habitant de la côte est, est de prendre le bateau et de passer par le cap Horn. Et une telle traversée décourage tout le monde.

Sutter, qui se trouve au milieu du Pacifique, n'a pas ce handicap. Il embarque sur le premier navire et arrive à San Francisco, le 1er juillet 1839.

Pour obtenir une propriété, il prend la nationalité mexicaine, se fait catholique et donne tout ce qu'il possède. Il se retrouve à la tête d'un fabuleux domaine de vingt mille hectares, au confluent des rivières American et Sacramento.

En mémoire de ses origines, il baptise l'ensemble « Nouvelle-Helvétie » et se met au travail.

*

Avec l'aide d'une poignée d'Indiens recrutés sur place et de Canaques, qui l'ont accompagné depuis Hawaï, il établit un camp près du confluent de l'American River et de la Sacramento River. Une tente et quelques huttes de branchages constituent leur premier abri.

Ensemble, ils bâtissent un véritable fort, qui prend le nom de Fort Sutter. D'une surface de cinq acres (environ deux hectares), il est entouré de murs en rondins d'une hauteur de six mètres, pourvu de tourelles, d'une lourde porte d'entrée et de deux canons. Plus tard, Fort Sutter prendra le nom de Sacramento et deviendra la capitale administrative de la Californie.

En attendant, avec l'aide des Indiens et des Canaques, John Sutter commence l'exploitation de son domaine, dont les terres sont parmi les plus fertiles de Californie. Les Canaques sèment et moissonnent les champs, une partie des Indiens s'occupe des bêtes et les autres sont envoyés chasser dans les montagnes, pour rapporter des fourrures et des peaux.

Les années passent et, pour la première fois, de courageux pionniers se risquent à traverser les États-Unis d'est en ouest. De longs convois de chariots bâchés se mettent en route vers le Far West et, s'il y a des pertes dues aux Indiens et à la soif, la majorité arrive à bon port. Pour tous, le terminus s'appelle Fort Sutter. C'est le seul endroit fortifié de Californie, il signifie la fin de leurs inquiétudes et de leurs souffrances.

John Sutter les accueille avec générosité. Il leur fournit gratuitement l'assistance médicale, un logement temporaire et des provisions. Et si, après avoir repris des forces, la plupart poursuivent leur route, beaucoup restent sur place et vont fournir à la Nouvelle-Helvétie une main-d'œuvre plus qualifiée et plus motivée que les Indigènes.

Sutter écrira, à propos de ces moments : « Mes immeubles étaient remplis d'immigrés. Mes fermes et les logements attenants à mes magasins étaient remplis par des pauvres, des hommes trempés et affamés, ainsi que par des enfants et des femmes qui cherchaient à faire fortune sur une nouvelle terre. Souvent, je devais me déplacer avec mes hommes pour les entraîner dans des endroits où ils seraient en sécurité. »

En 1847, il emploie mille personnes et possède treize mille têtes de bétail : huit mille moutons, deux mille bovins, deux mille chevaux et mille porcs. Des centaines d'hectares sont consacrés à la culture du blé, du maïs et du coton, sans compter les vignes et les vergers. Les productions agricoles sont traitées sur place. La Nouvelle-Helvétie possède une tannerie, un moulin, un atelier de tissage, une brasserie et une distillerie. Elle produit des fruits, des fromages, des viandes séchées, du saumon, du cuir, et même du talc. Sur le plan humain, c'est un melting pot où se mêlent, outre les Indiens et les Canaques, les immigrants venus de toute la terre : Irlandais, Russes, Allemands, Asiatiques. Des Mexicains et des Noirs sont venus se fondre à cet ensemble.

À quarante-quatre ans, Sutter est l'un des hommes les plus riches de Californie. Son domaine est un petit empire où il exerce tous les pouvoirs. Il fait même construire une école dont la fréquentation est obligatoire. Car, il n'est pas seulement employeur, il est aussi maire, juge de paix et peut, dans la pratique, faire tout ce qu'il veut. Mais il n'abuse pas de cette autorité. Il a édicté un règlement strict et respecté. Une milice armée veille au maintien de l'ordre et pare à d'éventuelles attaques extérieures.

Le temps passant, la Nouvelle-Helvétie devient un embryon d'État autonome, sur lequel s'étend son autorité de patriarche. Selon une conception bien caractéristique de l'époque, elle se veut une société utopique et idéale où règnent l'égalité et la solidarité. L'argent est banni. Tous les travailleurs reçoivent, à la fin de chaque semaine, des jetons qui leur permettent de se procurer les biens nécessaires à leur vie quotidienne. Les dollars ne servent qu'à commercer avec l'extérieur.

Certes, John Sutter n'est pas désintéressé. Il voulait faire fortune et il a réussi ; il a d'ailleurs demandé à sa femme et à ses enfants de venir le rejoindre. Mais, descendant de Rousseau et de Proudhon, il est aussi idéaliste. Et sa Nouvelle-Helvétie évoque, à bien des égards, le phalanstère, le kibboutz ou le kolkhoze.

Pourtant, un cataclysme va bientôt s'abattre sur cet ensemble prospère et préservé…

*

À l'automne 1847, John Sutter, toujours soucieux de développer ses activités, décide de construire une scierie le long de l'American River. Sa production devra couvrir les besoins de la Nouvelle-Helvétie et le surplus sera vendu à San Francisco et dans les villages de la côte Pacifique.

Pour la bâtir, il fait appel à James Marshall, le charron et charpentier du domaine. L'homme, âgé de trente-cinq ans, est d'humeur plutôt sombre, mais très compétent. Il est arrivé en 1844, avec le premier convoi de pionniers. Il a quitté son New Jersey natal pour des raisons médicales. Les médecins ne lui donnaient qu'un an ou deux à vivre s'il n'allait pas dans un climat chaud.

James Marshall choisit d'édifier la scierie à Coloma, dans la partie méridionale de l'American River. Le site se trouve en dehors de la concession de Sutter, mais cela n'a guère d'importance. L'endroit n'appartient à personne, comme la plupart de la Californie, et nul ne viendra s'opposer à la construction.

Assisté d'une douzaine d'hommes, Marshall commence par creuser un canal qui va alimenter la roue de la scierie.

Après quelques mois de travail, l'ensemble prend forme et, tous les soirs, Marshall ouvre le barrage établi en amont de la canalisation, afin que l'eau emporte les débris et la terre remuée. De temps en temps, il se déplace jusqu'au fort pour renseigner son employeur sur les progrès des travaux.

Ceux-ci se déroulent normalement jusqu'au 24 janvier 1848. Ce matin-là, après avoir laissé couler l'eau toute la nuit dans le canal, James Marshall va refermer la vanne et inspecte le lit en train de s'assécher. Il est 7 h 30, il fait encore sombre et il pleut. Malgré tout, il y voit suffisamment et, soudain, dans la boue, quelque chose attire son regard : deux ou trois cailloux piquetés de jaune scintillent étrangement. Retroussant ses manches, il plonge les bras dans l'eau froide pour s'en emparer et les examiner. Il reste longtemps perplexe devant sa découverte, se répétant en lui-même :

— Ce n'est tout de même pas de l'or ?

Quand ses ouvriers arrivent, ils se posent la même question. L'un d'eux, qui a autrefois prospecté, s'empare d'un des échantillons, dégage la partie jaune de la gangue pierreuse et la frappe de son marteau. Le métal s'aplatit sans se briser. Il conclut d'une voix émue :

— C'est bien de l'or !

James Marshall se ressaisit.

— Gardons le secret. Si vous parlez, tout le monde va arriver. Tandis que, pour l'instant, nous sommes les seuls à savoir. Finissons d'abord la scierie. Ensuite, nous nous occuperons de l'or…

Le soir venu, il saute sur son cheval et prend la direction de Fort Sutter pour prévenir son patron… Ce dernier a raconté plus tard ce jour mémorable entre tous, non seulement pour lui, mais pour la Californie et pour tous les États-Unis :

« C'était le 24 janvier 1848, un soir d'hiver pluvieux. Marshall se présente au fort sans avoir prévenu. J'étais surpris, car je l'avais déjà rencontré une semaine auparavant.

Il me fait passer un mot où il me dit qu'il a des nouvelles importantes à me communiquer secrètement. Je le fais entrer dans mes appartements privés et j'oublie de fermer la porte à clé. Un employé entre alors, juste au moment où Marshall sortait de sa poche un chiffon, dans lequel se trouvaient des fragments de métal jaune. L'employé venait me trouver pour affaires, il s'est excusé de nous avoir interrompus. Après son départ, Marshall me dit : "S'il vous plaît, fermez la porte à clé. Ne vous ai-je pas dit que personne ne devait nous écouter ?" »

Mais l'employé a vu la pépite et John Sutter la voit lui aussi. C'est de l'or, il le comprend tout de suite. Cela ne le réjouit pas, bien au contraire. Il murmure :

— C'est une catastrophe !

Son contremaître ne comprend pas.

— Parce que l'endroit n'est pas à vous ? Mais il suffit d'en prendre possession. Il n'appartient à personne. Vous êtes riche !

— Riche je le suis déjà. Pour moi, la richesse c'est le travail agricole et industriel, les cultures, l'élevage, les ateliers, les moulins. L'or va tout détruire !

— Vous êtes trop pessimiste…

Mais le propriétaire de la Nouvelle-Helvétie secoue la tête, accablé.

— Tout est perdu !

*

John Sutter essaie de garder la nouvelle secrète, le temps de négocier l'achat des terrains autour de Coloma. Hélas, il joue de malchance. Le 2 février 1848, par le traité de Guadalupe Hidalgo, les États-Unis achètent la Californie au Mexique et, dans la confusion générale, personne ne l'écoute. On lui dit de revenir plus tard, quand la passation de pouvoir aura été effective.

En attendant, si James Marshall tient parole et garde le silence, ce n'est pas le cas de tout le monde. La plupart des ouvriers construisant la scierie ont abandonné leur travail pour se livrer à la prospection. Et le résultat dépasse leurs espérances ! L'American River regorge d'or, il suffit parfois d'un simple couteau pour le récupérer dans les fentes des rochers.

D'autres parlent aussi, notamment l'employé qui a surpris Marshall dans le bureau de John Sutter. Un jour, après avoir pris quelques verres dans un saloon, il laisse tomber en rigolant :

— On a trouvé du charbon dans l'American River…

— Du charbon dans une rivière ?

— Oui, un drôle de charbon ! Du charbon jaune…

Tant et si bien que des curieux commencent à venir voir du côté de Coloma et là, ils n'en croient pas leurs yeux : le lit du cours d'eau est constellé de paillettes brillantes. Peu à peu, la rumeur fait son chemin et, le 15 mars, elle est reprise par le *Californian* de San Francisco.

L'article est tout ce qu'il y a de mesuré, tant par ses dimensions que par son contenu. Quelques lignes en bas de la deuxième page annoncent qu'une mine d'or aurait été découverte dans une canalisation effectuée pour la construction d'une scierie sur l'American River. Et elles se terminent par ces mots : « Il convient d'être prudent. » Dans une édition ultérieure le *Californian* parle même d'un « attrape-nigaud pour appâter les jobards ».

Cette attitude a été délibérément voulue par le directeur du journal, Sam Brannan. Dès le début de la rumeur, il s'est rendu sur place et a découvert que la réalité était bien au-dessus de ce que l'on disait : il s'agissait d'un gisement fabuleux. Immédiatement, il a décidé de cacher la vérité, pour être un des premiers à en profiter.

Il a bien sûr ramassé de l'or, ce qui n'était pas difficile : il n'y avait qu'à se baisser. Mais il a surtout voulu ouvrir sur place un magasin de pioches, écuelles, tamis, pelles et autres outils pour chercheurs d'or ; achetés à bas prix, ils seront revendus près de cent fois leur valeur !

De retour à San Francisco, comme les bruits persistent, il est bien obligé d'en parler au journal, mais il le fait de la façon la plus dissuasive possible. Objectif atteint : aucun des 812 habitants de la ville ne prête attention à la nouvelle. Il faut dire qu'il y a quelques années, en 1842, on avait annoncé beaucoup d'or aux environs de Los Angeles, alors qu'en fin de compte, il n'y avait presque rien…

Le temps passe donc et, à part dans les environs immédiats de la scierie, il n'y a pas d'effervescence particulière. Début mai 1848, Sam Brannan estime qu'il a accumulé assez de matériel pour les prospecteurs et qu'il faut, à présent, les faire venir. Il sort dans les rues de San Francisco, agitant son chapeau d'une main et brandissant de l'autre une bouteille remplie de poudre d'or. Il hurle :

— De l'or, de l'or ! Il y a de l'or dans l'American River !

Le résultat est immédiat : des centaines de personnes se ruent sur le site de Coloma. Forte de 1 300 hommes, la petite armée californienne perd ainsi 716 hommes en une semaine, tous reconvertis en chercheurs d'or ! À San Francisco, vidée de la moitié de ses habitants, des navires de commerce sont immobilisés à quai, faute d'équipage.

Le *Californian* s'en amuse. Il qualifie San Francisco de « ville des femmes et des enfants ». Ce sont ses derniers articles. Le 28 mai, le journal arrête sa publication, faute de lecteurs. Faute également d'employés, qui ont tous déserté en direction de Coloma, sans parler de Sam Brannan, qui est allé y superviser la vente de ses pelles et de ses pioches…

Le mouvement, limité pendant quelques mois à la Californie, prend une dimension nationale, lorsque, le 19 août 1848, la nouvelle est annoncée par le *New York Herald*. Dans les jours qui suivent, des milliers d'habitants de la côte est se mettent en route. Un bateau bourré de prospecteurs entreprend la traversée par le cap Horn, tandis que de longues files de chariots bâchés tentent la périlleuse traversée d'est en ouest.

Enfin, l'événement devient mondial, lorsque, le 5 décembre, le président des États-Unis James Polk fait état devant le Congrès de « mines d'or considérables découvertes en Californie » et invite ses compatriotes à chercher fortune dans l'Ouest. La Ruée vers l'or a commencé !

*

Le président Polk n'exagère pas. Les mines de Californie sont réellement considérables ! On se lance à l'assaut des gisements avec tous les moyens possibles : à pied, à cheval, à dos d'âne, en charrette, mais de préférence en empruntant la Sacramento River, la voie fluviale étant la plus rapide et la plus sûre. Elle est aussi la plus coûteuse.

Les prix des bateaux sont excessifs, mais ils ne sont pas les seuls. Il devient plus facile de trouver de l'or que de la nourriture. Le prix de la farine monte jusqu'à huit cents dollars le tonneau et on trouve des œufs à trois dollars pièce. Le prix du café quadruple. Début 1849, un déjeuner pris à la scierie Sutter, comprenant des sardines, du fromage, du pain et une chope de bière, est facturé treize dollars.

Les aspirants à la fortune ne sont pas des miséreux. Car le voyage coûte cher. La traversée par le cap Horn revient à trois cents dollars, somme à laquelle il faut ajouter deux cents dollars pour un équipement complet de chercheur d'or. Ceux qui partent sont donc ceux qui ont quelques biens, ceux qui ont vendu leur maison, leur commerce, leurs bijoux ou leurs meubles.

Beaucoup meurent dans l'aventure. Il y a d'abord les dangers du trajet, que ce soit par l'intérieur des États-Unis ou par le cap Horn, où on enregistre plusieurs naufrages. Le pire attend pourtant le chercheur d'or sur place. Il se trouve plongé dans une véritable jungle. Faute de législation, le sol appartient à celui qui se l'approprie le premier. Un simple écriteau et des piquets suffisent à faire d'un lopin de terre une concession.

Dans une région où, en 1849, s'activent des dizaines de milliers d'orpailleurs, rixes et bagarres se multiplient. En l'absence d'autorités constituées, ce sont les chercheurs d'or eux-mêmes qui font la loi. Les châtiments sont sommaires : l'expulsion pour les fautes mineures, le fouet pour les délits un peu plus graves, le vol d'un outil par exemple, la pendaison pour les autres. Pénétrer dans la tente d'un orpailleur en son absence peut valoir la corde. Aujourd'hui encore, dans les cimetières des villes fantômes, qui ont été soigneusement conservées, on peut lire sur les croix des inscriptions comme « pendu », « abattu », « tué dans une rixe ».

La ruée vers l'or change radicalement le visage de la Californie. En 1856, cette ancienne étendue désertique compte plus de cinq cent mille habitants, dont cent cinquante mille prospecteurs. Ils viennent de partout : des États-Unis bien sûr, mais aussi de Chine, du Japon, d'Australie, de Russie et de toute l'Europe. Près de trente mille Français ont même tenté l'aventure.

Une ville, surtout, a profité de la ruée : San Francisco. Presque totalement vidée de ses habitants en 1848, elle s'impose dans les années 1850 comme le grand port de l'or, le point d'entrée de tous les immigrants. Elle dépasse, en 1856, les cinquante mille habitants et peut rivaliser avec les cités les plus actives de la côte est. C'est aussi la ville des plaisirs. On y trouve 537 débits de boisson, 144 tavernes, 46 maisons de jeu et 48 « maisons de rencontre ».

Car ils sont nombreux les prospecteurs à revenir des gisements avec de la poudre d'or et des pépites plein les poches. En 1856, la plupart des gisements, du moins les plus accessibles, sont épuisés. À cette date, 807 tonnes d'or ont déjà été extraites. En 1854, on découvre, à Carson Hill, la plus grosse pépite jamais mise au jour en Californie : près de quatre-vingt-dix kilos d'or pur en un seul bloc ! En moins de deux décennies, le sol californien a fourni plus de deux milliards de dollars d'or.

Mais la plus sûre manière de s'enrichir reste celle qu'avait imaginée dès le début le patron du *Californian* : non pas chercher directement de l'or, mais offrir aux prospecteurs, dont les besoins sont immenses, les fournitures et les services indispensables. Dans ce domaine, la réussite la plus remarquable est celle du Bavarois Loeb Levi Strauss, qui, arrivé en Californie en 1850, invente un pantalon résistant pour les orpailleurs : le blue-jean.

*

Et John Sutter dans tout cela ? Malheureusement pour lui, ses sombres pronostics étaient exacts. Confrontée à cet incroyable tsunami, sa Nouvelle-Helvétie n'est pas de taille à résister. Elle est impitoyablement rayée de la carte. Son effondrement se fait en deux étapes : désorganisation et invasion.

La désorganisation a lieu dans les premiers mois de 1848, quand la nouvelle de la découverte se limite aux environs immédiats de l'American River et quand le directeur du *Californian* fait tout pour l'étouffer. Mais les habitants de la Nouvelle-Helvétie, eux, sont très rapidement au courant. Et l'effet est immédiat : ils abandonnent leurs champs, leurs troupeaux, leurs ateliers, pour se transformer en chercheurs d'or. Au diable Sutter, avec ses allures solennelles, son règlement et ses jetons ! Pourquoi se priver de gagner en un jour ce qu'on gagnait en un an ?

Le résultat est catastrophique : les bêtes sont livrées à elles-mêmes, les vaches, qu'on ne trait plus, meurent les unes après les autres, les chevaux s'échappent de leurs enclos et redeviennent sauvages. Les champs ne sont plus entretenus ; à l'heure de la moisson, le blé n'est pas fauché et sèche sur place, les vergers croulent sous le poids des fruits que personne ne cueille.

Le moulin ne tourne plus, la brasserie et la distillerie sont à sec. Dans la tannerie laissée à l'abandon, les peaux pourrissent en dégageant une odeur épouvantable. L'école ferme ses portes : les parents n'y envoient plus leurs enfants et les maîtres sont allés prospecter.

L'esprit de la Nouvelle-Helvétie, qui se voulait une société industrieuse et fraternelle, n'est plus qu'un souvenir. Les colons sont pris par la fièvre de l'or et prêts à s'entretuer pour un filon. Leurs fusils, qu'ils n'utilisaient que pour la chasse, leur servent à se menacer et la milice chargée du maintien de l'ordre n'est plus là pour s'interposer : tous ses membres sont également partis prospecter. L'alcool et le jeu font leur apparition et, bientôt, la prostitution.

John Sutter assiste, désespéré, à ce naufrage aussi bien matériel que spirituel. Ses richesses s'envolent en même temps que ses idéaux. Son Éden se transforme en enfer. Ses austères et laborieux colons sont devenus des bêtes sauvages. Et il repense à la phrase que lui avait dite un vieil Indien, dans les premiers jours de son installation :

— Il ne faut pas toucher au métal jaune, il vient des esprits mauvais.

Par une cruelle ironie du sort, sa femme et ses enfants le rejoignent juste à ce moment. Et ils ne peuvent que constater l'invraisemblable gâchis.

Mais tout cela n'est encore rien. Avec l'année 1849, commence véritablement la Ruée vers l'or et, après la période de désorganisation, vient celle de l'invasion. La Nouvelle-Helvétie est au cœur de la région aurifère et voit déferler des dizaines de milliers d'individus prêts à tout pour faire fortune.

Tout le malheur de John Sutter vient de l'achat de la Californie par les États-Unis. Ses titres de propriété mexicains ne sont plus légaux. Juridiquement il devrait pourtant l'emporter, mais cela nécessite toute une procédure. Et comment faire respecter ses droits face à des hommes surexcités qui plantent leur pancarte en criant :

« C'est à moi ! » D'autant que les prospecteurs sont souvent riches en quelques semaines, voire en quelques jours, et que l'argent permet bien des choses.

Une horde barbare a pris possession de la Nouvelle-Helvétie, se disputant avec férocité la moindre parcelle de terre. Des cabanes, bientôt des villages, s'élèvent sur les champs dévastés. Le bétail, réduit depuis longtemps à l'état d'errance, est abattu pour être mangé.

Sutter tente pourtant de réagir. Un juge local lui donne même raison, déclarant que les terrains sont bien à lui. La décision provoque une émeute. Les prospecteurs envahissent et saccagent Fort Sutter, aux cris de : « L'or est à tout le monde ! » L'ancien maître des lieux est obligé de se réfugier avec sa famille, à Hock Farm, dans une partie de sa propriété dépourvue d'or et couverte de vastes forêts.

Il se met à boire. Sa santé se dégrade. Sa raison est ébranlée. Il voit dans ce qui lui arrive un châtiment divin et en cherche désespérément la cause. Il devient mystique, lit et relit *L'Apocalypse*, espérant y trouver l'explication de ses malheurs. Il s'affilie à une secte, dont le gourou le dépouille un peu plus, avant de disparaître. Sa femme et ses enfants le soutiennent de leur mieux et l'empêchent de sombrer tout à fait…

Apaisé par le calme de Hock Farm, une belle maison en séquoia, entourée par des vignes, des vergers et un jardin de plantes rares, John Sutter finit quand même par retrouver un peu de sérénité. Sa combativité lui revient. Il entame une longue bataille juridique. En 1857, il obtient un premier succès lorsque la Land Commission des États-Unis se prononce en sa faveur. Les avocats des prospecteurs font appel et, en 1864, la Cour suprême décide que les titres de propriété qui lui ont été accordés par le gouverneur mexicain ne sont pas valables.

Le coup de grâce lui est porté l'année suivante, lorsqu'une bande de hors-la-loi met le feu à Hock Farm. Tout est détruit dans l'incendie. Ruiné, il quitte la Californie avec sa famille, sans grand espoir d'y revenir, et se rend à Washington pour tenter de se faire enfin entendre des autorités.

*

Un autre acteur de cette histoire connaît un sort presque aussi malheureux : James Marshall. Après avoir un moment tenté de s'opposer au mouvement général et voulu continuer la construction de la scierie, il finit par se mettre lui aussi à la recherche de l'or. Malheureusement, le petit terrain qu'il acquiert à proximité se révèle, par extraordinaire, un des rares à être dénué de tout métal précieux...

Sans se décourager, il va chercher plus loin, mais sa réputation le précède. On sait que c'est lui qui a trouvé le premier de l'or en Californie et beaucoup lui attribuent un pouvoir surnaturel. Dès qu'il lève sa pioche quelque part, des dizaines de prospecteurs l'entourent pour creuser au même endroit.

Il finit par ne plus le supporter et renonce définitivement. Il entame une existence vagabonde, parcourant la Californie et vivant grâce à des conférences où il raconte les circonstances de sa découverte. Au bout d'un moment, son histoire lasse ; il ne fait plus recette. En 1857, il retourne à Coloma où il se construit une petite maison en bois et subvient à ses besoins en travaillant çà et là comme charpentier. Il écrit sa biographie, qui se vend petitement et améliore un peu l'ordinaire. Il meurt en 1885, à l'âge de soixante-treize ans. Il est enterré dans son jardin. De sa tombe, on peut voir l'endroit où, un matin de janvier 1848, il a trouvé les premières pépites...

*

Pour Sutter aussi, le dernier acte ne va pas tarder. Il se rend, comme prévu, dans la capitale américaine et fait le siège du parlement. Le Congrès des États-Unis lui alloue une maigre pension en dédommagement des services qu'il a rendus, entre autres en accueillant des centaines de pionniers et de voyageurs épuisés après leur dangereux voyage vers l'Ouest.

Pourtant, il n'abandonne pas son combat. Il s'installe avec sa femme à Lilitz, en Pennsylvanie, et va régulièrement à Washington plaider sa cause. Dans les bureaux de l'Administration, tous les employés finissent par connaître ce vieux fou, qui débite la même éternelle histoire.

Il réclame inlassablement une indemnité pour les propriétés qu'il a perdues en raison de la Ruée vers l'or. Dans un premier temps, sa demande, d'un montant de cent vingt-cinq mille dollars, est ramenée à cinquante mille, mais la somme ne lui sera jamais versée. Le 16 juin 1880, le Congrès examine sa requête pour la seizième fois et l'ajourne sans fixer de nouvelle date. Deux jours plus tard, John Sutter meurt dans la chambre d'hôtel qu'il avait louée à Washington…

*

Aujourd'hui, il est loin d'être oublié. Son nom, qui est associé à un événement majeur de leur histoire, est connu de tous les Américains. Un comté de Californie et une rue de San Francisco portent son nom. Une statue à son effigie est érigée à Sacramento. Fort Sutter, reconstruit et soigneusement entretenu, est visité chaque année par des dizaines de milliers de touristes… Une maigre compensation, s'agissant de celui pour qui la Ruée vers l'or a signifié la ruée vers la ruine !

24.

Les meules de gruyère

Tristes débuts dans l'existence que ceux de Pat O'Donnagain ! Cet Irlandais d'une famille pauvre de Dublin naît à la fin du XIXe siècle. À la maison, on ne mange pas à sa faim, mais ce n'est pas le pire. L'Irlande est alors anglaise et bon nombre de ses habitants ne le supportent plus. Les plus déterminés d'entre eux sont regroupés dans le Sinn Fein, le parti indépendantiste.

Le père de Pat O'Donnagain est l'un de ses militants les plus actifs. Arrêté, il est envoyé en prison où il ne tarde pas à mourir des suites de mauvais traitements. Sa femme ne lui survit pas longtemps. Sans ressources, elle meurt à son tour de faim et de chagrin.

Orphelin à seize ans, Pat O'Donnagain décide de quitter ce pays où il n'a connu que le malheur. Il s'embarque clandestinement sur le premier bateau qu'il rencontre. C'est un cargo allemand à destination de Hambourg. Sur place, ce rouquin aussi sympathique que débrouillard apprend la langue et se fait engager comme docker. Il finit par s'intégrer dans son pays d'adoption et demande même la nationalité allemande.

Quand la guerre éclate, en 1914, il s'engage contre les Anglais. Il fait preuve du même courage dans la vie militaire que dans la vie civile et est décoré de la Croix de fer. Mais, blessé sur l'Yser et amputé d'un bras, il est renvoyé chez lui. Il pense en avoir fini avec l'armée. Pourtant, quelque temps plus tard, un fringant capitaine se présente à lui.

— Dites-moi, O'Donnagain, cela vous dirait de reprendre du service ?

— Avec un bras en moins, je ne vois pas bien ce que je pourrais faire.

— Beaucoup de choses… Vous détestez les Anglais, mais vous parlez leur langue. Si vous en êtes d'accord, nous aurions quelques missions à vous confier.

Pat O'Donnagain accepte et devient espion allemand. Il accomplit plusieurs missions secrètes en Belgique et en France. Ses supérieurs sont très satisfaits de lui. Début 1916, il voit revenir le même capitaine.

— Cette fois, nous vous offrons un long voyage. Vous allez vous rendre à Rio de Janeiro.

— C'est effectivement un long voyage. Pour quelle raison ?

— Vous allez convoyer douze meules de gruyère et vous les remettrez à notre ambassade au Brésil.

Comme l'Irlandais reste interdit, le capitaine précise :

— Je suis autorisé à vous dire la vérité. Les meules sont factices, elles sont, en fait, remplies d'or.

Cette fois, Pat O'Donnagain a compris. Il mesure la confiance qui lui est faite.

— De quelle manière devrai-je acheminer le chargement ?

— Sur un navire neutre, hollandais, plus précisément. Vous vous rendrez à Amsterdam et vous prendrez le premier bateau en partance pour l'Amérique du Sud. Vous aurez des faux papiers faisant de vous un agent d'import-export suisse.

*

Peu après, Pat O'Donnagain embarque avec sa précieuse cargaison à bord du paquebot hollandais *Tubantia.* Il s'agit d'un beau navire à deux cheminées, de 14 000 tonnes et 164 mètres de long. Il est tout neuf puisqu'il a été achevé en mars 1914.

Il quitte Amsterdam le 15 mars 1916, avec 280 passagers et 80 membres d'équipage. Il n'ira pas loin… Le lendemain, à 2 h 20 du matin, au large d'Ostende, l'homme de vigie aperçoit, à la clarté de la pleine lune, le sillage d'une torpille. Immédiatement après, c'est l'explosion. La coque est déchirée. L'eau s'engouffre à toute vitesse. L'équipage aguerri réagit avec le plus grand calme. Alors que les passagers, réveillés en sursaut, accourent sur le pont, qui commence à s'incliner, le capitaine annonce par haut-parleur :

— Il n'y a aucun danger. Des SOS ont été lancés et plusieurs bateaux arrivent vers nous. Chacun doit aller dans le canot de sauvetage dont le numéro est porté sur son gilet.

Pat O'Donnagain a été réveillé avec les autres. Sa première impulsion est de se rendre dans la chambre froide où sont entreposées ses meules, afin d'en sauver au moins une. Mais il y renonce. Avec un gruyère dans la main, il attirerait l'attention générale. Mieux vaut que le trésor reste où il est. Si, comme il l'espère, les Allemands gagnent la guerre, il sera toujours possible d'aller le récupérer.

Il enfile son gilet de sauvetage et, passant devant la salle de radio, entend le technicien qui ne cesse de répéter la position du *Tubantia* aux nombreux navires qui se manifestent… Arrivé sur le pont, il monte, avec le reste des passagers, dans l'un des canots de sauvetage, tandis que le paquebot continue à s'enfoncer lentement. Il coule à 6 h 53 du matin.

Il n'y a aucune victime, aucun blessé. Les naufragés sont débarqués dans un petit port belge et, de là, conduits par train spécial à Amsterdam. Mais, alors que les autres occupants du *Tubantia* se manifestent auprès des autorités pour toucher les indemnités auxquelles ils ont droit, Pat O'Donnagain préfère se cacher. Il vit clandestinement en Hollande jusqu'à la fin de la guerre et regagne Hambourg dans les tout premiers jours de 1919…

La fin des hostilités permet d'établir la vérité sur le torpillage du *Tubantia*. Dans l'un des canots, l'équipage avait réussi à emporter un fragment de la torpille. Elle est de type allemand, il y a même un numéro qui permet de l'identifier comme appartenant au sous-marin UB 13. Mises en cause, les autorités allemandes prétendent que l'UB 13 visait un navire de guerre, que la torpille s'est perdue et a touché le *Tubantia*. Cet argument ne convainc personne et, courant 1920, le gouvernement allemand doit verser huit millions de florins d'indemnité au gouvernement hollandais.

*

Pat O'Donnagain, quant à lui, est revenu à Hambourg. Il est amer. Son quotidien est aussi difficile que lorsqu'il était en Irlande. Avec son bras en moins, il ne peut pas reprendre son travail de docker. Il vit de sa modeste pension d'invalidité. Mais, dans l'Allemagne d'après-guerre, ravagée par la crise économique, la vie devient de plus en plus chère.

Il vivote comme il peut et se met à boire pour oublier son triste sort… Il n'est pas seulement amer, il est également surpris. Il pensait avoir des nouvelles du trésor envoyé par le fond, mais depuis son retour en Allemagne, personne ne s'est manifesté auprès de lui, ni le fringant capitaine, ni aucun autre membre des services secrets. La défaite a totalement désorganisé l'appareil de l'État. Dans la panique, tout le monde semble avoir oublié les meules de gruyère. Il est peut-être le seul à en connaître l'existence ! Mais comment les retrouver, avec les moyens dérisoires qui sont les siens ? Qui pourrait l'aider dans cette entreprise ?

*

Le major Sydney Vincent Sippé ne ressemble en rien à Pat O'Donnagain. Anglais, il est grand, longiligne, très brun, avec une petite moustache qui lui donne des airs aristocratiques. Il est aussi issu d'une excellente famille, possédant un manoir dans les environs de Londres et jouissant de revenus importants. Pilote par plaisir avant la guerre, le major Sippé s'est tout naturellement engagé dans la Royal Air Force au début des hostilités et en est devenu un des as. Il a terminé la guerre couvert de décorations.

De retour à la vie civile, il aurait pu se contenter de vivre de ses rentes, mais le virus de l'aviation était trop fort, il lui fallait absolument continuer à piloter. Malheureusement, aucune compagnie anglaise n'a été en mesure de l'engager. Alors, il a la curieuse idée d'aller chercher du travail en Allemagne. Mais, ainsi qu'il fallait s'y attendre, il ne trouve rien non plus chez ses anciens adversaires.

En novembre 1921, il s'adresse à une compagnie de Hambourg. C'est un nouveau refus et, cette fois, il décide de ne pas insister. Il va retourner dans son pays et vivre dans l'oisiveté. Une existence inutile et vide se profile devant lui.

Il erre dans la ville, découragé, presque désespéré. Il entre dans un bar et boit plus que de raison. Des prostituées l'abordent. Il les repousse sans ménagement dans sa langue natale. C'est alors qu'il voit se lever un autre consommateur. Il vient dans sa direction d'une démarche mal assurée. Lui aussi a beaucoup bu. C'est un rouquin à qui il manque un bras.

— Je vous ai entendu parler. Vous êtes celui que je cherche !

En l'entendant s'exprimer dans un anglais parfait, le major Sippé a un large sourire.

— Un compatriote ! Prenez place, je vous offre un verre.

— Je ne suis pas votre compatriote. Je suis allemand. Avant, j'étais irlandais. Les Anglais ont tué mon père et ma mère.

— Vous me cherchez querelle ?

— Non. Je viens faire votre fortune…

— Vous êtes ivre. Allez-vous-en !

Ignorant ces mots, Pat O'Donnagain s'installe à la table du major.

— J'ai pas mal bu, mais j'ai tout mon bon sens. Je vais vous raconter ce que je n'ai jamais raconté à personne. Pourquoi ? Parce que vous êtes là. Cela aurait pu être un autre, mais c'est vous…

— Laissez-moi !

— Attendez ! Je sais où trouver un trésor. Tout ce que je demande, c'est la moitié de ce qui vous sera attribué. Vous m'avez l'air d'un gentleman, alors, je me contenterai de votre parole de gentleman.

Le major Sydney Vincent Sippé est tenté d'envoyer promener définitivement son étrange interlocuteur, mais le mot « trésor » a produit son effet.

— De quoi s'agit-il ?

— J'ai votre parole ?

— Vous l'avez…

Pat O'Donnagain raconte alors toute l'histoire du naufrage du *Tubantia*. Lorsqu'il a terminé, l'Anglais a l'air sceptique.

— Qu'est-ce qui me prouve que vous n'inventez pas tout cela ?

— Consultez les journaux de l'époque, vous aurez la confirmation que le *Tubantia* a bien sombré dans la mer du Nord, le 16 mars 1916, au matin.

— Admettons. Mais cet or caché dans les meules de gruyère, vous l'avez vu ?

— Je ne l'ai pas vu, mais je suis sûr qu'il existe. Croyez-vous que les services allemands m'auraient payé le voyage jusqu'au Brésil si le trésor n'existait pas ?

— Je ne vois toujours pas ce que vous attendez de moi…

— Vous êtes visiblement quelqu'un d'important, tandis que moi, je ne suis rien du tout. Vous avez des moyens que je n'ai pas. Allez trouver les spécialistes. Dites-leur qu'il y a plusieurs centaines de kilos d'or par quarante mètres de fond, au large d'Ostende. La position exacte est 51°48'40 de latitude nord, 2°50'15 de longitude est.

— Comment pouvez-vous être aussi précis ?

— J'ai entendu le radio lancer ses SOS au moment du naufrage.

Cette fois Sydney Vincent Sippé s'avoue convaincu. Il tend la main à Pat O'Donnagain et lui promet de faire le nécessaire.

*

Rentré à Londres, le major se précipite à la bibliothèque pour consulter la presse de l'époque. Il constate que l'Irlandais lui a dit l'exacte vérité : le paquebot hollandais *Tubantia* a effectivement été coulé au large d'Ostende, le 16 mars 1916. L'enquête qui a eu lieu par la suite a établi qu'il avait été torpillé par un sous-marin allemand. Cette dernière information le laisse perplexe. Les Allemands passent pour des gens organisés : comment ont-ils pu envoyer par le fond l'or qui leur appartenait ? Mais là n'est pas le plus important. Une seule chose compte : récupérer le trésor.

Après avoir mûrement réfléchi, Sydney Vincent Sippé fixe son choix sur une entreprise française, la SMN, Société maritime nationale. Elle est réputée comme particulièrement dynamique et s'est spécialisée dans l'exploration des épaves. La SMN a son siège à Paris, place Vendôme. Le major s'y rend et demande à parler avec le responsable.

Paul Truck, le patron et directeur de l'armement de la SMN, est un personnage surprenant. À trente ans, ce bel homme aux cheveux noirs et à la fine moustache est un descendant de corsaires malouins, qui mène grande vie. Bien qu'il soit marié, il vit avec sa maîtresse attitrée, une Anglaise, Mary, et ne se déplace que dans une luxueuse limousine. Il dîne souvent chez *Maxim's* et compte parmi les figures de la vie parisienne.

Paul Truck reçoit sans attendre le major britannique, intrigué par la démarche d'un homme de sa réputation. Il n'est pas déçu par l'histoire qu'il lui raconte. Reste la question du sérieux de l'informateur.

— Selon vous, il peut s'agir d'un affabulateur ?

— Il y a un risque, d'autant qu'il boit et qu'il ne m'a pas semblé très équilibré. Mais quarante mètres de fond, ce n'est pas beaucoup. Le coup doit être tenté.

— Vous êtes sûr de la profondeur ?

— J'ai vérifié. C'est la moyenne dans la mer du Nord.

— Vous avez raison, cela doit être tenté…

*

Paul Truck ne perd pas de temps. Il choisit le plus performant des bateaux de la SMN, *La Tempête,* et réunit autour de lui vingt marins, dont quatre scaphandriers. Puis, il installe à bord ce qu'on fait de mieux à l'époque comme matériel de plongée et de récupération des épaves, dont un treuil permettant de remonter des charges de plusieurs centaines de kilos.

Début avril 1922, tout le monde part pour Ostende. Fidèle à son style de vie, Paul Truck vient avec Mary. Il s'installe au *Wellington,* le palace de la ville et, avant que l'expédition ne commence, va jouer au Kursaal, le casino en forme de rotonde qui fait face à la mer. En une nuit, il gagne une petite fortune. Et c'est euphorique qu'il retrouve, le lendemain matin, le major Sippé qui l'attend sur les quais du port.

— Les dieux de la chance sont avec nous. Nous allons mettre la main sur ces fichues meules !

Mais le Britannique est beaucoup moins enthousiaste que lui. Il répond à peine et garde le même silence en franchissant la passerelle de *La Tempête.* Paul Truck s'en étonne :

— Qu'est-ce qui vous arrive ? Vous ne croyez plus au trésor ?

— Ce n'est pas cela. Je suis un aviateur, pas un marin. Sur un bateau, je suis affreusement malade.

— Pensez à l'or. C'est le meilleur remède contre le mal de mer…

L'équipage appareille et, arrivé à la position donnée par l'espion allemand : 51°48'40 de latitude nord, 2°50'15 de longitude est, se met à l'ouvrage. Il y a peu de chance que le *Tubantia* soit exactement à cet endroit. C'est là qu'il a été torpillé et il a dû dériver avant de sombrer quatre heures et demie plus tard, mais le rayon à explorer reste quand même limité.

Jour après jour, une drague balaie les profondeurs. Lorsqu'elle accroche quelque chose, un scaphandrier descend à son tour explorer les fonds. Tout le mois d'avril 1922 s'écoule ainsi, dans cette tâche répétitive et fastidieuse. Les déceptions sont nombreuses, car il y a beaucoup d'épaves en mer du Nord, une des plus fréquentées du monde où, de surcroît, on s'est beaucoup battu pendant la dernière guerre.

Le mois de mai arrive. Le 4 est un jour comme les autres. Il fait beau, ce qui ne rend pas le sourire au major Sippé toujours atteint par un terrible mal de mer. Une nouvelle fois, la drague rencontre un obstacle. Selon le rituel quotidien, un des scaphandriers commence à s'équiper. Ce n'est pas une mince affaire. Il doit revêtir sa combinaison caoutchoutée, surmontée, autour du cou, d'une sorte de cuirasse sur laquelle le casque est fixé à l'aide de boulons. Viennent ensuite les chaussures à semelles de plomb. Il faut l'aider à marcher, car il est incapable de se déplacer seul sur le sol. Il ne peut se mouvoir par lui-même qu'une fois dans l'eau. Il s'enfonce alors lentement, tandis que sont mis en mouvement les deux treuils qui le relient à la surface, celui de la corde, qui est enroulée à sa ceinture et celui du tuyau, qui lui apporte l'air.

La descente commence. Pendant les dix premiers mètres, la visibilité est excellente, à partir de vingt mètres, la coloration de l'eau tourne au vert bouteille et, ensuite, la clarté diminue progressivement. À trente-cinq mètres, il y a un choc mou : l'homme vient de heurter avec ses semelles de plomb le sol vaseux. Il se met en marche pesamment. La lumière est faible, mais elle est suffisante pour s'orienter et se déplacer.

Il parcourt ainsi quelques mètres quand, soudain, il s'immobilise : cette masse sombre, pas de doute, c'est une épave ! Ce n'est pas la première qu'il découvre depuis le début des recherches, mais celle-ci est beaucoup plus grande, elle est même énorme et a la taille d'un paquebot couché sur le flanc. Le scaphandrier se trouve à la hauteur de l'avant et se met à avancer vers la poupe, pour voir le nom. Il parcourt encore plusieurs centaines de mètres avant de découvrir, parfaitement lisible, l'inscription « TUBANTIA AMSTERDAM ». Il tire trois fois sur la corde, le signal pour qu'on le remonte immédiatement.

À bord de *La Tempête*, l'alerte est donnée. Paul Truck et le major Sippé sont prévenus. Ils sont partagés entre espoir et inquiétude. Le signal que vient de faire le scaphandrier peut signifier la découverte que tout le monde attend, mais aussi un danger imprévu.

L'attente commence… Elle est longue, car les plongeurs doivent observer des paliers. Le dernier d'entre eux, à trois mètres de profondeur, ne dure pas moins d'un quart d'heure. Enfin, l'homme apparaît. Il est hissé à bord et son casque est dévissé fébrilement. Dès qu'il est à l'air libre, il annonce triomphalement :

— C'est lui ! On l'a trouvé !

Un cri de joie retentit, poussé par tout l'équipage, tandis que Paul Truck lance un ordre :

— Jetez les bouées !

Trois bouées frappées au nom de la SNM sont lancées par-dessus bord. Selon le droit maritime, cela signifie que l'épave, qui se situe dans les eaux internationales, appartient désormais à la société française. Son directeur de l'armement va congratuler le major :

— Il est à nous ! Nous avons gagné !

Mais le Britannique est décidément d'humeur maussade.

— Que le *Tubantia* ait coulé dans le secteur, nous le savions. On devait forcément le rencontrer un jour ou l'autre. Est-ce qu'il y a de l'or à l'intérieur, c'est cela que nous ne savons pas…

Durant les jours qui suivent, la chasse au trésor reprend. Elle est très difficile. En raison de la lourdeur de son équipement, le travail du scaphandrier est épuisant. Il ne peut pas nager plus de deux heures par jour. D'autre part, l'exploration d'un navire sur le flanc est plus que délicate. Le plongeur est incapable de marcher sur le pont où il se trouve en perpétuel déséquilibre. Et, s'il s'aventure dans la cale, il doit prendre garde à ce que son tuyau d'arrivée d'air ne se coince pas, sinon, c'est l'asphyxie et la mort.

Au bout de plusieurs semaines, les chercheurs découvrent le coffre-fort du bateau. Bien que les meules ne s'y trouvent pas, puisque, selon Pat O'Donnagain, elles ont été déposées dans la chambre froide, Paul Truck donne l'ordre de le remonter. Après tout, l'épave du *Tubantia* leur appartient, avec tout ce qu'elle contient. Au prix de mille difficultés, le lourd objet est amarré par les scaphandriers et halé par le treuil. Une fois sur le pont de *La Tempête*, il est découpé au chalumeau, en présence de tout l'équipage. Mais quand la porte s'ouvre enfin, c'est la déception : le coffre est totalement vide. Sans doute a-t-il été débarrassé de son contenu au moment du naufrage. Paul Truck a un hochement de tête fataliste :

— Il fallait s'y attendre. C'est dans la chambre froide que tout va se jouer…

Mais aller jusqu'à la chambre froide n'est pas aussi simple que cela. D'après les dires de Pat O'Donnagain, qui a surveillé le chargement, elle se situe tout en dessous du navire. Il faut donc percer des cloisons, arracher des portes, progresser toujours plus loin dans l'immense coque du paquebot.

Pour se détendre, Paul Truck quitte parfois le bateau à bord d'une vedette. Il retrouve Mary à Ostende et joue au Kursaal. Mais alors que, jusque-là, la chance lui souriait, il se met soudain à perdre. Il s'acharne et perd plus encore. Bientôt, il est presque ruiné. Plus que jamais, il doit retrouver le trésor pour rentrer dans ses frais et payer ses dettes. Lorsqu'il revient à bord, il retrouve le major Sydney Vincent Sippé qui, resté sur place pour surveiller les opérations, n'est plus que l'ombre de lui-même. Paul Truck, si enthousiaste jusque-là, a lui aussi perdu le moral. L'automne est arrivé. La bonne fortune a l'air de les avoir abandonnés.

Pour la première fois, il s'interroge avec le major :

— Après tout, Pat O'Donnagain a peut-être tout inventé.

— Pour quelle raison ? Parce qu'il a l'esprit dérangé ?

— Ou parce que vous êtes anglais. Il vous a tous en haine. Lorsqu'il vous a rencontré, il a décidé de vous entraîner dans une aventure insensée…

Dans le même temps, l'hiver arrivant, les conditions climatiques commencent à se détériorer. Les opérations doivent s'arrêter. Et, le 1er décembre, Paul Truck donne l'ordre de rentrer.

*

Les recherches redémarrent au printemps 1923. La longue et périlleuse progression vers la chambre froide reprend. Les scaphandriers s'avancent chaque jour plus profondément dans la coque, s'éclairant comme ils peuvent à la lumière de lampes étanches, et courant de plus en plus de dangers. L'avancée est pourtant satisfaisante et, au bout de plusieurs mois de travail acharné, ils peuvent enfin espérer toucher au but. Mais un coup de théâtre remet tout en question.

Le 9 juillet 1923, apparaît un navire de la Royal Navy. Il avance à vive allure en direction de *La Tempête*. Plus il approche et plus il semble accélérer. L'effet produit est impressionnant. Paul Truck a un cri :

— Qu'est-ce qui lui prend ? On dirait qu'il veut nous éperonner !

Au dernier moment, le bateau vire de bord, ce qui permet de découvrir son nom, le *Semper paratus.* Il va s'immobiliser un peu plus loin et lance un canot à la mer. Les gens de la SMN pensent qu'il va venir les trouver pour leur expliquer son comportement, mais il s'arrête un peu plus loin et met un scaphandrier à l'eau. Cette fois, tout devient incompréhensible, car ils sont trop loin de l'épave du *Tubantia*... Paul Truck se tourne vers le major Sippé :

— Qu'est-ce que cela veut dire ?

Il a la réponse peu après. Alors que le scaphandrier est remonté dans le canot, qui a rejoint le *Semper paratus*, une explosion sourde secoue les flots. L'armée anglaise vient de déposer des charges sous-marines. Or, *La Tempête* a deux scaphandriers au travail et la déflagration a toutes les chances de les avoir tués.

Les hommes se précipitent sur les treuils pour les faire remonter. Pour l'un d'eux, ce n'est pas la peine. L'explosion a fait gonfler sa combinaison de caoutchouc comme un ballon et il est propulsé à la surface à toute allure. Ramené à bord, il est en état de choc, pour ne pas avoir observé les paliers. Le second est treuillé peu après. Il est inconscient, perdant du sang par le nez et les oreilles. Il est pourtant vivant. Tous deux sont aussitôt conduits en vedette rapide à l'hôpital d'Ostende où ils sont mis hors de danger...

Quelques jours plus tard, les événements s'enchaînent. Le *Semper paratus* met de nouveau un canot et un scaphandrier à la mer. Cette fois, il plonge juste au-dessus du *Tubantia.* Paul Truck n'hésite pas à réagir. Il se saisit d'une charge explosive et la lance par-dessus bord. L'effet est aussi radical que précédemment : le scaphandrier anglais est remonté dans un état pitoyable et le canot fait demi-tour.

L'Anglais daigne alors s'expliquer. Le *Semper paratus* met pour la troisième fois un canot à la mer, et prend la direction de *La Tempête*. Un officier de la Royal Navy monte à bord.

— Capitaine de corvette Alexander Bourne. Je vous intime l'ordre de quitter les lieux ! L'épave du *Tubantia* m'appartient.

Paul Truck s'efforce de garder son calme.

— Je l'ai découverte en mai dernier. Il n'y avait aucune bouée indiquant que quelqu'un l'avait fait avant moi.

— J'avais laissé des bouées, mais la tempête a dû les faire disparaître… à moins que ce ne soit vous-même.

Il n'y a rien à répliquer devant une telle insolence. Le directeur de l'armement de la SNM refuse de partir et ordonne à son interlocuteur de quitter son navire. Pendant plusieurs jours, les deux bateaux stationnent devant les bouées. Enfin, les deux parties décident de porter le litige devant la division maritime de la Haute Cour de Londres, au risque de perdre un temps précieux.

*

Ce retard va avoir une conséquence aussi dramatique qu'imprévue. Pendant tout le temps qu'ont duré les opérations, le major Sydney Vincent Sippé a mis fidèlement au courant Pat O'Donnagain de ce qui se passait, envoyant régulièrement des lettres à Hambourg. Dans la dernière, il lui disait que les scaphandriers étaient tout près de la chambre froide et que le succès n'était qu'une question de jours.

Or, revenant à terre après l'incident avec le *Semper paratus,* le major Sippé lui apprend que tout est arrêté et suspendu jusqu'au résultat du procès qui va avoir lieu devant la Haute Cour de Londres. L'Irlandais naturalisé Allemand n'y croit pas un instant. Il s'imagine que son correspondant a inventé cette histoire pour s'emparer du trésor. Réunissant ses maigres économies, il prend le train pour Paris et se précipite au siège de la SMN pour demander des explications.

S'il parle aussi bien l'allemand que l'anglais, Pat O'Donnagain a le plus grand mal à s'exprimer en français. De plus, ni Paul Truck ni personne n'a fait mention de son existence au personnel. Les secrétaires voient débarquer un homme sale, mal habillé, sentant l'alcool, qui baragouine d'un air excité des choses incompréhensibles. Elles saisissent tout juste des mots sans suite :

— *Tubantia*... meules de gruyère... Royal Navy...

Incapables de le contrôler, elles appellent leurs collègues masculins pour l'expulser sans ménagement. Pat O'Donnagain se retrouve dehors. Le lendemain matin, son corps est découvert dans une rue proche des Champs-Élysées ; il a été tué d'un coup de couteau en plein cœur. L'enquête sur sa mort conclut à une tentative de vol qui a mal tourné ou à une rixe. Il est pourtant plus que vraisemblable que Pat O'Donnagain a été tué par les services secrets allemands. Qu'il ait dévoilé le secret du trésor aux Français et aux Britanniques passait encore, mais qu'il se rende à Paris pour en parler n'était pas acceptable...

*

De l'autre côté de la Manche, les choses évoluent rapidement. Paul Truck avait peur que la justice britannique fasse preuve de partialité et qu'elle donne raison à ses compatriotes de la Royal Navy contre lui. Mais il n'en est rien. Dans le courant du mois d'août, la Haute Cour lui reconnaît la pleine propriété du *Tubantia* et déboute ses adversaires. Elle accorde seulement à ces derniers la possibilité d'explorer l'épave, au cas où la SMN renoncerait à ses droits.

Une telle éventualité n'est pas à l'ordre du jour. Au contraire, les opérations reprennent immédiatement... La situation a pourtant changé. En plus de la disparition de Pat

O'Donnagain, le major Sydney Vincent Sippé manque aussi à l'appel. Depuis le début des recherches, il a été beaucoup éprouvé, tant physiquement que moralement. Il a maigri et souffre des nerfs. Au sortir du tribunal, il s'adresse d'un ton résigné au directeur de l'armement de la société française :

— Allez-y tout seul. Moi, je n'en ai pas la force. Je suis revenu en Angleterre, je reste ici.

— Vous n'allez pas m'abandonner au moment où nous touchons au but ?

— Je suis incapable de remettre les pieds sur ce fichu rafiot. Je vous laisse faire.

— C'est dommage. J'aurais tellement aimé que nous trouvions le trésor ensemble !

— Qu'est-ce qui vous dit qu'il y aura quelque chose dans la chambre froide ? Il y a déjà un moment que je commence à en douter.

— Moi, j'en suis persuadé. Alors, c'est définitivement non ?

— Définitivement !

Paul Truck a un sourire.

— Vous n'avez pas peur que je trouve les meules et que je les garde pour moi ?

Le major Sydney Vincent Sippé répond à son sourire.

— Non, je vous fais confiance. Et puis, nous avons signé un contrat…

Les deux hommes échangent une poignée de main et se quittent sur ces mots. Ils ne se reverront jamais…

*

Les recherches en mer du Nord reprennent début septembre 1923. Malheureusement, rien ne se passe comme prévu. Paul Truck n'obtient aucun résultat. En décembre, après des mois d'obstination, il décide de lever l'ancre. C'est un échec et la SMN renonce même, peu après, à la propriété du *Tubantia*.

Bien entendu, la Royal Navy envoie immédiatement le *Semper paratus* sur les lieux. Ses scaphandriers pénètrent sans difficulté dans la chambre froide, qui était entièrement ouverte, et ramènent dix meules de gruyère. En tout, il y a cinq cents lingots d'or, représentant une somme d'un million de livres sterlings. Pat O'Donnagain, le major Sippé, et Paul Truck n'en toucheront pas un centime.

Leur aventure s'arrête là. Officiellement, Paul Truck n'a rien trouvé, il s'est inexplicablement découragé, alors qu'il touchait au but… Mais cette version se heurte à de sérieuses objections. D'abord, pourquoi dix meules et pas douze, comme l'avait affirmé Pat O'Donnagain ? Aurait-il menti ? Pour quelle raison ? Aurait-il fait une confusion, dans son esprit dérangé par l'alcool ? C'est possible, quoique peu probable, s'agissant d'une chose aussi marquante.

Et surtout, il y a l'attitude de Paul Truck juste après son prétendu renoncement. Lui que ses pertes au jeu avaient mis au bord de la banqueroute se met soudain à dépenser de manière princière. Il ne roule plus qu'en Rolls-Royce et tient table ouverte chez *Maxim's*. Il couvre Mary de bijoux, et en porte lui-même : chacun peut admirer l'énorme diamant épinglé à sa cravate.

Il démissionne de la SMN et vit de revenus dont personne ne connaît l'origine. Dans les casinos, il éblouit tout le monde avec ses mises de milliardaire et gagne des fortunes. Mais, comme à Ostende, sa chance tourne d'un coup. Il s'obstine et perd encore davantage, provoquant sa ruine définitive. Il mourra dans la misère et abandonné de tous, en 1935.

*

Ce n'est que cinquante ans plus tard, au milieu des années 1980, que la vérité est enfin dévoilée. Le neveu de Paul Truck, qui était au courant de tout, a révélé ce qui s'était réellement passé.

Oui, son oncle avait trouvé le trésor du *Tubantia*, mais il ne se présentait pas de la manière qu'on imaginait. Les scaphandriers ont réussi à entrer dans la chambre froide presque tout de suite après la reprise des opérations. Pat O'Donnagain n'avait pas menti : elle contenait bien douze meules de gruyère. La première, ramenée par les plongeurs, contenait cinquante lingots d'or.

Mais la deuxième réservait une surprise de taille. Une fois l'enveloppe factice décachetée, Paul Truck y a trouvé deux boîtes métalliques marquées de la lettre « K ». Il les a ouvertes et en est resté muet de saisissement. Cette fois, il ne s'agissait pas d'or, mais de fabuleuses pierres précieuses : des diamants, des rubis, des topazes, des décorations impériales incrustées de pierres, des bijoux, et des colliers ayant appartenu, sans doute possible, au Kaiser Guillaume II.

Stupéfait, Paul Truck a imaginé un plan aussi malhonnête qu'habile. Il allait garder les bijoux et dire qu'il n'avait rien trouvé. Les lingots contenus dans l'autre meule serviraient à acheter le silence des marins de *La Tempête*. Ainsi, il n'aurait rien à donner à la SMN ni au major Sippé. Si, par la suite, le *Semper paratus* ou un autre ramenait les dix meules restantes, on pourrait toujours prétendre que Pat O'Donnagain s'était trompé. Et c'est exactement ce qui s'est passé…

Reste un dernier mystère, que les auteurs qui se sont penchés sur cette histoire pensent avoir élucidé : pourquoi les Allemands ont-ils envoyé par le fond l'or et les pierres précieuses qui leur appartenaient ? En fait, il semble établi que le *Tubantia* a reçu par radio, peu après son appareillage, l'ordre de l'Amirauté britannique de faire escale à Falmouth pour y être contrôlé. De telles injonctions n'étaient pas rares, les Anglais soupçonnant, vraisemblablement à juste titre, les navires hollandais de transporter du matériel de guerre pour leurs adversaires.

Mais les postes d'écoute allemands ont capté cet ordre et le sous-marin le plus proche, l'UB 13, a reçu la mission de couler le *Tubantia*. Le torpillage était donc tout sauf une erreur ou une maladresse. Les Allemands ont délibérément envoyé leur trésor par le fond, espérant pouvoir le récupérer après la guerre. Malheureusement pour eux, il a échoué en d'autres mains à la suite de circonstances pour le moins mouvementées.

25.

Le plus grand trésor du monde

En 1507, Francisco Pizarro a trente-deux ans. Il est né et a toujours vécu à Trujillo, une petite ville d'Estrémadure, dans le sud de l'Espagne. Sa vie est triste et monotone. Fils bâtard d'un officier de petite noblesse qui disparaît pour aller à la guerre ou dans une autre affectation, il ne reçoit aucune éducation.

Ne sachant ni lire ni écrire, il travaille là où l'on veut bien de lui. Ainsi, il passe la plus grande partie de sa jeunesse à garder les cochons. Il aimerait pourtant faire autre chose, il a de grandes ambitions. Mais il n'a pas le choix, alors, il garde ses rêves pour lui.

Il ne s'est pas marié. Il n'a pas un caractère commode et aime trop son indépendance. Il vit seul et, au village, il passe pour un original. Au fil des ans, il commence à s'aigrir. C'est alors que survient le grand bouleversement de son existence…

Un soir, à l'estaminet, alors qu'il s'enivre pour tenter d'oublier sa pauvre condition, son attention est attirée par un groupe d'hommes qui parlent fort et semblent particulièrement joyeux. Ils se mettent même à trinquer à la fortune ! C'est plus fort que lui, il se lève et va les rejoindre.

— De quelle fortune parlez-vous ?

— De celle qui nous attend dans le Nouveau Monde. Nous allons embarquer à Séville…

Voilà déjà quinze ans que Christophe Colomb a découvert cette terre à l'extrémité occidentale du monde. Elle est tellement nouvelle qu'elle n'a pas encore de nom. On pense généralement qu'il s'agit des Indes, que le navigateur a atteint en faisant le tour du monde par l'ouest, mais comme on n'en est pas tout à fait sûr, on l'appelle simplement « le Nouveau Monde »... Ce dont on est persuadé, en tout cas, c'est que le pays est riche, fabuleusement riche, et le roi d'Espagne encourage ses sujets à aller y faire fortune... Francisco Pizarro est fasciné.

— Vous croyez que je peux venir avec vous ?

— Bien sûr.

— C'est que je n'ai pas d'argent.

— Tente ta chance. On t'engagera peut-être comme matelot...

Aussitôt, Francisco Pizarro se rend à Séville, qui est alors le plus grand port d'embarquement vers le Nouveau Monde, et se fait engager sans difficulté comme matelot. Il dit avec allégresse adieu à ses cochons. Il pensait sa vie terminée, elle commence à peine !

*

L'expédition dans laquelle il a pris place est commandée par Alonso de Ojeda, conquistador déjà fameux qui a accompagné Christophe Colomb dans son deuxième voyage et qui s'est fait remarquer par sa férocité envers les indigènes. Dans un autre des quatre bateaux qui composent l'expédition, figure Hernán Cortés, le futur conquérant du Mexique...

Une fois sur place, Francisco Pizarro se distingue. Lui qui n'avait jamais tenu une arme de sa vie, se révèle un excellent soldat, courageux et endurant ; ses compagnons le disent aussi dur avec les autres qu'avec lui-même... Il prend vite du galon et devient capitaine.

Les années passent et il n'a aucune envie de rentrer en Espagne. Il décide de rester et de continuer à explorer le Nouveau Monde. Il sait que c'est là que se jouera son existence.

Il s'engage alors dans l'expédition de Nuñez de Balboa, qui traverse les nouvelles terres d'est en ouest. À ses côtés, il découvre le Pacifique, le 25 septembre 1513, et fonde peu après la ville de Panama. Mais, en 1519, Balboa entre en conflit avec le gouverneur de la nouvelle cité, Pedrarias, qui le fait arrêter et exécuter.

Pour Francisco Pizarro, c'est une période morose. À Panama, il s'ennuie. Il est considéré comme un des plus hardis et des plus habiles capitaines de l'armée, mais aucune nouvelle expédition n'est prévue et, s'il a connu l'aventure, la fortune se fait attendre. Les richesses que le roi d'Espagne promettait à ceux qui partaient de Séville ne sont pas au rendez-vous. Les Indiens rencontrés jusque-là sont de pauvres gens, vivant comme ils peuvent dans une nature hostile… C'est alors qu'a lieu le second tournant de son existence.

En mars 1524, Pascal de Adagoya, un explorateur qui était allé reconnaître des terres plus au sud, dans ce qui correspond à l'actuelle Colombie, revient de son périlleux voyage. Il va trouver le gouverneur et, immédiatement après, Francisco Pizarro. Ce dernier le voit arriver dans un état d'intense exaltation.

— Qu'est-ce que vous avez vu là-bas, pour être dans cet état ?

— De l'or ! C'est le pays de l'or. Tout est en or. Non seulement les colliers et les bracelets, mais les ustensiles, tout !

« Or » : le mot magique est enfin prononcé ! Tous ces conquistadors, qui ont traversé le monde et affronté l'inconnu ne sont là que pour lui. Le père Jodoco Rique, supérieur du couvent de Quito, écrira à ce sujet : « La convoitise de l'or est tellement grande chez les Espagnols que ni l'épuisement, ni les maladies, ni la mort ne peuvent les arrêter. Je crois que s'il existait de l'or dans la bouche de l'enfer, ils iraient le chercher... » Et Francisco Pizarro est saisi de la même fièvre que tous ces explorateurs. Il interroge Adagoya :

— C'est cela que vous venez de dire au gouverneur ?

— Oui. Il a décidé d'organiser une expédition et c'est à vous qu'il confie le commandement...

Ce n'est pourtant pas cette expédition qui réussira, ni les suivantes. Le pays convoité est trop loin, les obstacles naturels sont trop grands. À chaque fois, c'est l'échec ; les galions reviennent bredouilles à Panama.

En mars 1526, est organisée une nouvelle tentative. Pizarro en est le capitaine. Mais le gouverneur a prévenu que ce serait la dernière. Toutes ces opérations coûtent cher et, à part Pascal de Adagoya, qui est peut-être un mythomane, personne n'a vu, jusqu'ici, la moindre parcelle d'or.

Une nouvelle fois, Pizarro part à la poursuite du fameux métal. Lui aussi commence à avoir des doutes. Après tout, pourquoi y aurait-il plus d'or dans le Nouveau Monde que dans l'Ancien ? Quant à Adagoya, le gouverneur a raison, c'est peut-être un menteur ou un fou... Et, arrivés dans les parages, les deux bateaux dont il a la charge longent les côtes, sans rien découvrir de particulier.

Au bout de plusieurs semaines, Pizarro et ses hommes rencontrent une embarcation. Il s'agit d'un gros radeau de balsa. Les Indiens à la peau cuivrée qui sont à bord ne ressemblent pas à ceux qu'ils ont vus jusqu'ici : ils ne sont pas nus ou vêtus d'un simple pagne, ils portent de longues robes aux couleurs chatoyantes, faites dans un tissu très fin. Mais ce n'est pas cela qui fait s'agrandir les yeux du capitaine et de son équipage. Leurs parures sont constituées d'énormes bracelets et d'énormes colliers, tous en or pur ! Et ce n'est pas tout : le plancher de l'embarcation est aussi recouvert d'un amas étincelant. Il y a là une quantité d'objets en or !

Les indigènes ne sont pas agressifs. Au contraire, ils se montrent tout à fait amicaux. Francisco Pizarro les fait monter à son bord et bien qu'il ne dispose pas d'interprète, comprend qu'il s'agit de marchands en route pour aller vendre des vases et autres ustensiles. Il en échange un certain nombre contre des babioles et convainc trois d'entre eux de rester avec lui : ils apprendront l'espagnol et serviront plus tard d'interprètes.

Après leur départ, Francisco Pizarro contemple les merveilles qu'il a sous les yeux. Il y a non seulement de l'or, mais aussi des émeraudes, que les marchands ont ajoutées en plus, comme s'il s'agissait de choses négligeables... Ainsi donc, ce n'était pas un rêve ou une affabulation : le pays de l'or, l'Eldorado, comme les conquistadors l'appellent entre eux, existe bien ! Il est là, devant eux, dans ces rivages où aucun Européen n'est jamais allé...

Cependant, le capitaine décide de ne pas s'y rendre immédiatement. Il est plus prudent de recruter des renforts. Les Indiens qu'il vient de rencontrer étaient pacifiques, mais il s'agissait de marchands. Peut-être y a-t-il aussi des soldats, dont l'attitude sera tout autre. Il donne donc l'ordre à son second de retourner à Panama, avec l'or et les trois futurs interprètes. Devant ces preuves irréfutables, le gouverneur enverra de nouvelles troupes. Quant à lui, il va s'installer dans l'île qu'il voit un peu plus loin et il attendra...

Il reste sur place, avec une centaine d'hommes. Tout le monde est euphorique et la joie est plus grande encore quand, un mois plus tard, deux galions apparaissent à l'horizon. Le gouverneur n'a pas perdu de temps, la conquête de l'or est en marche !

C'est dire leur désillusion, lorsque l'officier commandant la flotte, un certain Juan Tafu, pose le pied sur l'île. Il s'adresse sèchement à Pizarro :

— Je vous demande de me suivre avec vos hommes.

— Vous suivre ? Où cela ?

— À Panama. Vous devez rentrer. Ordre du gouverneur !

— Le gouverneur n'a pas vu l'or que je lui ai envoyé ?

— Il l'a vu, mais il juge cela négligeable. Il y a eu trop de dépenses faites pour rien jusqu'à présent. Vous devez me suivre.

Un profond silence envahit la plage où se trouvent Pizarro et ses hommes. Ce dernier dégaine son épée et trace une ligne sur le sable. Il s'adresse à ses soldats.

— Que ceux qui veulent retourner à Panama franchissent cette ligne ! Ils y trouveront la sécurité et la misère. Mais que ceux qui veulent rester avec moi ne bougent pas ! Ils trouveront peut-être la mort, mais peut-être aussi la fortune et la gloire.

Douze d'entre eux décident de suivre Francisco Pizarro. L'histoire les surnommera « les treize glorieux » et ils seront plus tard anoblis par Charles Quint. Accompagné du reste de l'équipage, Juan Tafu, quant à lui, quitte l'île, sans laisser de vivres aux insoumis.

Pizarro et les siens se demandent longtemps comment, à treize, ils vont conquérir un pays. Ils échafaudent des plans et ils ne sont pas loin de renoncer, lorsque, quelques semaines plus tard, ils voient arriver un autre galion. Le gouverneur a fini par céder au parti qui, à Panama, est favorable à la poursuite des opérations et leur envoie un navire, avec des renforts…

Après avoir longé les côtes, la nouvelle expédition débarque dans le port de Tumbez, aujourd'hui à la frontière de l'Équateur et du Pérou. L'arrivée de ces hommes au teint pâle, barbus, bardés de fer, qui montent des chevaux, animaux encore inconnus en Amérique, fait sensation dans la population. Les Espagnols sont reçus avec un respect craintif.

Ils ont, cette fois, des interprètes et ils apprennent les bouleversements qu'est en train de vivre l'Empire Inca où ils viennent d'accoster… À sa mort, l'empereur précédent, Huayna Capac, a refusé que lui succède son héritier légitime, Huascar, qu'il considérait comme un incapable. Il lui préférait le fils qu'il avait eu avec une de ses concubines, Atahualpa. C'est pourquoi, rompant avec la tradition, il a divisé son empire en deux. Il a attribué la province de Quito, au nord, à Atahualpa, et la province de Cuzco, au sud, à Huascar.

Immédiatement, une guerre fratricide a opposé l'empereur du nord à l'empereur du sud... Huayna Capac ne s'était pas trompé dans son jugement. Plus doué que son demi-frère, Atahualpa vole de victoire de victoire et est sur le point de l'emporter...

Conviés à demeurer quelque temps à Tumbez, les Espagnols découvrent une ville qui leur coupe le souffle. L'or est partout. Il y en a tant que les Incas ne le considèrent pas comme un métal précieux. Ils s'en servent pour les objets les plus courants de la vie quotidienne. Au moment de partir, les conquistadors en échangent des quantités énormes contre des objets sans valeur et, comme ils l'ont déjà fait, songent aux interprètes pour les futures expéditions. Ils laissent deux d'entre eux sur place, afin qu'ils apprennent la langue et emmènent avec eux un jeune Indien, auquel ils donnent le nom de Filipillo. Il sera appelé à jouer par la suite un rôle décisif...

De retour à Panama, Francisco Pizarro et les siens sont reçus en héros. Mais, malgré les fabuleuses richesses qu'ils rapportent, le gouverneur n'a toujours pas admis l'affront qui a été fait à son autorité et interdit au conquistador de retourner chez les Incas. C'en est trop pour Pizarro qui décide de rentrer en Espagne. Il ne renonce pas à son rêve de richesse. Au contraire, il va plaider directement sa cause auprès de l'empereur Charles Quint...

*

Francisco Pizarro arrive à Madrid en octobre 1528. Contrairement à ce qu'il craignait, Charles Quint, alors en guerre contre François Ier, le reçoit sans tarder. Le capitaine sait faire preuve de sens politique. Il lui raconte sa dernière expédition, sans rien cacher de son refus d'obéir aux injonctions du gouverneur et conclut :

— J'ai découvert des richesses fabuleuses, Majesté. Elles pourront jouer un rôle décisif dans le conflit que vous menez.

— Elles sont donc si importantes que cela ?

— Elles sont presque inépuisables. C'est le pays de l'or. Je ne pensais pas qu'une chose pareille était possible…

L'argument a visiblement porté. Mais comme il risque de paraître un peu matériel, Francisco Pizarro en ajoute un second, plus noble.

— Et puis, Majesté, il y a là-bas de grandes populations païennes à convertir et vous êtes le premier serviteur du Saint-Père.

Effectivement, Charles Quint, outre son titre de roi d'Espagne, a, en tant que souverain du Saint Empire romain germanique, un rôle privilégié auprès du pape. Cette fois, il se dit convaincu. Il désavoue le gouverneur de Panama et donne les pleins pouvoirs au conquistador. Il le nomme capitaine général à vie et fait chevaliers les douze compagnons qui sont restés avec lui.

Francisco Pizarro peut alors repartir conquérir l'or du Nouveau Monde. Mais avant de se remettre en route, il retourne à Trujillo, sa ville natale, pour se choisir de nouveaux soldats ; il ne fait, en effet, confiance qu'aux gens de son pays… L'ancien gardien de cochons fait un retour triomphal ! Les villageois se bousculent autour de lui. Il fait son choix parmi ses amis et connaissances, mais prend surtout des membres de sa famille : ses frères Hernando, Gonzalo et Juan, ainsi que son cousin Pedro. Le clan, très soudé, le restera tout au long des événements…

Il prend ensuite le chemin de Séville, qu'il avait déjà emprunté dix-neuf ans auparavant. Mais tout a changé. Il ne part plus vers un avenir incertain, il est auréolé de gloire et promis à une renommée plus grande encore. C'est ce que lui dit Hernán Cortés, qui a, entre-temps, conquis le Mexique, et qui vient le saluer au pied de son navire.

*

Pour sa nouvelle expédition, Francisco Pizarro a sous ses ordres deux cents hommes lourdement armés, avec de l'artillerie, une trentaine de chevaux et l'Indien Filipillo, qui servira d'interprète. La petite troupe commence par raser quelques villages et arrive à la ville de Coaque, qui correspond à l'actuel Atacames, en Équateur. Selon la méthode qui va être désormais la leur, les Espagnols tuent tout le monde et prennent les richesses qui s'y trouvent : soixante kilos d'or, trois cents kilos d'argent et une centaine d'émeraudes.

Quelques semaines plus tard, ils retournent à Tumbez, la ville qui leur avait fait si bon accueil lors de l'expédition précédente. Mais le bruit de leurs massacres les a précédés. Les Incas ont compris qu'il ne s'agissait pas d'étrangers amicaux, mais d'aventuriers assoiffés d'or. Tous les objets en métal précieux ont disparu, les habitants ont quitté leurs maisons et reviennent les harceler. Sur le point de périr sous le nombre de leurs adversaires, les conquistadors sont sauvés par deux galions envoyés en renfort.

Et la progression reprend. Francisco Pizarro a appris qu'Atahualpa, qui avait triomphé de son demi-frère Huascar, s'était installé à Cajamarca, à environ 600 km de là. Pour le retrouver, il faut s'enfoncer profondément à l'intérieur des terres. Mais cela ne fait pas reculer ses compagnons. Comme l'a dit le supérieur du couvent de Quito : « les Espagnols iraient chercher de l'or jusque dans la bouche de l'enfer. »

La traversée de la forêt vierge est éprouvante. Lorsqu'elle s'achève enfin, les conditions ne s'améliorent guère. Elle fait place à un désert brûlant le jour et glacé la nuit, encadré par les sommets enneigés de la Cordillère. Mais, après un trajet épuisant, Francisco Pizarro et les siens parviennent à rejoindre Cajamarca, le 15 novembre 1532..

La ville est déserte ; le palais d'Atahualpa est vide. Pizarro monte sur les murailles et ce qu'il voit ne le surprend pas vraiment : les Espagnols sont assiégés. Toute une armée se tient en contrebas : des milliers de guerriers armés de lances et de massues. Ils n'ont aucune chance, à moins d'employer la ruse : il faut, d'une manière ou d'une autre, capturer le chef inca.

Francisco Pizarro a un plan. Il envoie un messager pour inviter Atahualpa à le rencontrer. Chacun pense que le souverain refusera ce qui ressemble à un piège. Mais ce dernier accepte de venir le lendemain. En attendant, les Espagnols passent une nuit d'angoisse. Le père Valverde, l'aumônier de la troupe, célèbre une messe où il invoque la protection de la Vierge et chacun prie pour que le jour à venir ne soit pas le dernier.

Le lendemain, l'Inca est fidèle au rendez-vous. Il fait son entrée en grand équipage. Des esclaves vêtus de vert et de rouge balaient le sol devant ses pieds. Lui-même a belle allure. À la différence de Francisco Pizarro, qui a déjà cinquante-sept ans, il est encore jeune, âgé d'à peine trente ans. Derrière lui, des serviteurs portent des vases d'or. Puis, vient une partie de sa troupe, avec les officiers en bleu, parés de bracelets et de disques d'or.

Le souverain pénètre dans son palais. Il est surpris de ne trouver personne. Les Espagnols sont là, mais ils sont cachés. Enfin, apparaît le père Valverde, en compagnie de Filipillo. Le religieux tient à la main une Bible et un crucifix. Il s'exprime d'une voix forte :

— Je suis venu vous apporter le message du vrai Dieu. Désormais, vous devrez vous considérer comme les sujets de notre roi Charles Quint, à qui le pape a attribué le Pérou.

L'interprète a traduit ces paroles avec peu d'assurance, craignant la réaction de son souverain. Il ne se trompe pas.

À ce discours, l'Inca devient rouge de colère. Sans se décontenancer, le père lui tend la Bible.

— La vraie foi se trouve dans ce livre sacré. Écoutez la parole de Dieu.

Atahualpa met le volume à son oreille et, constatant qu'il n'entend rien, le jette à terre… Devant ce sacrilège, sans que Pizarro en ait donné l'ordre, les Espagnols sortent de leurs cachettes et se mettent à tirer dans toutes les directions. Les bombardes entrent, elles aussi, en action. C'est un carnage. Les soldats s'écroulent par centaines. Lorsque le silence revient, Atahualpa est prisonnier et son armée en fuite. Une poignée d'aventuriers vient de faire tomber le plus grand empire d'Amérique…

On s'est beaucoup interrogé sur l'incroyable facilité de cette victoire. On a parlé de l'aspect insolite des chevaux, des armures et des visages barbus, de l'effet terrifiant des bombardes et des mousquets. On a aussi évoqué la prédiction de Viracocha, parlant de dieux blancs, qui viendraient sauver l'empire de ses divisions. L'ensemble des facteurs a sans doute joué…

Quoi qu'il en soit, une fois prisonnier, Atahualpa est traité avec bienveillance par Pizarro, qui l'autorise à voir sa femme, ses concubines et ses proches. Pendant ce temps, les Espagnols organisent le pillage systématique de Cajamarca, qui leur rapporte deux cents kilos d'or et douze cents d'argent.

L'Inca est très surpris de les voir agir ainsi. Pour lui et pour les siens, l'or ne vaut rien. On en trouve partout. On le jette dans les lacs sacrés pour faire des offrandes aux dieux, on s'en sert pour confectionner divers objets ou parures, mais il n'a pas de valeur marchande particulière. Aussi, il demande à parler avec Pizarro. Ce dernier vient le trouver dans la vaste pièce qui lui sert de cellule.

— Si je paie une rançon, me libérerez-vous ?

— Oui, mais il faudra qu'elle soit importante. Vous êtes l'empereur.

Atahualpa lève la main aussi haut qu'il le peut.

— Si je fais remplir cette pièce d'or et d'argent jusqu'à cette hauteur, est-ce que cela vous suffira ?

Le conquistador écarquille les yeux. La cellule fait environ sept mètres sur quatre et la main est levée à deux mètres du sol. Un tel amoncellement de métal précieux est inimaginable, jamais aucun humain n'en a vu autant… Incrédule, il donne son accord.

Il assiste alors à un manège prodigieux. Atahualpa a donné des ordres et, venant de toutes les parties du pays, de longues colonnes de lamas chargés d'or et d'argent convergent vers le palais impérial. Pour aller plus vite, Francisco Pizarro décide de piller de son côté. Les sept cents feuilles d'or recouvrant les murs du temple de Cuzco sont arrachées et envoyées à Cajamarca. Hernando Pizarro, un des frères du conquistador, se rend à travers la Cordillère au temple de Pachacamac, qu'il dépouille également de quatre cents kilos d'or.

La hauteur promise ne tarde pas à être atteinte et le conquistador fait fondre tout le métal précieux. Cela représente cinq tonnes et demie d'or et douze tonnes d'argent ! Le tout est compté en présence de l'envoyé de la Couronne, qui prélève un cinquième de la somme.

*

Atahualpa ayant tenu parole, il faut décider de son sort. À la différence de ses compagnons, Francisco Pizarro a du respect pour lui et il ne veut pas sa mort. D'autre part, il met en avant la prudence. Ils sont deux cent soixante dans un pays qui doit compter des millions d'habitants. Tant que le souverain est prisonnier, ses sujets n'osent pas bouger, mais si on l'exécute, leur réaction risque d'être terrible.

La décision va finalement être dictée par une circonstance tout à fait imprévisible. L'interprète Filipillo était tombé amoureux d'une des maîtresses de l'empereur et Pizarro la lui avait accordée. Le jeune Inca sait très bien que, si Atahualpa recouvre la liberté, il le fera mourir. Alors, il raconte à Pizarro qu'il l'a entendu dans sa prison donner l'ordre de lever une armée de deux cent mille hommes.

Cette fois, Francisco Pizarro renonce à défendre son prisonnier. Une parodie de procès est organisée. Atahualpa est accusé d'être rebelle au roi, païen, polygame et d'avoir fait des sacrifices humains. Le père Valverde, qui ne lui pardonne pas d'avoir jeté la Bible à terre, est son plus farouche accusateur. À l'issue de rapides débats, il est condamné à être brûlé comme hérétique. Pizarro lui accorde d'être étranglé, s'il accepte le baptême. Atahualpa s'y résout et est exécuté le 29 août 1533.

La nouvelle fait le tour du royaume Inca, frappant les populations de stupeur et de terreur. Partout, retentit le même cri lugubre :

— La nuit est tombée en plein jour !

*

Francisco Pizarro et les siens décident de ne pas s'en soucier. Ils quittent la ville trois jours plus tard, pour aller piller Cuzco, l'ancienne capitale de Huascar. Des Incas profitent de leur départ pour s'emparer du corps de leur empereur. Ils le momifient et s'enfuient avec lui...

Ce que ne savaient pas les Espagnols, c'est que les convois d'or réclamés par Atahualpa pour payer sa rançon n'étaient pas tous arrivés à destination. C'est en particulier le cas du plus important d'entre eux, en provenance du nord et commandé par le général Ruminahui. D'après les sources, il avait avec lui 60 000 charges d'or, soit 690 tonnes, le tout transporté par vingt mille lamas. Au prix actuel de l'or, cela ferait 30 milliards d'euros, un chiffre astronomique et, si on y ajoute la valeur historique et artistique des objets, la somme devient tout simplement incalculable...

Ruminahui se trouve à une semaine de marche de Cajamarca, lorsqu'il tombe nez à nez avec les Incas qui emportent la momie de l'empereur. Immédiatement, il fait demi-tour, pour cacher à la fois le corps de son souverain et les richesses dont il est porteur.

On ne saura jamais dans quelle direction il est allé. Ce qu'on sait, en revanche, c'est qu'il était originaire de Pillaro, un village au pied du massif des Llanganatis. Cette région montagneuse, au centre de l'Équateur actuel, est l'une des plus dangereuses et difficiles d'accès de tout l'empire Inca. Mais Ruminahui la connaissait parfaitement et il y a tout lieu de croire que c'est là qu'il a caché son trésor et son souverain...

Pour l'instant, les Espagnols, trop occupés à piller les fabuleuses richesses que recèle le pays, ne prêtent pas attention aux bruits qui courent à ce sujet. Ce n'est que plus tard qu'ils s'y intéresseront. Plus tard encore, l'épopée de Ruminahui va devenir une des plus célèbres histoires de trésors. Elle est désignée par un nom devenu légendaire : « le chemin de Valverde ».

*

Juan de Valverde, homonyme de l'aumônier qui s'était acharné contre l'empereur, n'est pas religieux, mais soldat. Il n'a rien de commun non plus avec les aventuriers partis à la conquête du Nouveau Monde. Il n'est pas porté volontaire pour s'y rendre. Il appartient à l'armée espagnole et, s'il arrive à Quito, en 1535, c'est simplement parce qu'il a reçu cette affectation.

Une fois sur place, il ne sympathise pas avec les conquistadors. Leur cruauté et leur cupidité le révoltent. Il est écœuré par les massacres et les tortures auxquels ils se livrent pour trouver de l'or. Il se sent, au contraire, attiré par les Incas ; il voudrait mieux connaître leur civilisation, leur histoire.

Un jour, il voit arriver dans son camp Catla, une belle captive. Il en tombe aussitôt amoureux et il n'hésite pas : il déserte et s'enfuit avec elle… Catla est la fille d'un Cacique du peuple Puruhae, qui habite au pied du massif des Llanganatis. Elle le guide à travers ces régions hostiles et, après des jours et des jours de marche, ils arrivent à Pillaro, le village natal du général Ruminahui, qui est également celui de Catla.

Là, le couple vit des jours heureux. Les Puruhae ont compris que Juan de Valverde n'avait rien de commun avec ses compatriotes. Ils l'accueillent chaleureusement et l'intègrent rapidement à leur communauté. Valverde ignore cependant tout du trésor, personne ne lui en ayant parlé, pas même Catla. Mais il ne va pas tarder à apprendre son existence…

Car l'épisode de Ruminahui, avec ses lamas chargés d'une fortune bien supérieure à celle réunie à Cajamarca, a fini par venir aux oreilles des Espagnols. Ces derniers se mettent rapidement à la recherche du trésor et, tout naturellement, se dirigent vers la région natale du général.

À Pillaro, l'alerte est donnée. Tout le monde, au village, sait où est l'or. Ce sont les Puruhae qui ont aidé Ruminahui à le cacher. Ils ne se font pas trop de souci à son sujet. Dans cette région truffée de pièges naturels, les Espagnols ne trouveront rien. C'est pour Catla et son compagnon qu'ils s'inquiètent : si le déserteur et la prisonnière en fuite sont capturés, leur sort est connu d'avance.

Les Caciques se réunissent et prennent une extraordinaire décision : faire quitter le pays à Catla et Juan de Valverde. Pour cela, ils vont leur donner une petite partie du trésor, avec laquelle ils achèteront des complicités pour aller jusqu'en Espagne. L'ancien soldat et sa compagne sont donc conduits jusqu'à la cachette. À dos de mule, ils s'enfoncent dans le labyrinthe de la Cordillère et, au retour, leurs animaux croulent sous le poids de l'or, qui, une fois fondu, produit douze barres de cinquante kilos chacune.

Pour préparer sa fuite, Juan de Valverde choisit de se rendre dans un couvent de missionnaires. Il propose onze barres à l'archevêque de Madrid en échange de leur passage vers l'Europe. Le marché est accepté, les jeunes gens arrivent à bon port et, avec les cinquante kilos restants, ont largement de quoi vivre jusqu'à la fin de leurs jours.

Malheureusement pour eux, leur tranquillité ne dure pas. L'opulence surprenante de cet ancien soldat d'origine modeste et de cette Indienne suscite l'étonnement. Une enquête a lieu et la vérité finit par être découverte. Les autorités comprennent que l'origine de cette richesse est sans doute le fabuleux trésor de Ruminahui, que tout le monde cherche en vain depuis des années. La chose semble si importante que Juan de Valverde est conduit devant Charles Quint en personne.

Mis en sa présence, le soldat déserteur sait parfaitement qu'il n'a qu'une chance de sauver sa vie et celle de sa compagne : révéler l'endroit où se trouve le trésor.

— Je peux tout dire, Sire. Je me souviens très bien du chemin.

— Là-bas, il y avait beaucoup d'or ?

— Des quantités inimaginables. Ce que m'ont donné les Indiens n'en représente qu'une infime partie.

Et Juan de Valverde révèle l'itinéraire. Le document, qui prendra le nom de « chemin de Valverde » n'est pas une carte, comme on en voit dans les romans d'aventures, mais un texte décrivant méticuleusement tous les détails du trajet. Il permettra à son auteur de terminer ses jours en paix…

*

Ses révélations entraînent une chasse au trésor qui va durer jusqu'à nos jours… C'est, bien sûr, Charles Quint qui inaugure les recherches. Il envoie le « chemin de Valverde » aux autorités locales, à Latacunga, une bourgade située près de la montagne Llanganatis. Une expédition est mise sur pied. Elle connaît des débuts prometteurs, mais, une nuit, son chef, le père Longo, un moine franciscain, disparaît mystérieusement. Les autres participants, effrayés, préfèrent rentrer et les opérations sont abandonnées pendant plus d'un siècle.

Aux alentours de 1700, Atanasio Guzman, travaillant dans d'anciennes mines d'or indiennes reprises par les Espagnols, toujours dans la région des monts Llanganatis, abandonne tout pour chercher le trésor. Il est sûr d'avoir trouvé sa localisation. Il en dresse même une carte ; c'est la « carte Guzman », qui, avec « le chemin de Valverde », servira de guide à tous les chercheurs suivants. Malheureusement, il disparaît sans laisser de trace. Personne ne sait s'il a réussi ou non…

Le trésor d'Atahualpa tombe dans l'oubli et il faut attendre le XIXe siècle pour qu'il revienne sur le devant de la scène. Richard Spruce, un botaniste britannique, découvre alors dans les archives de Latacunga, la carte de Guzman et l'itinéraire de Valverde. Il les publie dans le *Journal de la Royal Geographical Society*, et provoque à nouveau une cascade de tentatives.

En 1893, deux officiers de marine, le Hollandais Barth Blake, et l'Anglais George Chapman, se lancent sur les traces du trésor. Ils passent par Pillaro et trouvent la tombe de l'empereur inca ou une des caches majeures dans une grotte d'un des sites les plus inaccessibles de la région. Ils se chargent d'or jusqu'à ne plus pouvoir avancer et prennent le chemin du retour.

Mais ils finissent par se perdre. Entre les pluies glacées, le brouillard et le froid, Chapman tombe malade et meurt. Blake l'enterre et met dans la fosse la presque totalité de l'or, qu'il ne peut pas transporter seul. Après des jours d'errance, il arrive enfin à Pillaro et peut rejoindre Quito.

Il embarque pour l'Angleterre et cherche un associé pour retourner sur les lieux. Il écrit, dans une lettre à un ami :

« Il m'est impossible de décrire la richesse qui repose

maintenant dans cette grotte, mais nous ne pouvions pas l'enlever à nous seuls, il aurait fallu des centaines d'hommes... Outre des milliers de pièces de monnaie, il y a les productions les plus remarquables de l'art inca et pré-inca : des statues humaines grandeur nature, des statues d'animaux, également grandeur nature, le tout en or pur. Il y a les œuvres d'orfèvrerie les plus remarquables, les bijoux les plus incroyables, des vases remplis d'émeraudes... »

Blake finit par trouver un associé à New York. Ils prennent le bateau pour l'Équateur, mais le même Blake se volatilise une nuit, durant la traversée. L'enquête sur sa disparition conclut qu'il était ivre mort et qu'il est passé par-dessus bord. Compte tenu des circonstances, un meurtre était vraisemblable, mais cette hypothèse n'est pas envisagée. Son associé peut donc, muni de tous les documents qu'il a désormais en sa possession, se rendre dans le massif des Llanganatis. Mais il ne trouve rien. Bien après sa mort, dans les années 1960, ses descendants découvrent les plans dans son grenier et mettent sur pied une expédition. Ils échouent également.

Les drames provoqués par le trésor d'Atahualpa sont loin d'être terminés... Dans les années 1920, le colonel Brooks, un Américain qui se rendait avec sa femme en voyage de noces en Équateur, entend parler de la légende et décide de chercher l'or. Le couple part dans le massif des Llanganatis pour « une escapade romantique ». Mais il rencontre des pluies torrentielles. La jeune femme contracte une pneumonie, dont elle meurt avant qu'ils aient pu rentrer aux États-Unis. Quant à lui, il finit dans un asile de New York, marmonnant pendant des années :

— De l'or, de l'argent, des émeraudes...

Dans le milieu des années 1930, un Écossais, Erskine Loch, monte, dans la même région, deux expéditions, qui sont aussi catastrophiques l'une que l'autre. Lors de la première, ses porteurs s'enfuient et il pleut pendant trente-sept jours d'affilée. Il parvient quand même à rentrer à Pillaro, à moitié mort de froid et de faim. Lors de la seconde, il contracte une fièvre et est victime d'hallucinations. Il écrit dans son journal : « J'ai l'impression que le pays avance. Tout coule et va nous emporter. » Encore une fois, il survit de justesse. Mais les épreuves ont été trop fortes : rentré en Écosse, il se suicide d'une balle dans la tête.

La Seconde Guerre mondiale met provisoirement fin aux tentatives. Celles-ci reprennent durant les années 1960. Si toutes échouent sans dommage pour leurs participants, celle de Bob Holt se termine de manière tragique. Ce géologue de l'Arizona, employé par une compagnie américaine pour chercher du pétrole en Équateur, décide, lui aussi, de se mettre sur les traces du trésor… Il ne va pas loin. Dès le deuxième jour, il glisse dans un sentier détrempé par les pluies et s'empale sur une branche d'arbre qui lui transperce le cœur.

*

Aujourd'hui, le chemin de Valverde attend toujours les téméraires qui oseront s'y aventurer. Il commence à Pillaro. À l'entrée du village a été élevée une statue du général Ruminahui, pointant le doigt vers la Cordillère, comme s'il désignait la cachette. Sur le socle, il est écrit que le trésor, s'il est découvert un jour, appartient en totalité aux habitants de Pillaro.

Après, commence l'enfer naturel. Un dicton local affirme que, quand un étranger s'aventure dans ces lieux, le brouillard se lève immédiatement pour lui faire perdre son chemin. Le phénomène ne concerne pas seulement les étrangers. Le brouillard est terriblement fréquent et même les habitants de la région doivent faire attention à ne pas tomber dans les précipices qui sont cachés un peu partout.

Le chemin de Valverde réunit les conditions météorologiques les plus extrêmes et les pièges naturels les plus perfides. Il est situé à une altitude comprise entre 1 200 et

3 000 mètres. Sur la première partie du parcours, il pleut en permanence. L'humidité est absolue et la végétation quasi-inextricable ; il faut se frayer son chemin à la machette. Sur la seconde partie, c'est la haute montagne. S'il fait beau, le soleil est aveuglant, mais si le vent se lève, une tempête de neige peut tout balayer en quelques minutes.

Le dernier à avoir tenté sa chance avec succès est Philippe Esnos, un chasseur de trésors professionnel français, qui, en 1988, a découvert quatorze tombes au pied du mont Llanganatis. Elles abritaient des momies et des objets précieux. Certains étaient en or et tout à fait remarquables. Il en a conclu que la tombe de l'empereur inca et la grotte découverte par Blake et Chapman, n'étaient pas loin. Mais ce n'est pas certain. Cela prouve seulement qu'il s'agit d'une montagne sacrée où les Caciques venaient se faire enterrer, avec leurs richesses.

Le trésor d'Atahualpa, caché un jour de l'été 1533 par le général Ruminahui, est peut-être ailleurs. C'est le plus grand trésor du monde… s'il existe.

TABLE

Avant-propos 7

1. Le trésor qui tue 9
2. Le dernier vol 21
3. Les joyaux de la couronne 35
4. Le musée du Führer 65
5. Le trésor des Goths 83
6. Le trésor de l'Armée blanche 93
7. Sous la plage, le trésor 111
8. Les malheurs de Childéric 121
9. Le bateau d'argent 137
10. Le trésor de Mildenhall 153
11. La chapelle Sixtine de la préhistoire 169
12. La fin d'un colosse 181
13. Le trésor rose 197
14. Le récif d'or 217
15. La tête d'un roi 237
16. Un rêve d'enfance 255
17. L'Invincible Armada 275
18. Le roi et l'aventurier 287
19. Le trésor de la rue Mouffetard 307
20. Les petits cailloux blancs 321
21. Le couple des glaces 331

22. La grotte de la Sierra Madre 341
23. La ruée vers la ruine 353
24. Les meules de gruyère 369
25. Le plus grand trésor du monde 389

Du même auteur *(suite)*

Les Aventuriers du XXe siècle, Vol. 2. Ils ont vu l'au-delà, Albin Michel, 1997.

Les Aventuriers du XXe siècle, Vol. 1. Carrefour des angoisses, Albin Michel, 1997.

Possession : l'étrange destin des choses, Albin Michel, 1996.

Issue fatale : 75 histoires extraordinaires, Albin Michel, 1996.

Tragédie à la une : la Belle Epoque des assassins, avec Alain Monestier, Albin Michel, 1995.

Nuits d'angoisse : 50 histoires vraies, TF1 Éditions, 1995.

Crimes de sang, TF1 Éditions, 1995.

La Peur derrière la porte, TF1 Éditions, 1995.

Instant crucial : les stupéfiants rendez-vous du hasard, Albin Michel, 1995.

Instinct mortel : 70 histoires vraies, Albin Michel, 1994, rééd. Albin Michel, 1996, Éd. de la Seine, 2001.

Les Génies de l'arnaque : 80 chefs-d'œuvre de l'escroquerie, Albin Michel, 1994.

Dictionnaire des 1 000 trucs, TF1 Éditions, 1992.

L'Année criminelle : les 80 histoires extraordinaires de l'année, TF1 Éditions, 1992.

Dossiers secrets, Éditions n° 1, 1989.

Les Crimes passionnels : 50 histoires vraies, TF1 Éditions, 1989.

Par tous les moyens : 38 histoires bouleversantes de sauvetage, Éditions n° 1, 1988.

Histoires choc, Éditions n° 1, 1987.

Marqués par la gloire : 23 destins exceptionnels, Éditions n° 1, 1986.

Les Assassins sont parmi nous, Éditions n° 1, 1986.

Histoires de mystères, avec Jean-François Nahmias, Éditions n° 1, 1985.

Au nom de l'amour : 59 histoires de passion, Editions n° 1,1985.

Les Tueurs diaboliques, Editions n° 1, 1985.

Dossiers secrets, Éditions n° 1, 1984.

Les Grands Crimes de l'histoire, Editions n° 1, 1984.

Suspens, Vol.2, Éditions n° 1, 1994.

Suspens, Vol.1, Éditions n° 1, 1983.

Quand les femmes tuent, Editions n° 1, 1983.

Histoires vraies, Vol.2 Éditions n° 1, 1982.

Histoires vraies, Vol.1, Éditions n° 1, 1981.

C'est arrivé un jour, Vol.2, Éditions n° 1, 1979.
C'est arrivé un jour, Vol.1, Éditions n° 1, 1979.
Les Dossiers d'Interpol, Vol.2 avec Jacques Antoine, Éditions n° 1, 1979.
Les Dossiers d'Interpol, Vol.1 avec Jacques Antoine, Éditions n° 1, 1979.
Les Aventuriers, avec Jacques Antoine, Fayard, 1978.
Les Dossiers extraordinaires de Pierre Bellemare, avec Jacques Antoine, Fayard, 1976.

Romans

Nul ne sait qui nous sommes, avec Grégory Franck, Albin, Michel, 2007.
La Fourmilière, avec Grégory Frank, Éditions n° 1, 1987.
L'Histoire d'une petite vallée qui peut-être n'existe plus, avec Jacques Floran, Stock, 1978.

Almanachs

L'Almanach de Pierre Bellemare 2009-2010 : pour que chaque jour soit un jour bon, Albin Michel, 2008.
L'Almanach de Pierre Bellemare 2008-2009 : pour que chaque jour soit un jour bon, Albin Michel, 2007.
L'Almanach de Pierre Bellemare 2007-2008 : pour que chaque jour soit un bon jour, Albin Michel, 2006.
L'Almanach de Pierre Bellemare 2006-2007 : pour que chaque jour soit un bon jour, Albin Michel, 2005.
L'Almanach de Pierre Bellemare 2005-2006 : pour que chaque jour soit un jour bon, Albin Michel, 2004.
L'Almanach de Pierre Bellemare 2004-2005, Albin Michel, 2003.

Mise en page
PCA
44400 Rezé

Cet ouvrage a été imprimé
en mars 2012 par

CPI
FIRMIN-DIDOT

27650 Mesnil-sur-l'Estrée
N° d'édition : L.01ELKN000384.N001
N° d'impression : 110083
Dépôt légal : avril 2012
Imprimé en France